時光一年年過去，

把我們所擁有的一個接一個奪走……

我的快樂生活提案

過得還不錯的一年

10週年紀念版

THE HAPPINESS PROJECT

Or, Why I Spent a Year Trying to Sing in the Morning, Clean My Closets, Fight Right, Read Aristotle, and Generally Have More Fun

GRETCHEN RUBIN

葛瑞琴・魯賓 著　尤傳莉 譯

約翰生博士（Samuel Johnson）：「如同那句知名的西班牙諺語所說的，『能夠將遠方豐厚財富帶回家的人，其人必然身懷豐厚財富。』」

包斯威爾《約翰生傳》（James Boswell, *The Life of Samuel Johnson*）

最被我們低估的責任，莫過於快樂。

史蒂文生（Robert Louis Stevenson）

目次

致讀者

今天，為自己寫份 happiness project 吧

這本書要講的，是一個改變我的故事——我做了哪些嘗試，明白了什麼道理。

你心目中的 happiness project ——快樂生活提案——一定和我的不同，但我相信，大家都能從這樣的計畫中獲益。

為了幫助你想出自己的快樂生活提案，我定期在部落格貼出各種建議。我也架了一個網站——「快樂生活提案工具箱」（Happiness Project Toolbox），提供各種方法，協助你開創並執行自己的快樂提案。

但我希望對你的快樂生活提案最具有啟發性的，是你手上拿的這本書。當然，這本書寫的是**我的**快樂生活提案，依據的是我特有的狀況、價值觀與興趣。你可能會想：「如果每個人的快樂都是獨一無二的，那我幹嘛要看你的快樂生活提案呢？」

因為在研究快樂的期間，我發現了一件令我很驚訝的事：閱讀資料所帶給我的收穫，遠遠不如從某個

人身上所學到的特殊經驗。有些人的親身經驗談，遠比其他論點重要——即使我和這些人沒有任何共同點。比方說，我怎麼也沒想到給我最關鍵啟發的，會是一個罹患妥瑞氏症的辭典編纂家、一個二十來歲的結核病聖人、一個偽善的俄羅斯小說家，以及一位美國開國元勳。但事實正是如此。

希望閱讀這本關於快樂生活提案的故事，能激勵你展開自己的快樂生活提案。不論你在何時讀到這本書，或是身在何處，你都踏出了正確的第一步。

前言

這不是我心中美麗的房子

快樂生活提案的目標之一，
是為人生逆境做好準備。
凡事順利的時候，我們就該鍛鍊自己、
停止嘮叨，以及……整理相片。

我一直想突破自己的極限。

我希望自己可以不再整天發呆，不再一事無成，不必每天都吃同樣的東西。我會記得朋友的生日，會去學圖像軟體Photoshop，不會讓兩個女兒一邊吃早餐一邊看電視。我會讀莎士比亞，我會花更多時間享受歡樂，我會更有禮貌，我會更常去博物館，我不會害怕開車。

有一年的愚人節，一個尋常無奇的早上，我突然頓悟到：我正在浪費自己的生命！坐在雨中的公車上，隔著濺了雨水的玻璃窗望出去，看到多年來匆匆流逝的時光。「我到底期望從人生得到什麼？」我問自己：「嗯……我想要活得**快樂**。」

可是，我卻從來沒想過，究竟什麼事情會讓我快樂，也沒想過要怎麼做，才會得到快樂。

我有很多值得快樂的事——有個又高大又英俊的老公，兩個可愛的女兒，分別是七歲的伊萊莎和一歲的艾麗諾；我本來是律師，現在是作家；我住在我最喜歡的城市紐約；我跟我的父母、妹妹、姻親都保持緊密的關係；我身體健康；還不必染髮。

但是，我老愛吐槽老公，老在嫌有線電視的服務不好。寫作時小小的挫敗，也會讓我感到沮喪。我和好多老朋友失聯，很容易發脾氣，常會突然覺得鬱悶、心神不安、無精打彩，或是無由來地感到罪惡。

我看見模糊的公車車窗外，一個跟我年紀相仿的女人在過馬路，她一邊勉強撐著傘，一邊看手機，還推著一台裡頭坐著幼兒的嬰兒車。剎那間，那畫面似曾相識：**那就是我！**我有一台嬰兒車、一支手機、一個鬧鐘、一間房子。我正坐在平常穿越中央公園來回的公車上，這就是我的人生——而我卻從來沒好好想過這一點。

「以前我多麼快樂，只是當時我不明白。」我不想變成這樣

我沒憂鬱症，也沒中年危機，我只是苦於中年「不適」——一種人生週期性的不滿足感，一種無法置信的感覺。「這是我嗎？」我拿起早上的報紙或坐下來查看電子郵件時會這麼想著。「這是我嗎？」我和朋友開玩笑說起大衛．拜恩（David Byrne）的歌〈人生一度〉（Once in a Lifetime）裡頭那種「美麗的房子」的感覺，我們不時會經歷那種震驚，想著「這不是我心目中美麗的房子」。

「這輩子，只能這樣嗎？」我發現自己納悶著，然後自己回答，「沒錯，只能這樣。」

儘管有時我會不滿足，覺得自己錯過了某些事，但我也從沒忘記自己有多麼幸運。我常半夜醒來，看著熟睡中的丈夫，或是兩個被絨毛玩具環繞著的女兒，全都平平安安。我擁有自己所能期盼的一切了——然而，我卻沒有珍惜。

我活在瑣碎的抱怨和叫囂中，無法領略自己所擁有的一切是多麼美好。我不想再對這樣的生活不知珍惜。多年來，我腦中一直縈繞著法國女作家柯蕾特（Colette）的話：「我擁有多麼美好的一生……但願我能早一些明白。」我可不想在人生盡頭或發生了什麼大災禍之後，回顧起來才心想：「以前我多麼快樂，只不過**當時**我不明白。」

那我該怎麼做，才能讓自己對生活心存感恩？身為人妻、人母、作家、朋友，我該如何替自己設定更高的標準？我要怎樣才能保持一種更大格局、更超然的心情，度過每一天？其實我剛剛差點忘了順路去藥妝店買牙膏，去想這些高遠的目標，好像很不切實際。

公車幾乎沒動，但我的思緒狂奔，快得我幾乎跟不上。「我得好好想想，」我告訴自己：「等我有空，得好好來計畫一下怎樣讓自己快樂。」

但我從來就沒空。

當生活循著日常的路線走，你就很難去想真正重要的是什麼；如果我想要有個「快樂生活提案」，我就得挪出空檔。我想像自己身在一個風景如畫、海風吹拂的島嶼住一個月，每天會去撿貝殼、閱讀亞里斯多德，在精緻的羊皮紙日記本上寫作。沒錯，我承認，這種事不可能發生。我得設法**現在**就去做，得改變自己看待身邊熟悉事物的方式才行。

一個又一個的想法，如洪水般湧入腦中，我坐在擁擠的公車上，明白了兩件事：第一，我可以更快樂；第二，我的人生不可能改變，除非我去改變它。

就在頓悟的那一刻，我決定要花一年的時間，設法讓自己更快樂。

我們會去教別人的事，正是自己需要學的

我在星期二的上午做了決定，星期三下午，書桌上就堆了高高一疊圖書館借來的書。我的快樂生活提案，當然不可能說開始就開始，我還有好多要學。努力閱讀了幾個星期後，我針對這個實驗的設計想了各式各樣的點子，然後打電話給我妹妹伊麗莎白。

聽我碎碎念了二十分鐘後，妹妹說：「我覺得你實在是個怪人——不過呢，」她又匆匆補上：「是一種**好的**怪。」

「每個人都有怪的一面啦，所以每個人的快樂生活提案都會不一樣。我們都有自己的特色。」

「或許吧，我只是覺得聽你談這件事，很好笑。」

「為什麼好笑？」

「因為你處理快樂問題的方式聽起來好堅決、好有條理。」

我不是很明白她的意思。「你是不是覺得，這種想法人家只是說說，我卻當作一種很正經的提案來做？」

「沒錯，」她說：「雖然我不知道你說的『提案』是什麼。」

「那是商學院的專有名詞啦。」

「好啦好啦，那不重要。我的意思是，你的快樂生活提案，反映出你的人格特質，只是你自己不知道而已。」

她說得沒錯。據說，我們會去教別人的事情，正是我們自己需要學的。我之所以要當自己的快樂老師，正是因為我想找出方法，克服自己的缺點和限制。

該是對自己提高期望的時候了。

只是，當我往下思考快樂這件事時，卻不斷碰到種種矛盾：我想改變自己，又想接受自己；我希望不把自己看得太重，但又很看重自己；我想善加利用時間，但也想隨性地晃蕩、玩耍、閱讀；我想好好思索自己，以便忘掉自己；我老是處於激動不安的邊緣，我想拋開對未來的欣羨和焦慮，同時保持活力和企圖心。

老妹這番話，讓我納悶起自己真正的動機：到底，我是在尋求精神上的成長，一種更超越世俗準則的人生，還是說，我的快樂生活提案只是一種嘗試，想把自己這種完美主義者的行事風格，延伸到生活的每一個層面？

看起來，兩者都是。我想讓自己的人格更完美，但出於本性，我大概還是得畫出很多圖表，列出待辦事項、計畫清單、新的辭彙，而且非得做筆記不可。

很多偉大的哲人都曾嘗試處理快樂的問題，於是我開始做功課，深入了解柏拉圖、波伊提烏（Boethius）、蒙田（Michel de Montaigne）、羅素（Bertrand Russel）、梭羅和叔本華的觀點。

對於快樂的本質，各大宗教都有所解釋，所以我也研究各種傳統的說法，從熟悉的到密傳的都有。過去幾十年，正向心理學方面的科學研究暴增，於是我又讀了塞利格曼（Martin Seligman）、卡尼曼（Daniel Kahneman）、吉伯特（Daniel Gilbert）、史瓦茲（Barry Schwartz）、迪內爾（Ed Diener）、契克森米哈賴（Mihaly Csikszentmihalyi），以及柳波莫斯基（Sonja Lyubomirsky）的著作。

流行文化中也充斥著「快樂達人」，所以我也從他們的說法中借鑑——從電視脫口秀主持人歐普拉（Oprah）到摩根斯坦（Julie Morgenstern）和艾倫（David Allen）。有些關於快樂最有趣的洞見來自我鍾愛的小說家，如托爾斯泰、吳爾芙和瑪麗蓮．羅賓遜（Marilynne Robinson）——事實上，有某些小說，比方弗萊恩（Michael Frayn）的《登陸太陽》（*A Landing on the Sun*）、帕契特（Ann Patchett）的《美聲俘虜》（*Bel Canto*），以及麥克伊旺（Ian McEwan）的《星期六》（*Saturday*），似乎都是由種種快樂理論推衍出的精心傑作。

我上一刻忙著閱讀哲學和傳記，下一刻就翻起了《今日心理學》（*Psychology Today*）雙月刊。

我床邊那堆書裡包括了葛拉威爾（Malcolm Gladwell）的《決斷兩秒間》（*Blink*）、亞當・史密斯（Adam Smith）的《道德情感論》（*The Theory of Moral Sentiments*）、馮阿寧（Elizabeth von Arnim）的《伊麗莎白與她的日耳曼花園》（*Elizabeth and Her German Garden*）、達賴喇嘛的《快樂》（*The Art of Happiness*），還有「飛翔女子」席麗（Marla Cilley）的《下沉的倒影》（*Sink Reflections*）。和朋友共進晚餐時，我也會試著在中國餐館的幸運籤餅裡找靈感：「在你自己的屋頂下尋找快樂。」

不快樂，不等於有憂鬱症

讀這些書，讓我明白了一件事：我得先問自己兩個問題，才能繼續下去。

第一個問題是：我真的可以**更快樂**嗎？有人說，一個人的快樂程度只會短暫波動，長期而言，不會有太大的變化。

不過我的結論是：可以的，我可以讓自己更快樂。

根據研究，一個人的快樂程度，遺傳基因占五〇%；而諸如年齡、性別、種族、婚姻狀況、收入、健康、職業、宗教信仰等生活環境，占一〇%到二〇%；剩下的，是受到個人的想法和行動所影響。換句話說，天生傾向是可以影響到某種程度，但還是能藉由行動，激發自己達到最快樂的程度，或是沉落到快樂範圍的谷底。這個發現讓我更確定，有些人天生就比別人容易興奮或憂傷；而一個人決定怎麼過自己的人生，也會影響他的快樂程度。

第二個要回答的問題是：到底什麼是「快樂」？

在法學院裡，我們曾花一整個學期討論「合約」的意義，這回我埋頭研究快樂，當年的訓練派上了用場。在學術上，一份心理學研究曾歸納出十五種快樂的學術定義，但我似乎沒有必要花很多精力鑽研什麼是「正面效果」、「主觀幸福」、「愉快狀態」等等辭彙。

相反的，我決定仿效聯邦最高法院大法官史都華（Potter Stewart），他給「色情」下了這樣的定義：「是不是色情，看了就知道。」還有爵士大師路易．阿姆斯壯（Louis Armstrong）所說的：「如果你還要問爵士樂是什麼，那麼你永遠不會懂。」另外還有英國詩人郝思曼（A. E. Housman）寫過他「無法為詩下定義，就像一塊田地無法限制田鼠一般」，但一旦他「看到詩所引起的徵象，就會認得了」。

亞里斯多德說，快樂就是「至善」。我們之所以會嚮往如權力、財富或減肥這些事，是因為我們相信可以帶來快樂，因此我們真正的目標，就是快樂。十七世紀法國哲學家與數學家帕斯卡（Blaise Pascal）曾主張：「每個人都追求快樂，無一例外。無論他們採取什麼不同的方法，這個終極目標都是一樣的。」一份研究也顯示，全世界各地的人在被問到自己人生最想要的是什麼、同時最希望自己的子女得到什麼時，得到的答案都是**快樂**。即使對「快樂」的定義有歧見的人，也都一致同意，大部分人在各自的定義之下可以「更快樂」。我快樂時自己就會知道，這樣就夠了。

關於快樂的定義，我還得到了另一個重要的結論，那就是：**快樂**的相反是**不快樂**，而不是憂鬱症的那種**抑鬱**。

憂鬱症是另一檔事，跟快不快樂無關，出現這種症狀的人必須趕緊就醫。談憂鬱症的成因和治療，完全不在我這個快樂生活提案的範圍內。但即使我沒有憂鬱症、也不打算在我的計畫範圍內談憂鬱症，剩下的範圍還是很大——我沒有憂鬱症，不表示我無法更快樂。

富蘭克林的十三種美德，算算看你實踐了多少種？

既然已經確定了，我的確可以提高自己快樂的程度，而且也知道「快樂」的意義，接下來，就得搞清到底要**如何**讓自己快樂了。

我即將會發現一個關於快樂的驚人祕密嗎？我看很難，人類想要快樂已經想了幾千年了，各種跟快樂有關的重大事實，應該都已經被史上最了不起的智者們講完了——就連這句話也是。二十世紀英國哲學家與數學家懷德海（Alfred North Whitehead）就曾說：「所有重要的事，都已經有人說過了。」快樂的法則，就像化學法則一樣，變不了了。

但即使這些法則不是我訂的，我也還是得靠**自己**去執行。就像減肥——要吃得營養而量少，要多運動——真正的挑戰還是在於行動。我得訂出一套計畫，把快樂實際應用在生活中才行。

美國的開國元勳富蘭克林（Benjamin Franklin），是自我實現的創始者之一。在他的自傳中，描述過自己如何設計一份「美德表」，做為「達成道德完美的勇敢艱鉅計畫」的一部分。他訂出十三項他想培養的美德——節制、沉默、秩序、決心、儉樸、勤勉、誠懇、公正、適中、清潔、鎮靜、貞潔、謙遜——同時製作一個表，把這些美德分配到一星期中的不同天。每一天，富蘭克林都會給自己打分數，看自己是否實踐了這十三項美德。

現代的研究，都低估了他這個美德表的智慧。一般人比較容易有所進展的目標，通常是偏向具體、可衡量的行動，具有某種清楚的結構，以及明確的內容。同時，根據目前的腦部研究，心智往往在我們沒有察覺或刻意控制之下，無意識間形成判斷、動機、感覺等關鍵工作；而影響這些無意識工作的一大因素，就是資訊的「易得性」，也就是：你腦中「有多容易想到」。最近曾想起或過去常用到的資訊，你通常會比較容易想到，因此也容易派上用場。這種「易得性」的概念讓我想到，如果我不斷提醒自己某個目標和想法，它們在我腦中就會比較活躍。

於是，受到科學研究和富蘭克林的方法所啟發，我也設計出一個評分表——一份行事曆，記載我下決心的事項，好讓我每天在每項決心底下給自己評分，打個勾代表表現「好」，或打個叉代表表現「差」。

不過，設計完這個表格後，我又花了很長一段時間，思索自己要往格子裡填上什麼。

富蘭克林的十三項美德，不是我想要的那種改變。我不是很在意「清潔」（不過回頭想想，我倒是可以用牙線潔牙）。

那該寫些什麼，**我**才能讓自己更快樂呢？

首先，我得找出需要努力的領域；然後，想出能增進快樂的決心事項，而且是具體、可以衡量的。比方說，友情。從古羅馬斯多噶學派哲人塞尼加（Seneca）到現代的「正向心理學」之父塞利格曼都會同意，友情是快樂的關鍵。問題是，究竟該用什麼辦法，才能改變？

我也發現，自己的快樂生活提案跟別人的有多麼不同。富蘭克林的最優先項目包括「節制」：「食不過飽，飲不可醉」，以及「沉默」：減少「饒舌、打趣和雙關語」；至於你們，也許是上健身房、戒菸，或是改善性生活、學游泳、開始去當義工等。

但我不要這類改變，我有自己想要的改變。很多列在我評分表上的項目，別人打死都不會列；而我不會列入的，別人卻會想要。

比方說，有朋友問我：「你有打算去找個心理醫師吧？」

「別鬧了，」我很驚訝地問：「你覺得我需要嗎？」

「**當然**啊，你非得去做心理諮商不可，才會知道你為什麼這麼做。」她回答。「難道你不想知道**為什麼**你是現在這個樣子，而且**為什麼**你希望改變自己的人生嗎？」

我想了好久，然後決定：不，我並不想知道。我知道心理諮商對很多人有幫助，但我想克服的問題再清楚不過了，而且在這個階段，我想靠自己找出答案。

帶著十二守則上路

我的計畫是這樣的：每個月只針對一個重點就好；十二個月，就有十二個重點。

先前講到的研究，讓我明白了快樂的最重要元素，就是社會連結。所以，我得先從「婚姻」、「親子關係」，以及「朋友」開始。

另外我也知道，一個人看事情的方式，會大大影響快樂的程度，所以我也在清單中加入了「永恆」和「態度」。工作對我很重要，休閒也是，所以我也加上了「工作」、「玩樂」、「熱情」等。

還有什麼呢？「活力」，似乎是整個生活提案成功的基本要素。「金錢」這個重點我也想深入討論。另外，為了要探討我在研究中碰到的一些深入層面，我加入了「專注」。至於十二月，我打算把我的所有重點一網打盡——這樣加起來，就是十二個重點了。

那麼，第一個該著手的重點是什麼呢？快樂的最重要因素是什麼？我還沒搞清楚，於是我決定先從「活力」開始。有了充沛的活力，我想，應該可以讓我接下來面對其他重點時更得心應手。

就在打算開始實施計畫的一月一日之前，我完成了這個評分表，裡頭有十二項決心，讓我在接下來的一年中嘗試。第一個月，我只會嘗試保持一月的決心事項；二月時，我會加入下一組決心事項。到了十二月，我會為自己一整年的各種決心事項評分。

在我試著釐清自己該擬出什麼決心事項時，各式各樣的原則開始浮現腦海。沒想到過濾這些原則比我預期的要艱難很多，但在一些增刪之後，我訂出了自己的「十二守則」。

我的十二守則

一、做自己。
二、凡事看開。
三、表現出自己想要的感覺。
四、馬上行動。
五、要有禮貌，要講道理。
六、享受過程。
七、物盡其用，不浪費。
八、把問題弄清楚。
九、放輕鬆。
十、該做的事情就去做。
十一、不要斤斤計較。
十二、心中只有愛。

我想，這「十二守則」應該可以幫助我保持自己的決心吧。

幸福的青鳥，就在自家廚房裡

我還另外就我這輩子想通的道理，寫了一個更好笑的表格，我戲稱它為「成人的祕密」——列出我在成長過程中，吃了一堆苦頭所學到的教訓。生命中很多照理說很容易懂的事，我卻花了很長時間才搞懂。

成人的祕密

- 你犯過的錯，別人通常不會太在意。
- 向人求助沒關係。
- 大部分事情，都不必經過什麼深入研究，就能做出決定。
- 做好事，感覺好。
- 對**每個人**都好，是很重要的。
- 天有不測風雲。
- 每天做一點，就能累積大成就。

- 光是肥皂加水，就可以去除大部分污漬。
- 電腦如果有小毛病，通常關掉再開機幾次就好了。
- 當你找不到東西，就是你該打掃的時候了。
- 你可以選擇你要做什麼；但無法選擇你**喜歡**做什麼。
- 快樂本身，不見得會讓你**感到**快樂。
- **天天**都做，勝過**偶一為之**。
- 你不必什麼事都懂。
- 如果你沒失敗過，那就表示你還不夠努力。
- 成藥是有效的。
- 做得好就行了，不要因為求完美，而寧可放棄不做。
- 別人覺得好玩的事情，你未必覺得好玩——反之亦然。
- 最好照著主人開的清單去購買結婚禮物，不要自己去買別的。
- 老是嘮叨孩子，把孩子送去上課，並不會大幅改變他們的本質。
- 天下沒有白吃的午餐。

訂出這「十二守則」和「成人的祕密」的過程很好玩，但我這生活提案裡最關鍵的，仍是決心事項清單——它們代表了我想要的改變。但當我回頭思索這些事項時卻發現：原來都只是一些小事。拿一月來說，「早點去睡覺」和「解決一件麻煩工作」，好像沒什麼大不了，也不有趣。

倒是讀到別人的快樂生活提案，很吸引我。比方說作家梭羅搬到華爾騰湖畔，或是暢銷書《享受吧！一個人的旅行》作者伊莉莎白．吉兒伯特（Elizabeth Gilbert）跑到義大利、印度、印尼。全新的開始，完全投入，躍向未知——我發現他們所尋求的東西好有啟發性，而且看到他們拋開了日常的煩惱，讓我替他們覺得高興極了。

但我的計畫不像那樣。我沒有什麼冒險精神，就算想，我也辦不到。我有家庭和種種責任，連要離開一個星期都不可能了，更何況一年。

更重要的是：我不想否定我現有的生活。我想在自己家的廚房裡找到更多快樂，改變生活，而不必改變自己的人生。我知道，我不會在遙遠異地或不尋常的狀況下找到快樂；快樂就在這裡，就在眼前——就像知名的戲劇故事《青鳥》般，兩個小孩花了一年走遍世界，要尋找幸福的青鳥，最後返家時，才發現青鳥就在家裡等著他們。

快樂的時候，要當好人比較容易

對於我的快樂生活提案，倒是一堆人有意見。頭一個，就是我老公。

「我搞不懂，」詹米說，他躺在地板上，做每天例行的背部和膝蓋健身操。「你已經很快樂了，不是嗎？如果你真的不快樂，這個計畫還說得過去，但你又不是這樣。」他停了一下：「你該不會真的不快樂吧？」

「我快樂啊，」我說。「其實呢，」我炫耀了一下新學來的快樂知識：「大部分人都是相當快樂的。根據一份二〇〇六年的研究，八四%的美國人認為自己『非常快樂』或『相當快樂』；在一份針對四十五個國家的調查中，滿分是十分的話，人們對自己快樂的給分平均是七分；如果滿分是一百分的話，平均則是七十五分。我剛做過『真實快樂清單問卷』，評分從一到五，我拿到三．九二分。」

「既然快樂，幹嘛還要什麼快樂生活提案？」

「我是快樂——但沒有我應有的那麼快樂。我的人生這麼美好，我希望自己能更珍惜——而且更不辜負這樣的生活。」我覺得好難解釋。「我太常抱怨了，也不應該那麼容易心煩。我應該要更感恩。我想如果我覺得更快樂，我的表現就會更好才對。」

「你覺得做這些，真的會有差別嗎？」他指著我第一張印出來的空白「決心表」。

「這個嘛……試了就知道。」

「哼，」他從鼻子裡呼出一口氣說。「我想也是。」

不久之後，我參加了一個雞尾酒會，也遇到吐槽我的人。一個長年舊識公然嘲弄我的想法，尋常的禮貌閒聊也頓時變得像在博士論文口試似的。

「你沒有不快樂，只是要看自己能不能更快樂？」他問。

「沒錯。」我回答，手忙腳亂拿著一杯葡萄酒、一張餐巾，還有一個漂亮的熱狗酥皮捲，還試圖讓自己看起來很有智慧。

「我說老實話你別在意，你這不是沒事找事嗎？何況，」他說：「你不是一般人，你受過很高的教育，你是個專職作家，住在曼哈頓很高級的上東城，老公有份好工作。如果連你都要尋找快樂，那你要那些住在中西部的人怎辦？」

「我正是中西部來的啊……」我嘟噥說。

他其實不想聽我的解釋，「我不認為你會有什麼讓別人覺得有用的發現……」

「嗯，」我說：「我還是相信，我們可以從別人身上學到很多的。」

「你會發現，你的經驗未必能適用在別人身上。」

「盡量囉。」我回答，然後轉身去找別人說話了。

這傢伙向來愛給人潑冷水，但他其實沒點到這個提案中真正令我擔心的一點：這麼費心在自己的快樂上，會不會太自我中心了點？

用力想了一下這個問題之後，我贊同古代哲人和現代科學家的說法：**努力讓自己更快樂，是個值得追求的目標**。亞里斯多德說過：「快樂是人生的意義和目的，也是人類存在的一切終極目標。」伊比鳩魯寫道：「我們務必在帶來快樂的事物中鍛鍊自己，因為如果快樂出現，我們便擁有一切；而如果快樂沒出現，我們的所有行動便要致力於獲取它。」

研究顯示，快樂的人比較願意為別人設想，比較有生產力，比較樂於助人，比較可愛，比較有創意，比較能恢復活力，對他人比較有興趣，比較友善，也比較健康。快樂的人能成為比較好的朋友、同事，以及公民。

我想當這樣的人。

我知道當我快樂的時候，要當好人一定比較容易。我會比較有耐心，比較寬容，比較有活力，比較放鬆，也比較大方。致力於我的快樂不光是會讓我比較快樂，也會讓我周圍的人更快樂。

而且——儘管當時的我並沒有發現——我展開自己的快樂生活提案，是因為我希望**有準備**。這個提案的目標之一，就是為逆境做好準備——發展出自律以及應付厄運的種種心態。凡事順利的時候，我們就該鍛鍊自己、停止嘮叨，整理我們的數位相片。

我不想坐等危機從天而降，改寫我的人生。

| 1月 |

把燈關掉，把垃圾袋打開

早點去睡覺
多運動
丟掉、歸位、整理
解決一件麻煩的事情
表現得更有「能量」

我常會在一年之初，許下新年新希望——就像四四%的美國人一樣，但通常都維持不了多久。已經數不清有多少次，我發誓要運動、要吃得健康、要把收件匣裡的電子郵件全部看完。

不過今年，我是在有份「快樂生活提案」的情況下許願，希望自己能堅持下去。

新的一年開始，我決定先把焦點放在「讓自己更有能量」這件事情上。我希望，充滿元氣的自己，在未來一年中更能堅守快樂生活提案的決心。

研究顯示，快樂會有良性循環，能讓你感覺活力充沛，同時有更多精力，讓你更容易從事各類活動——例如社交和運動——以增進快樂的程度。當你覺得精力旺盛時，自我評價也會跟著提升。相反的，當你感覺疲倦時，做任何事情都會感覺很費力。那些本來應該很有趣的事情，例如布置家裡，會讓你覺得麻煩，更別提那些更費勁的事了（例如學習新的軟體程式）。

我打算分**身體能量**和**心理能量**兩方面著手。

首先，是身體能量。我必須確保自己有足夠的睡眠和足夠的運動，睡眠和運動對身體健康很重要，「快樂」其實很受這些簡單的生活習慣所影響。

接下來是心理能量。我必須著手處理我那感覺上凌亂又擁擠不堪的家和工作室，改善心中的「凌亂狀態」：一些早該做的事，我想把它們完成。最後我又下了一個跟身心融合有關的決心。研究顯示，如果你表現得**好像**更有能量，你就真的會**變得**更有能量。這種說法，我不是很信，但好像值得一試。

多睡一小時，等於加薪六萬元！

首先，我要加強自己的身體能量。

有個朋友說，睡眠，是一種新的性愛。最近在一場晚宴上，我也聽到同桌的客人詳述他們最棒的小睡經驗，聽得大家猛點頭。

專家建議，一般人每天應該睡滿七到八小時。但其實，好幾百萬人都辦不到。一份研究也說，日常生活中讓人心情惡劣的原因有兩個，一是緊湊的工作期限，另一個就是晚上沒睡好。另一份研究則建議，每晚多睡一小時，增加的快樂程度，比加薪六萬元還要高。然而，一般成年人上班日每天平均只睡六．九小時，週末則是七．九小時——比一九〇〇年的數字要少了二〇％。儘管人們可以調整自己的睡意，但睡眠不足會損害記憶、削弱免疫系統、減緩新陳代謝，有些研究還認為，睡眠不足可能會導致發胖。

為了睡飽一點，我做了一個沒什麼創意的決定：**關燈**。以前我老是熬夜看書、回電子郵件、看電視、付帳單，總之，就是不上床。

剛開始那幾天，我一邊哄女兒睡覺，一邊自己已經在她的紫色床單上睡著了，但當老公說想看剛租來的ＤＶＤ時，我心又癢了。我愛看電影，也想陪老公，何況晚上九點半就睡覺似乎有點早得荒謬；而且我知道，只要我開始看，精神就來了。

不過是早點去睡覺，為什麼會這麼難呢？我想是惰性使然吧，再加上，睡前還有很多準備工作——例如摘下隱形眼鏡、刷牙洗臉等。

後來我下定決心，鐵了心上床。足足睡了八小時後，我在清晨五點半醒來。除了一夜好眠，我還趁家人沒起床，平靜地處理完一批工作。

我是那種自以為無所不知的人，所以當我妹打電話來跟我抱怨失眠時，我好高興。

「我根本沒睡到，」她說。「我已經戒掉咖啡因了，還要我怎樣？」

「還有很多辦法啊，」我說，然後長篇大論地告訴她我的研究成果：「睡覺前不要做任何需要思考的事，臥室保持在有點冷的溫度，做點睡前伸展操。另外有件事很重要——光線會搞亂你的生理時鐘，所以睡前走進臥室，就要把燈光全都調暗。還有，關燈之後，要確保你的房間很暗，就像飯店房間那樣。」

「你真覺得這樣就有效？」她問。

「所有研究都說有。」

這些我全都試過，而且我發現最後一點——要讓房間全暗——並不容易。

「你在幹嘛？」有天晚上老公突然問我。當時，我正在重新安排臥室裡的照明裝置。

「我想遮掉這些小玩意發出的光，」我說：「我看過的研究說，即使是數位時鐘所發出來的微光，都可能打斷睡眠循環，而我們房間就像個瘋狂的科學實驗室。我們兩人的手機、電腦，還有電視機上盒——每一樣都會發出綠色的光。」

他「喔」了一聲，然後幫我移動床頭櫃上的一些東西，好擋掉鬧鐘的光。

這些小改變，似乎還真讓我比較容易入睡。但接下來，我發現還有另一個原因讓我睡不好：我會在半夜醒來。怪得很，通常是在凌晨三點十八分醒來，然後再也睡不著。

於是，我又開發出另一套方法。比如說，我會緩緩吸氣，吸到自己再也憋不住為止；如果腦海裡冒出一堆明天的待辦事項，就把這些事全寫下來。還有，醫學研究顯示，當你四肢末端的血流量太少，就會讓你保持清醒，所以當我覺得自己雙腳冰冷時，就會穿上羊毛襪——這些，好像真的有幫助。

有兩個最實用的助眠招數，是我自己的發明。第一招，是在離上床時間還早時，就開始醞釀要去睡覺的心情。有時候我之所以會熬夜到很晚，是因為已經累得不想摘掉隱形眼鏡；而一旦戴上我的鏡片眼鏡，造成的效果就像在鸚鵡鳥籠外蓋上罩子一樣。

第二招，如果半夜醒來，我會告訴自己：「再過兩分鐘，我就得起床了。」我會想像自己剛剛按掉了鬧鐘，然後再過兩分鐘就得起床。通常光想到這一點，就足以讓我再睡著。

有時候，我會放棄這些努力，乾脆吃一顆安眠藥。

就這樣，睡得飽的日子過了一個星期左右，我開始覺得真的有所不同。早上跟兩個女兒相處時，我感覺更有活力、更開心。到了下午，我再也不會感覺到一股痛苦、從來無法滿足的迫切欲望，想去打個盹。早上起床不再是折磨；睡到自然醒、而不是硬被鬧鐘吵醒，實在太美好了。

運動，是為了讓你更有精神

太多證據顯示，運動健身對人有好處。運動的人比較健康、思緒比較清晰、睡得比較好，還可以延緩老年癡呆。規律運動可以增強活力；儘管有些人以為健身會讓人疲累，事實上，運動能提振精神，尤其是久坐的人——很多人都是如此。只要一星期運動個三天，每回二十分鐘，持續六星期之後，常感疲倦的人都會覺得精神變好了。

不過即使知道好處多多，要從天天窩在沙發上變得熱中跑健身房，還是相當困難。多年前，我就曾用盡辦法養成規律運動的習慣，但過程並不輕鬆。我心目中的享樂向來就是躺在床上看書，如果能一邊吃零食，那就更完美了。

剛上高中時，我很希望自己的房間能重新裝潢，因為我覺得牆上那些印著花卉紋的壁紙，對一個高中生來說不夠精緻。於是我寫了一紙提案，長篇大論的向爸媽爭取。老爸看了後說：「好吧，我們就幫你重新裝潢。但你得答應做件事，一星期四次，每次二十分鐘。」

「要做什麼？」我疑心地問。

「你要嘛就接受，不然就拉倒。只有二十分鐘而已，你有什麼好怕的？」

「好吧，我接受。」我說。「到底要我做什麼？」

他說：「跑步。」

我老爸熱愛跑步，但他從沒告訴我，該跑多遠或跑多快；他連我到底有沒有跑足二十分鐘都沒留意。他只是要我穿上運動鞋出門而已。我父親開出的這個條件，讓我養成了習慣。我一開始跑步，就發現自己並不討厭**運動健身**這件事，我只是不喜歡**體育競賽**而已。

房間重新裝潢後，我就開始運動，並且持續了下來。我從來不用太逼自己，只要每星期出門幾次就行。不過長久以來，我一直在想要不要做肌力訓練。舉重可以增加肌肉群、強化骨骼，使核心肌群更結實，而且——我承認，這對我是最重要的——還能改善身體線條。隨著年齡增長，有做重量訓練的人，肌肉比較多、脂肪增加得比較少。這些年來，我有幾次不太認真地試著舉重，但從來沒能堅持下去；現在，既然我已經決定要「多運動」，正是開始的時候。

我發現，有句佛家格言說得真好：「當弟子準備好，老師就會出現。」就在我下定決心要「多運動」之後沒幾天，我跟一個朋友碰面喝咖啡，她提到我家附近的一家健身房，說她最近剛開始一個很棒的重量訓練課程。

「想到要跟著教練一起健身，我就不喜歡。」我說：「我會覺得不好意思，而且不便宜，我想自己健身就好了。」

「試試看嘛，」朋友慫恿道：「我保證你會喜歡的，這種方式超級有效率，只花二十分鐘，而且〔她戲劇化地停頓了一下〕，不會**流汗**。你運動完，不必淋浴。」

這倒是吸引我的一大賣點，我不喜歡淋浴。「可是，」我懷疑地問：「如果只花二十分鐘，連汗都沒流，怎麼可能是很好的健身運動呢？」

「你舉重的重量，剛好是你力氣範圍的極限。你不必重複很多次，而且只做一套。相信我，很管用的，我愛死了。」

吉伯特（Daniel Gilbert）在《快樂為什麼不幸福？》（*Stumbling on Happiness*）一書中說，要判斷某個做法未來能不能讓你快樂，最有效率的方式，就是找到正在遵循這套做法的人，問問他們是否快樂。照這說法看來，我朋友力讚這個健身課程，就是個很好的指標，顯示我搞不好也會喜歡。

隔天，我就約了去上課，上完後果然完全改觀。我的健身教練太棒了，而且訓練室的氣氛也比大部分健身房好——沒有音樂，沒有鏡子，沒有一大堆人，也不必等。離開前，我刷卡預付訂了二十四堂課（這是最上限），而且又在一個月內說服了老公和婆婆茱蒂（Judy）一起加入。

這課程唯一的缺點，就是貴。「為了一堂二十分鐘的健身課程花這些錢，好像滿多的。」我跟老公說。

「那你寧可花同樣的錢，上比較長的時間嗎？」他說：「我們雖然花多了點錢，但可以換來健身時間縮短啊！」

嗯，有道理。

每天走一萬步，就能讓大部分人避免發胖！

除了肌力訓練，我也希望開始走更多路。研究顯示，重複走路可以促使身體放鬆，有助於紓解壓力；而且，即使只是十分鐘的快走，都可以立即提振活力、改善心情——事實上，運動是擺脫沮喪最有效的方式。此外，我讀到的各種資料也指出，為了健康起見，一天應該走一萬步——還有各方說法也指出，每天走一萬步，可以讓大部分人避免發胖。

住在紐約，我覺得自己好像每天都走好幾哩路。但真是這樣嗎？我到住處附近的運動器材店買了個二十元的計步器。夾在皮帶上一個星期後，我發現碰到走路較多的日子（比方說，陪女兒走到學校，外加走路到健身房），一萬步不成問題。但要是碰到我一整天都沒離家太遠，就只有三千出頭了。

了解自己的日常習性，是件有趣的事。而且，光是帶著計步器這件事，就足以讓我走更多路了。我個性中最糟糕的一點，就是對「被肯定」這件事貪得無厭，總是想要得到表揚的金色星星。高中時有天晚上，我去參加一場派對回到家，決定打掃亂糟糟的廚房，給我媽一個驚喜。第二天早上她下樓後說：「是哪位了不起的仙女，夜裡來做了這麼多事？」一臉喜孜孜的表情。如今事隔二十多年，我還記得那個金色星星，而且我想要更多。

這種個性，通常很讓人討厭，但在眼前的狀況下倒是個優點：因為，計步器彷彿在肯定我的努力，也讓我更願意努力更多。有天上午，我本來打算搭地鐵去看牙醫，但轉念一想：「如果走路去，花的時間一樣多，而且還可以多增加步數呢！」

此外，我發現自己也受惠於「霍桑效應」（Hawthorne Effect），也就是：當一個人知道自己是研究中被觀察的對象後，會為了得到額外的注意而特別賣力表現。現在，受觀察的白老鼠，就是我自己。

走路還有個額外的好處：可以幫助我思考。尼采曾寫道：「所有真正偉大的思想，都是在走路時想出來的。」他的觀察是有科學根據的：運動會引發腦部產生化學物質，使思路更清晰。事實上，光是走到戶外，就能讓人清醒，同時提振活力。缺乏光線會讓人感覺疲倦，而即使是五分鐘的天光，也能刺激腦部分泌血清素和多巴胺這兩種可以改善心情的化學物質。好幾次，我懷著罪惡感離開書桌，去繞著我們家那個街區走走，然後就生出了一些有用的想法，那是我勞形案牘時絕對想不到的。

家裡東西愈多，你的心靈愈凌亂

家裡太亂，老是弄得我筋疲力盡；一走進家門，就覺得自己好像得開始把髒衣服扔進衣籃，收拾散落的玩具。

我當然不是唯一和凌亂奮戰的人。光是過去十年內，整個美國的儲物空間就增加了一倍，顯示很多人都覺得自己擁有的物品已經多到難以控制了。一份研究指出，消除家中的凌亂狀況，將可以減少一般家務工作量的四〇％。

我這偉大計畫的第一個月，居然是用來對付凌亂問題，會不會太小家子氣了？好像我人生中第一優先的事情，就是整理裝襪子的抽屜似的。但說實話，我還滿渴望一種整齊而寧靜的生活方式——大衣都掛在衣櫥裡、隨時有備用的衛生紙……等等。

而且，我也早就被那些無形的、但更令人沮喪的「心靈凌亂」給壓得心情沉重。我有一大堆該做而沒做的事，一想到就覺得疲倦又罪惡。

我得清理掉心中的這些雜物才行。

首先，我決定對付有形的凌亂。這讓我意外發現了一件事：心理學家和社會學家們從來沒探討過凌亂的問題。不論是在介紹有助於快樂的原因，或是在列出增進快樂的策略時，他們都不曾提到凌亂。哲學家們也忽視這一點，倒是凡事都有意見的約翰生博士（Samuel Johnson）評論過：「把錢用來讓居家生活舒適，是最值得的。」

相反的，當我轉向流行文化，關於如何清除凌亂的討論就很多了。人們會「把錢用來讓居家生活舒適」，去買居家生活雜誌 *Real Simple*，上網看「打敗凌亂」（Unclutterer）部落格，雇用「加州櫥櫃」公司幫忙規畫家中的收納空間，還會研究風水。顯然，像我這樣的平凡人都相信，外在的有形環境會影響我們精神的愉悅度。

我在家裡走來走去，看著有待清理的凌亂現場。認真觀察後我才驚訝地發現，家裡累積的凌亂有多嚴重。我的家明亮又宜人，但卻罩著一層凌亂的浮渣。

比方說，當我檢視主臥室時，簡直嚇壞了。淺綠色的牆搭配著床及窗簾上的玫瑰圖樣，整個房間原本平靜而迷人，但，茶几和角落的地板上卻堆著一疊疊報紙。只要是可以放東西的地方，都堆著一疊疊的書。CD、DVD、電線、充電器、硬幣、襯衫的領撐、名片，還有各種說明書，像五彩碎紙般到處散落。

我當下告訴自己，這些應該收起來的東西、沒有專有空間擺放的東西、還有些亂放的不明物品——全都需要歸位到適當的地方，否則，就丟掉或送人。

你家是哪種類型的凌亂？

我發現，我家的凌亂可以分成好幾種。

首先，是「懷舊式凌亂」，「元凶」是那些我不肯丟掉的舊物。我提醒自己，不必留著那箱幾年前我教「電視經營與法規」那門課時的資料。

第二種，是自以為是的「以後用得著凌亂」，我一直留著那些根本派不上用場的東西，老覺得它們大概有用。問題是，我幹嘛囤積二十三個一點都不特別的玻璃大花瓶？

還有一種凌亂，我在別人家裡見過，但還好我不是，那就是「特價品凌亂」——買了一堆不需要的東西，只因為有特價。不過我倒是有「免費品凌亂」——我們用不著的禮物、別人給的舊東西、百貨公司的贈品。最近我婆婆提起她要丟掉一盞檯燈，問我們要不要。「好啊，」我想都沒想就說：「那盞燈很棒。」但沒過幾天，我就開始嫌它了——燈罩不對、顏色也不搭，而且我們家實在沒地方擺。

「其實呢，」我後來寫電子郵件給她，「我們不需要那個燈。但還是謝謝您。」差一點，我又給自己惹來「免費品凌亂」了。

另外，我也有一種「該丟卻沒丟的凌亂」。這些東西我還在用，但卻知道不該用——例如那件十幾年前買的、已經不忍卒睹的二手綠色套頭衫，還有穿了八年破洞又綻線的內衣。這類凌亂老是把我媽搞瘋。「你怎麼會想穿**那玩意兒**？」

最讓我感到煩惱的，是「渴望式凌亂」——我之所以會擁有這些東西，只是夢想自己有一天會用到。比如說，我始終用不上手的熱熔膠槍、打從婚禮後就沒用過的那些神祕又特殊的銀餐具、我那雙超高跟的米色高跟鞋。渴望式凌亂的反面，就是「過時式凌亂」。我在一個抽屜裡發現了一堆塑膠相片框，以前我用了很多年，即使現在已經沒用，卻還是留著。

我最討厭的一種凌亂，就是「買了後悔的凌亂」，我不願意承認自己買錯了，還一直留著這些東西，直到放在櫃子或架上很久，讓我覺得它們被我「用」舊了。比方說，我兩年前買來後只用過一次的帆布包，還有那條不實際的白長褲。

衡量過狀況的嚴重性後，我決定首先直攻我們家凌亂惡化的核心：我自己的衣櫃。我向來不太會摺衣服，衣櫃裡亂得要命，一堆堆歪來倒去的襯衫和針織衫擠在架子上。橫桿上掛了太多東西，我要拿點什麼出來，都得使勁鑽進一團羊毛和棉布裡拖出來。勉強關上的抽屜，還夾著襪子和T恤的一角。我決定就從這裡開始，清理我的凌亂。

最好用的收納工具，就是……垃圾袋！

終於有一天，我老公帶著兩個女兒到婆家玩，那天我待在家裡。他們前腳才離開，我就開始動手了。

我看過一些建議，說我該花錢買個衣櫃的橫桿，或是可以擺在床底下的收納箱，或是可以掛四件長褲的衣架。但對我來說，清理凌亂最好用的工具，其實只有一個：垃圾袋。我準備了一個垃圾袋裝打算丟掉的，另一個裝打算送人的，然後就埋頭清理衣櫃。

首先，我丟掉那些誰都不該穿的衣物——再見，早已鬆垮的瑜珈褲。接下來我拖出那些心知自己壓根不會穿的——再見，短得幾乎遮不住肚臍的灰線衫。

接下來的選擇更困難了。我喜歡那件褐色長褲，但想不出能配什麼鞋子；我喜歡那件洋裝，卻始終找不到適當的場合穿。我逼自己花時間細想每件衣物的用處，如果想不出來，就丟。我發現，當我告訴自己某件衣服「我會穿」，意思就是「以前其實從沒穿過」；當我說「這件我一直在穿」，意思是我五年來只穿過兩次；當我說「這件我可以穿」，指的是以前沒穿過，以後也不會穿。

最後，我有了四大袋的衣服，以及空蕩許多的衣櫃。我不覺得累，反而好興奮——再也不必面對自己的一堆錯誤！再也不必為了找某件領尖有鈕扣的白襯衫，出了一身汗！

清理出一些空間後，我就想，何不再多清出一些？

例如，我怎麼會多出三十個衣架？所以我只留下幾個，其他全扔了，這樣又清出了頗大的一塊空間。接下來，我又丟掉一些無故囤積多年的購物袋。我本來只打算清理衣櫃的，但現在精神抖擻，決定進攻我那些裝襪子和T恤的抽屜。我不是把要丟的東西拿出來，而是**先把每個抽屜完全清空，然後再把真正要穿的放回去**。

然後我得意地審視著寬敞的衣櫃。好多空間啊！再也沒有罪惡感了。

我食髓知味，決定一不做二不休。「今天晚上，我們來做一件很好玩的事！」我語氣歡快地告訴老公，他正在看電視上的體育新聞。

「什麼事？」他一臉狐疑，緊抓著遙控器不放。

「我們來清理你的衣櫃和抽屜！」

「喔。唔，好吧！」他回答。他的反應我並不意外，他本來就是愛整齊的人。他關掉了電視。

「可是不能丟掉太多東西喔，」他警告我：「大部分衣服我都很常穿。」

「好，沒問題。」我甜甜地說，走著瞧吧，我心想。

檢查他的衣櫃很好玩。我負責把他衣櫃裡的衣架拿出來，一次兩件，他坐在床上，豎起拇指表示要留，倒豎拇指表示要丟。不像我，他完全不會掙扎，除了一次他堅持說：「我這輩子從沒見過那條長褲。」結果，他也擺脫了一大袋衣服。

接下來幾個星期，當我逐漸適應自己半空的衣櫃後，發現一個很有趣的矛盾：**儘管我眼前的衣**

服少多了，但我反而覺得有更多的衣服可以穿——因為衣櫃裡的每一件，都是我真正會穿的。

衣服變少了，讓我覺得更快樂。很多人都喜歡有很多選擇，但事實上，太多選擇很可能讓人洩氣。選擇範圍太廣，未必能讓人更滿足，有時反倒會讓人提不起勁。研究顯示，在超市面對二十種不同的果醬，人們往往會隨便選，或根本不選就走掉，而不是花時間做出理性的選擇。我覺得，從兩件我喜歡的黑長褲裡挑一件的快樂，遠超過從五件穿起來不舒服或款式不流行的黑長褲裡面挑——更別提買了卻從來不穿的罪惡感。

你的「卸貨區」，在哪？

做這麼平凡的事情，竟會帶給我這麼大的快感，誰想得到呢？到這時候，我已經收拾上了癮，有回參加一個懷孕朋友的送禮會，我在拆禮物時問起其他客人有什麼新招數。

「特別注意卸貨區，」一個朋友建議。「比方餐桌，或是廚房的料理台，我們都會習慣把東西往上面放。」

「沒錯，」我說。「我們家最大的卸貨區，就是我臥室裡的一張椅子。我們從來沒坐在椅子上，都拿來堆衣服和雜誌。」

「**垃圾會引來更多垃圾**。如果你把那張椅子清乾淨，就比較可能保持下去。還有，」她繼續說：「每回你買了什麼新電器之類的，就把電線、說明書，還有其他雜七雜八的東西，都放進一個透明夾鏈袋裡，貼上標籤。這樣就不會有一大堆搞不清楚用處的電線，等到你要丟掉那個電器時，就可以把附屬的東西一併丟了。」

「可以試試『虛擬搬家』，」另一個朋友說。「我才剛用過這招，問問自己如果現在要搬家，哪些會帶走，哪些會丟掉？」

「我**從不會**光為了感情因素而留下東西，」另外一個人宣稱。「真正用上的，我才留著。」

這些建議很有幫助，但最後一個規則對我來說太嚴厲了。我絕對不會丟掉我那件上面印著「正義永不停歇」的T恤，雖然它從來就不合身，但那是我當奧康納大法官（Justice Sandra Day O'Connor）的法務助理時，跟她一起參加有氧舞蹈課的紀念物；我也不會扔掉早產的伊萊莎從醫院回家時，身上穿的那套小得像玩偶穿的衣服。（還好這些東西占不了多少空間，我有個朋友還把大學時期打網球的十二根球拍，全都留著當紀念呢！）

有回我一個大學時期的室友來紐約，我們一起喝咖啡，談著清理凌亂的光榮戰績。「你知道，我家裡有個架子是空的。」她說。

「什麼意思？」我問道。

「在我家裡，我會空出一個架子。其他架子塞得滿滿的，但有個架子完全不放東西。」

這個點子讓我眼睛一亮。空的架子！而且她有三個小孩。空架子，就意味著可能性，一個可被伸展的空間。我也要清空一個架子，於是我回到家，直奔走道櫃，清出了一個架子。那個架子很大，而且現在是空的。我興奮極了。

我在家裡到處搜尋，任何東西不管有多小，都逃不過我的法眼。我老早就受不了兩個小孩收集的那一大堆玩具——發亮的跳跳球、袖珍手電筒、塑膠小動物……到處都是這些玩意兒。這些玩具很有趣，兩個女兒也想留著，可是要收拾實在麻煩，要往哪擺呢？

我的第八守則是「把問題弄清楚」。我知道自己常會把一個問題拖上好幾年不解決，是因為我從來沒細查問題的本質，也沒搞清有什麼解決的辦法。但結果證明，如果能認清問題，往往也就有了解決的線索。比方說，我討厭把大衣掛起來，所以常常就搭在椅背上。

認清問題：「為什麼我老是不把大衣掛好？」

答案：「我懶得去拿衣架。」

解決方式：「那就掛在門後的掛鉤上！」

當我自問：「這些小玩具的問題在哪裡？」我告訴自己：「伊萊莎和艾麗諾想留著這些東西，但我們沒有地方收。」答對了，我立刻明白這個問題的解答。

第二天，我去容器小鋪（Container Store）買了五個大玻璃罐。回家後仔細把各種小玩具收集起來，放進玻璃罐內。凌亂狀況解決了！五個罐子裡面都放了玩具。我沒料到的是，那些罐子放在架子上看起來好棒——多彩、歡鬧，而且很誘人。我的解決辦法不但實用，還很有裝飾效果。

別拖了，一分鐘就搞定！

我的掃除凌亂計畫，還帶來一個意料之外的愉快結果，那就是：解決了「四個溫度計症候群」：我老是找不到溫度計，老是要買新的，等到整理家裡，才發現總共買了**四個**！更慘的是，我從來沒用過。想知道女兒是否發燒，我通常都是摸摸她們的頸背。

這是一個「成人的祕密」：如果找不到東西，就開始打掃吧！我發現，雖然把東西收在一般的區域——掛大衣的衣櫃、廚房裡的抽屜——比較容易，但每個東西都有個明確的地方可以收，會更讓人覺得滿足。生活中有些小小的愉悅，其中一種，就是把東西歸到應有的位置。

我也偶然發現了幾個方法，可以避免家中老是陷入凌亂失序的狀態。首先，遵循我的第四守則：「馬上行動。」我開始採用「一分鐘原則」——任何工作能在一分鐘之內辦好的，就絕不拖延。收好雨傘、把文件歸檔、把報紙放進回收箱、關上櫥子的門……，處理這些事情只要一下子，但累積起來的影響卻很可觀。

除了「一分鐘原則」，我也遵行「夜晚收拾」的規則，每晚睡前花十分鐘簡單收拾一下。這麼一來，全家就會有個寧靜而愉悅的早晨，額外的好處是可以幫助我入睡——把東西收拾妥當，有鎮靜效果，而且身體動一動能讓自己感覺累了。相較之下，關燈前蓋著被子看一小時的書，不會有那種舒適感。

當櫥櫃裡頭的凌亂開始減少，接下來，我開始對付的是「看得見」的凌亂。

比方說，我們訂了好多種雜誌，卻沒辦法整理好。我清出一個抽屜來放雜誌，把雜誌「變不見了」，要看隨時都可以打開抽屜拿。我向來會把邀請卡、學校通知，還有各種雜七雜八的字條貼在布告欄上，現在我全都拔下來，放進一個檔案夾裡，上頭標示著「最近事件與邀請」。比起以前，我的組織能力並沒有變好，卻擺脫了不少視覺的混亂。

我一直很怕整理東西，總覺得那會是個大工程。以前的確如此，但現在當我看到多了些空間、家裡整齊了些，就又生出了一些力氣。

打過肉毒桿菌的人，比較不會生氣？

沒完成的工作，常會耗掉我的精力，還會讓我很有罪惡感：沒去買結婚禮物，覺得自己像個糟糕的朋友；沒去做皮膚癌檢查（我的皮膚超白，又一頭紅髮），覺得自己是個不負責任的家人；沒去給一歲的女兒艾麗諾買雙夠大的新鞋，覺得自己是個壞媽媽。我想像自己坐在一個蜂巢形的筆記型電腦前，一堆蜜蜂形的訊號同時對著我嗡嗡響：「做我！」「做我！」我卻拍打著要把牠們趕走。

該是解除煩惱的時候了。

我坐下來，寫了一份五頁的待辦事項清單。寫這份清單還滿好玩的，但之後我就得面對現實，去做這些我一直在逃避的事情了——有些事情甚至拖了好幾年。為了提振士氣，我又加了幾件可以花五分鐘就解決的事。

接下來幾個星期，我下決心一一解決清單上的工作。我去做了皮膚癌檢查，把窗戶擦乾淨，在電腦上安裝了備份系統，搞懂了一份複雜的帳單，還把鞋子拿去換了鞋跟。

不過等我開始對付一些比較困難的事情時，卻碰到了多得令人沮喪的「自食惡果」麻煩——因為被我拖延，而遲遲沒法擺脫的事情。

比方說，我十八個月前就該去洗牙，現在終於去了，卻發現一處補牙的填充物底下蛀蝕了，隔週還得再去看牙，自食惡果。浴室的壁燈壞了好幾個月，我才開口請管理員來修，結果他沒法修，給了我一個水電工的電話；水電工來了，拆下燈後卻修不好，叫我去找一家修理店；我拿了燈去店裡，一個星期後去拿回來，再請水電工來安裝，燈終於亮了。自食惡果，自食惡果，自食惡果。

另外，我還必須接受一個事實：有些麻煩永遠無法從清單上畫掉，這輩子恐怕每天都得做。我終於開始每天擦防曬霜——好吧，不是每天，但大部分時間都有；我還每天用牙線潔牙——好吧，不是每天，但幾乎都有。我知道曬太多太陽可能會導致皮膚癌，而不健康的牙齦會害我牙齒掉光光，但老實說，對我而言最有效的著眼點，是這麼做能避免皺紋和口臭。

有時候，要解決一件麻煩工作，最困難的部分，就只是「決定去做」而已。

我有天一早起來，寫了封電子郵件，總共只有四十八個字，只花了四十五秒——但這件事，卻壓在我心頭至少兩星期。像這樣未完成的工作，往往大幅耗掉人的精力，大得不成比例。

快樂的一個重要面向，就是處理你的情緒，很多研究也顯示，提振心情的最佳方式，就是讓自己去完成一些簡單的成就，例如解決一件拖了很久的小雜務。處理這些原本被忽略的工作，竟然能大幅提升我的心理能量，真是讓我太驚訝了。

為了要讓自己感覺更精力充沛，我的十二守則之一就派上用場了——「表現出自己想要的感覺」。這句話，總結了我研究快樂所學到最有幫助的洞見：儘管我們以為，先要有**感覺**，才會有與感覺相符的**行為**；但事實上，我們往往是因為有了那樣的**行為**，才會有那樣的**感覺**。

比方說，研究顯示，即使是硬擠出的笑容，也會為你帶來比較快樂的情緒；另外有個實驗指出，打了肉毒桿菌的人比較不會生氣，因為他們無法擠出生氣的表情。

哲學家與心理學家威廉．詹姆斯（William James）解釋：「一般以為感情主宰行為，但其實兩者是相輔相成的；因此藉著規範自己的行為（比較容易受意志所控制），我們可以間接規範自己的感覺（無法受意志所控制）。」不論古今的任何忠告，都證實了這個看法：要改變我們的感覺，就應該先改變我們的行為舉止。

儘管「假裝久了也會成真」的策略聽起來很假，但我覺得非常有用。當我覺得提不起勁的時候，我會表現得更有活力；我會加快腳步，邊講電話邊踱步，聲音變得更親切、更熱誠。有時候一想到要花時間陪小孩，我就覺得氣力全失，但有個疲倦的下午，我沒像往常一樣想出一個讓自己躺在沙發上的遊戲（我的鬼點子一向多得驚人），反而衝進房間：「嘿，我們到帳篷裡玩吧！」結果，還真的有用。透過刻意表現得很有活力，我果然精神大振。

本月心得：我比較冷靜了！

一月底到了。我這個計畫在這一個月，有了充滿希望的開始，但我真的覺得比較快樂嗎？現在還說不準。不過我的確覺得自己變得比較冷靜，也開始對自己的壞習慣有所警覺。

我發現，獎勵自己的好表現——即使這個獎勵，只不過是在我的「決心表」上打個勾而已——能讓我更堅守決心。多點強化的力量，的確有差別。尤其我發現，到了月底，我對於保持整齊就沒那麼起勁了。我喜歡清理衣櫃所帶來的豐厚報酬，但要保持屋裡整齊有序，卻是永無休止的工作。或許「一分鐘規則」和「夜晚收拾」可以讓我定期、小部分地減少凌亂，讓災情不會像之前那麼嚴重氾濫。

然而，我很驚訝地發現，自己從中得到這麼多的活力和滿足感。以往視為眼中釘的衣櫃，如今卻為我帶來喜悅；而書桌上那堆邊緣逐漸泛黃的報紙，也不見了。「藉著研究**瑣碎的小事物**，」約翰生博士寫道，「我們才能掌握減少悲慘、增進快樂的偉大技巧。」

| 2月 |

老婆快樂，人生就快樂

戒掉嘮叨
別期待讚美或感激
要正確吵架
不要「倒垃圾」
拿出愛的證明

有關快樂和婚姻的研究中，有個令人擔憂的事實特別引起我的注意：在第一個小孩出生後，婚姻的滿足感大幅暴跌。尤其具有破壞力的，是小孩剛出生或進入青少年時期，會為婚姻帶來很大的壓力。當小孩在這些階段時，父母會強烈感覺到不滿足。

詹米和我結婚十一年了，的確，在長女伊萊莎出生後，我們輕微拌嘴的頻率就激增。在此之前，我從沒說過「你就不能去做嗎？」這樣的話。過去七年，我已經變得太常抱怨、嘮叨，做事也變得拖拖拉拉。

是該改變的時候了。

我和詹米是在念法學院時，經人介紹認識的。當時我一年級，他二年級，聽起來雖然老套，但我總覺得我們是一見鍾情（當天下午他穿的那件粉紅色抓絨夾克，現在還掛在我衣櫃的後方）。但近年來，我開始擔心一些累積的小衝突和刺耳的話，會讓我們表面上不再那麼相愛。

我們的婚姻並未陷入危機，我們坦誠且頻繁地表現愛意。我們深愛對方，對於彼此的衝突處理得還算不錯。我們不常出現婚姻專家高特曼（John Gottman）所謂「末日啟示錄裡的四匹馬」那些終結婚姻的行為——築牆、防衛、批評，以及鄙夷。好啦，有時我們不免也會築牆、防衛、批評，但最糟糕的鄙夷，可是一次都沒有過。

不過我們——其實就是我啦——已經養成了某些壞習慣，我想改變。

在我的快樂生活提案中，為婚姻努力是個很清楚的目標，因為，一段好的婚姻，是影響快樂最重要的因素之一。這有部分是因為，快樂的人會比不快樂的人容易結婚，而且也比較容易維繫婚姻；快樂的人會找到比較好的約會對象，以及比較寬容的配偶。此外，婚姻本身也會帶來快樂，因為婚姻提供了每個人都需要的支持和陪伴。

就像大部分的已婚者，對我來說，婚姻是我人生中其他重要選擇的基礎：住在哪、生小孩、交朋友、做什麼工作，以及休閒活動。婚姻的氣氛影響了我整個生活狀況。這就是我會把婚姻納入快樂生活提案，並在第二個月就開始早早面對的原因。

儘管夫妻關係是我日常生活中最重要的元素，但不幸的是，這段關係也是我最可能出現惡劣一面的時刻。我太常專注在發牢騷和爭執，而且我很會怪罪詹米。每當燈泡燒壞了，每當我覺得被亂糟糟的家裡搞得心煩，或每當我工作遇到挫折，我就會怪罪詹米。

詹米是個有趣的綜合體。他有喜歡嘲諷的一面（不夠了解他的人，會覺得他冷漠，甚至嚴厲），但他心腸也很軟。一個很好的例子就是：他喜歡的某些電影，我會覺得陰暗得難以接受，比方《戰慄汪洋22小時》（*Open Water*）和《霸道橫行》（*Reservoir Dogs*），但他也喜歡甜蜜、感傷的電影，最喜歡的一部就是《情到深處》（*Say Anything*）。當他拒絕我分派給他的那些小任務時，常常會搞得我抓狂；但他又會主動幫我的電腦升級，給我驚喜。他每天會主動鋪床，但髒衣服從不扔進洗衣籃裡。他很不會買生日禮物，卻會意外地帶各種討好的禮物回家。

總之，他的個性中結合了種種美好和不那麼美好的特質，而我最糟的壞習慣，就是只注意他的錯誤，卻把他的優點視為理所當然。

我已經覺悟到一個攸關我快樂生活提案的關鍵事實：我無法改變其他人。儘管我會忍不住想試，但我無法硬逼詹米改變他的種種作風，好讓我們婚姻的氣氛更愉快。我只能努力改變自己。我在我的「十二守則」中尋得啟發：「心中只有愛。」

提供這條守則的，是我一個朋友。她想出這句話，是有一次她正在考慮要不要接受一份壓力很大的工作，因為她的上司是個出了名難相處的人。負責雇用的人告訴她：「我得老實告訴你，約翰先生很有效率，但他在工作上對人超嚴厲，你好好考慮要不要接受這份工作。」我朋友真的很想要那份工作，於是她決定：「**心中只有愛**。」從那一刻開始，她腦子裡就拒絕去批判約翰：她從不在背後抱怨他，甚至也不想聽別人批評他。

「你同事不覺得你是濫好人一個嗎？」我問。

「喔，不，」她說。「他們都希望能做到像我這樣。他把他們都逼瘋了，但我可以誠實地說，我喜歡約翰。」

如果我的朋友可以為她的老闆這麼做，為什麼我不能為詹米這麼做？內心深處，我對詹米只有愛，卻讓太多小事阻礙了。我的行為偏離常軌，然後，因為我行徑惡劣時就感覺罪惡，於是我的行為又變得更糟了。

愛，很奇妙。如果要我捐一個腎給詹米，我一刻都不會猶豫；但如果他要我順道去藥妝店幫忙買罐刮鬍膏，我卻會覺得很煩。研究顯示，引發夫妻衝突，最常見的原因不外乎金錢、工作、性愛、溝通、宗教、小孩、姻親、感激，還有休閒活動。家有新生兒也是個棘手的狀況。總之，這些類別——看來好像無所不包——跟我的問題似乎不相干。我努力思索自己的婚姻，思索我能做什麼改變，才能恢復新婚沒有小孩時的溫柔與耐心。

首先，我得改變自己處理家務的方法。過去我太常使喚和嘮叨——不光是嘮叨詹米該去做份內的工作，還嘮叨他應該讚美**我**做了份內的工作。其次，我想讓自己放鬆點，尤其是在生氣的時刻。我想起作家切斯特頓（G. K. Chesterton）的一句話：「沉重容易輕鬆難。」（或者就像俗話說的：「死亡容易喜劇難。」）而且我不想再把詹米的一切視為理所當然了。三不五時的貼心小表示，要比情人節送花更重要，我想多給詹米一些小甜頭和尊重、讚美和感激，畢竟，就像我「成人的祕密」裡主張的：「**天天**都做，勝過**偶一為之**。」

詹米沒問過我這個月要做什麼實驗，我也沒告訴他。我夠了解他——就算他清楚自己某種程度來說是我的白老鼠，但知道細節還是會讓他覺得彆扭。

這些決定對我來說會很困難，這我很清楚。我沒那麼不切實際，以為自己可以持續每天都一一實踐，但我希望能訂出比眼前更高的目標。我的快樂生活提案一開始，就把目標先擺在提振元氣、清理凌亂，原因就是我清楚自己如果沒被心理上和實質上的混亂壓垮，就更能表現得輕鬆又可愛。說來似乎可笑，但在有了整齊的衣櫃、睡眠時間也增加了之後，的確讓我更快樂，心情也平和許多。挑戰在於，我二月又加上新的一組決心事項，而一月的決心事項還得繼續保持下去。

這些事，有那麼急嗎？沒有。

詹米討厭被碎碎念，我也討厭當個嘮叨婆，但我發現自己還是太常嘮叨了。研究顯示，夫妻感情的維繫大半決定於對婚姻的浪漫與熱情是否感到滿足，而其中最大的殺手，就是嘮叨。

情人節卡片給了我一個機會，好測試這個決心。跟很多人一樣，當年長女伊萊莎才出生五分鐘，我就忍不住想寄出我們一年一度的賀節卡片。於是我當下決定建立一個新傳統：我們家不在十二月寄卡片，而是在二月情人節；這個決定其實不太是出於創意，而是因為當時我太想寄卡片了。

今年該寄卡片的時候，詹米和我正在看電視上播出的電影《第三類接觸》（*Close Encounters of*

The Third Kind），我拿出一大疊信封，開心問他：「你要裝卡片還是黏信封？」

他哀怨地看了我一眼：「拜託別逼我做。」

我決定不了該怎麼回答。我該堅持要他幫忙嗎？我該說讓我做所有事情不公平嗎？我該說我已經訂卡片、安排拍照（一張艾麗諾和伊萊莎穿著芭蕾舞衣的可愛照片），最麻煩的部分我都做了，現在他只要幫忙做簡單的部分嗎？但反過來說，這本來就是我自己想做的，要他幫忙公平嗎？好吧，公不公平，其實真的不重要。我寧可自己弄完這些卡片，也不要覺得自己好嘮叨。

「好吧，」我嘆了口氣告訴他。「你就別管了。」瞥見他靠在沙發上，我的確有點忿忿然，但我明白，比起可以專心看電視、不必分神舔信封，我更享受**不必**當嘮叨婆的感覺。

電影播完後，詹米看著我，我眼前擺了一堆塞好、封好、貼了郵票的紅信封。

他一隻手放在我手上。「你願意當我的情人嗎？」

我很高興先前我決定不逼他。

為了讓自己更容易戒掉嘮叨，我做了一個「反嘮叨技巧」的清單。首先，我找到一些方法來提醒每個人該做的事情，代替口頭提醒，例如，當我把信封放在前門的地板上，詹米就曉得他在上班途中要拿去寄掉。我還規定自己就算要講，也只能用一個詞，比如說，詹米吃完中餐站起來時，我不會大喊：「拜託別忘了，你答應去公園前要搞清楚錄影機到底哪裡壞了！」我只是說：「錄影機！」我提醒自己，這些雜事不必照我的時間表完成。我忍住不使喚詹米去地下室拿出那個小型溜滑梯，我知道一旦我認定艾麗諾想玩，會希望東西就在手邊。但事情有那麼急迫嗎？沒有。

還好我不曾陷入那種常見的「我是為了你好」的嘮叨模式中。我從沒囉唆詹米要帶雨傘、要吃早餐、要去看牙醫。儘管有些人認為這類嘮叨是愛的表現，但我覺得一個成人應該可以決定自己要不要穿毛衣，不必旁人多嘴。

當然，最明顯（也最不討好）的反嘮叨技巧，就是凡事自己來。為什麼一起出門時，我會認定該由詹米負責帶錢呢？只要我接管這件事，我們身上包準有足夠的現金，我也快樂得多。反之，如果詹米做了件事，我也不許自己在旁邊說三道四。比如說，攝影機壞了，他買了個新的，我覺得他買貴了，但那是他的事，他有權決定。

對於詹米所做的事，我也試著更加留意並適時讚賞。我是那種「不自覺過譽」的人，會在無意間誇大自己的功勞或本事，而忽視別人的成就（有點像廣播名人蓋瑞森．凱勒〔Garrison Keillor〕所說的「沃比岡湖錯覺」*，指的是我們都以為自己比一般人優越）。曾有一份研究，請同一個工作小組的學生衡量自己對團隊的貢獻，加總起來的結果是一三九％。這很合理，因為我們會更在意

---

*編按，凱勒在他的廣播節目中有個好玩的小單元叫 News from Lake Wobegon，Lake Wobegon 是個虛擬的小鎮，鎮上的男人都很帥，女人都很強，小孩資質都很優。

自己的付出，而不是他人的付出。就像我老是抱怨花了好多時間處理帳單，卻忽視詹米也花了很多時間照顧我們家那輛車。

對此，我朋友有個革命性的解決方法：她和先生從不分配工作。即使他們有四個小孩，但他們很有默契，絕對不說「你要帶小孩去參加生日派對」或「馬桶又漏水了，你去修一下」這類的話。他們的方式行得通，是因為兩個人都會主動做事，但即使如此，我還是無法想像那樣的生活。那是我到達不了的理想，不過很具啟發性。

記得：擁抱時間請勿低於六秒！

這個戒除嘮叨習慣的實驗，也帶出了我想戒掉的另一種更微妙的嘮叨形式：嘮叨別人來注意我做的事。我老是嘮叨詹米，要他給我更多讚美。

在情人節卡片的事件後，我明白自己真正想要的——除了協助之外，我更希望詹米能說些：「哇，女兒們的照片真棒！情人節卡片做得太好了！」一類的話。我想要更多的金色星星，就像小時候老師貼在我作業本上的那種！

為什麼我這麼想要金色星星呢？是虛榮嗎？是沒有安全感而需要撫慰嗎？無論原因是什麼，我知道自己得克服需要詹米讚許的心態，甚至，我不該要求詹米注意到我做了什麼好事情。所以我的決心，就是「別期待讚美或感激」。

直到我開始留意後，才發現這種需要別人讚許的心態，嚴重地影響了我的行為。有天早上大約七點半，我穿著睡袍腳步踉蹌的走進廚房。艾麗諾前一夜幾乎都沒睡，我大半夜都在陪她；詹米大約六點起來陪她，好讓我可以回去補眠。

「早安。」我打開一瓶健怡可樂時咕噥著說。我沒謝謝他讓我能多睡那珍貴的九十分鐘。

詹米等了一會，忽然開口：「我希望你能感激我今天早上替你爭取了一些時間。」他也需要金色星星，即使在我心中，他自己也不是很擅長給別人金色星星。

在此之前，我一直都想在婚姻裡有好表現，也對自己學到這麼多感到沾沾自喜。所以，這會我應該要用溫柔的聲音說：「我當然感激啊，謝謝你，你是我的英雄。」或是感激地給他一個大擁抱？不。因為我熬夜陪艾麗諾，他竟然忘了給我一個金色星星，所以我兇巴巴地說：「我**確實**很感激。話說回來，當我讓**你**睡覺的時候，你也從來沒表示過感激；這回你讓我睡覺，你倒是希望我能大大地感激你。」詹米的表情，讓我真希望自己從沒說過這些話。我想起了我的第九守則：「放輕鬆。」

我伸出雙手抱住他。「抱歉，真的。我不該這麼說的，而且我真的很感激能多睡一會兒。」

「你知道，」他說：「我真的想回報你，還有我的確很感激你讓我能好好睡覺。」

「好吧。」

我們擁抱——至少六秒鐘，我剛好從研究中得知，六秒是刺激催產素和血清素分泌所需要的最短時間，這兩種提振心情的化學物質可以增進人際的親密關係。於是，緊張的那一刻過去了。

這回的對話很重要，讓我更明白如何自制。之前我老以為，我做的一些日常雜務或某些努力，是「為了詹米」或「為了團隊」。儘管聽起來好像很大方，結果卻很糟，因為當詹米對我的努力沒有任何表示時，我就會不高興。於是我開始改變態度，告訴自己：「我做這件事是**為了我自己**，這是**我**想要的。」**我**想寄情人節卡片，**我**想清理廚房的櫥櫃。聽起來好像很自私，其實卻更不自私，因為這表示我再也不會叨念著要從詹米或其他人那裡得到金色星星。別人甚至不必注意到我做了什麼。

我記得曾和一個朋友聊過，他父母對於人權運動很熱中。「他們總是說，」他告訴我：「你做這類工作一定要為自己；如果你是為別人，到頭來你就會希望獲得別人肯定，希望別人感激你，給你功勞。如果你是為自己而做，就不會期待別人有什麼特定的反應。」我想，一點也沒錯。

儘管我談了這麼多要放棄金色星星，我還是必須承認，如果詹米能給得更大方些，那就太好了。不管該或不該，我就是想要那些金色星星。

吵架或許難以避免，但你可以吵得有趣些

比起某些我想改變的行為，嘮叨算是比較好對付的了。我接著要解決的問題，是更棘手的挑戰：讓我的態度更輕鬆些。

婚姻衝突分成兩大類：一種是可以清楚解決的，另一種則否。不幸的是，比較多的衝突是歸入沒有固定答案的那一類，比方「我們該如何花錢？」或「我們該如何撫養小孩？」；而不是簡單些的，如「這個週末要看什麼電影？」或「這個夏天要去哪裡度假？」。

夫妻意見不合是難免的，甚至有其價值。既然我和詹米難免要吵架，我希望能吵得有趣些，即使我們不同意對方，也可以開開玩笑，同時表現出愛意。

我也希望能克服心中的敵人：暴怒。我太常生悶氣、翻臉像翻書，常把全家的氣氛搞壞。我以前老搞不懂，為何暴怒會跟色欲、貪食、貪婪、懶惰、妒忌、傲慢等一起列入天主教的七宗罪，因為憤怒似乎不像其他罪那麼致命。但事實上，暴怒之所以列入七宗罪，不是因為惡行重大，而是因為暴怒的力量會產生其他更糟糕的罪行。暴怒是通往其他更大罪行的門戶。在七宗罪裡，暴怒絕對是我的死敵。

吵架方式對婚姻的健康非常重要；高特曼（John Gottman）的「愛情實驗室」研究顯示，夫妻間**如何**吵架比**多常**吵架更重要。「正確」吵架的夫妻，每次只針對一個棘手的話題，而不是把他們認識以來所有的舊帳都翻出來。「正確」吵架的夫妻會小心地爭執論辯，而不是立刻大吵起來——而且會避免像是「你從不……」和「你老是……」這種炸彈。他們知道如何結束爭執，而不是吵上好幾個鐘頭。他們會做「補救嘗試」，利用言辭和行動，逐步減低惡劣的感覺。他們看得出配偶身上的壓力——丈夫知道太太被工作和家庭兩邊的需求搞得筋疲力盡；太太知道丈夫夾在她和婆婆之間左右為難。

以下是一個吵架**不**正確的例子。顯然的，儘管我很不想承認，但我大概不時會打鼾。我認為打鼾讓人魅力盡失，所以討厭聽人提起這事。但有天早上，詹米拿我打鼾來取笑，我設法「放輕鬆」，跟著他一起大笑。

然後，過了幾星期，有天早上六點半的鬧鐘響起前，我們正在聽我們最喜歡的新聞電台，我正懶洋洋想著在自己清掉一堆雜亂後，臥室感覺平和許多，接著詹米用開玩笑的甜甜聲音說：「我今天一早醒來，發現了兩件事。第一件事，你打鼾。」

我兇巴巴頂回去。「這是我早上醒來要聽的第一件事嗎？」我氣炸了。起身下床時，還把床單朝他臉上甩過去。「我打鼾。你就想不出更中聽的話嗎？」我氣沖沖走到臥房另一頭，開始從衣櫃裡扯出衣服。「如果你希望我別打鼾，就在睡覺時戳我一下，而不是在那邊講了又講！」

我學到什麼教訓？幾個星期前詹米打趣時，我跟著他一起大笑，讓他以為打鼾是個可以開玩笑的好題材。我試著想放輕鬆，卻做不到；我真希望自己隨時都能開自己玩笑，但有些狀況我就是做不到，所以我應該誠實回應，這樣就能避免最後的大爆發。這就是「吵架要正確」。這次，我維持不了自己的決心——我甚至無法開口道歉，只想忘掉這件事——但下回我會改進（希望如此）。

在婚姻中，有許多愉快的經驗固然重要，但減少不愉快的經驗更重要，因為人類有「負面偏誤」的傾向；比起對好事的反應，我們對壞事的反應比較快、比較強烈，而且記得比較牢。事實上，幾乎每種語言裡，用來形容負面情緒的用詞，都比正面情緒來得多。

在婚姻中，至少要有五次正面的行動，才能抵銷一次緊急或毀滅性的行動，所以要強化婚姻，方法之一就是確保正面行動的次數比負面多。如果一對夫婦平常互動深情而溫暖，就比較容易忽略偶爾不愉快的對話。不過我覺得，要抵銷上回關於鼾聲的不愉快對話，我們雙方可能都得付出不只五次的正面行動。

正確的吵架，你就不會有罪惡感

正確的吵架對我的快樂影響很大，因為不正確的吵架是我生活中罪惡感的一大源頭。就像馬克．吐溫說的：「良心不安，就像嘴裡吃到一根頭髮。」當詹米做了件令我心煩的事，我兇了他，然後我的感覺很不好，於是就把一切責任推給**他**。但事實上，我心裡明白，我感覺不好的主因不是詹米的行為，而是我對自己的反應覺得內疚；正確的吵架就能消除這種罪惡感，也會讓我更快樂。

有一天，我始終做不到正確吵架，幫助我看清了這點。總統日的那個週末假期，我們跟詹米的爸媽去度假。我婆婆茱蒂和公公鮑伯是可以一起度假的絕佳祖父母——肯幫忙、好相處，對混亂狀態頗能容忍——但他們旅行時喜歡有充分時間，所以我們趕著出門跟他們會合，卻讓自己餓過頭了。臨出門前，我才想到自己餓死了，趕緊伸手到伊萊莎情人節收到的那個超大心形盒子裡，挖了一把M&M巧克力出來。

吃那些糖果讓我覺得有罪惡感，加上有點反胃，害我一直口出惡言。我表現得愈糟糕，心裡就愈自責，然後又害我表現得更糟。

「詹米，拜託把那些紙拿走。」

「伊萊莎，別靠在我身上了，你弄得我手臂好痛。」

「詹米，你就不能拿好那個包包嗎？」

就因為踏出了錯誤的第一步，即使到了飯店，我還是甩不掉那種惡劣的感覺。

「你還好吧？」期間詹米問我。

「很好，我沒事。」我咕噥著，暫時克制住自己，但我的壞心情很快就又冒出來了。

那天晚上，在伊萊莎和艾麗諾上床後，我們四個大人終於可以聊得久一點。我們喝著餐後的咖啡（即使結婚多年，我還是很驚訝茱蒂和鮑伯可以在飯後喝**含咖啡因的**義式濃縮咖啡），一邊談著最近《紐約時報》一篇文章中，報導了正在試驗的C型肝炎新藥VX-950。

我們對這類實驗都很關心。詹米笑說自己是「破玩具」，他膝蓋不好，上頭有個童年開過刀的大疤；另外他的背部偶爾會抽筋，但他主要的身體問題出在肝臟。他有C型肝炎。

C型肝炎是慢性病，有潛在的致命危險。還好除非直接經由血液接觸傳染，並不具傳染性。詹米沒有明顯的症狀，他是在一次驗血時意外發現得了C型肝炎。有一天他將會肝硬化，肝臟會停止運作，到時候他就麻煩大了；但眼前，他完全沒事。攸關健康問題，大家總會同病相憐；如果有很多人跟你有同樣的病痛，藥廠就會努力找出解藥。美國大約有三百萬人有C型肝炎，全世界大概有一億七千萬人，所以這方面的研究很積極。另外詹米的醫師估計，有效的新療法可能會在五到八年內核准通過。C型肝炎的惡化病程很長——大部分人要二十或三十年，才會演變成肝硬化。

三十年聽起來似乎很長，但詹米是在八歲動心臟手術時輸血感染的，當時還沒有C型肝炎抗體篩檢。現在他已經三十八歲了。

現有的療法之一，就是注射長效型干擾素加上口服抗病毒藥雷巴威林（Ribavirin），但詹米試過一年，歷經了很不舒服的類感冒症候群，吃藥加上每星期打針，還是沒有成效。現在我們只好期望詹米的肝能設法撐下去，等到研究者找出新的治療方式。C肝除了會導致肝功能衰竭外，病人罹患肝癌的機率也大增。感謝老天，還有肝臟移植；但這可不是小手術，而且令人恐慌的是，不見得隨時能找到捐贈的肝臟。（就像那個有關餐廳的老笑話：「這家的菜真可怕！」「沒錯，而且分量好少。」）

所以《紐約時報》上那篇有關C肝新療法的報導，我們都很感興趣。我的公公鮑伯覺得那篇文章給了我們希望，但每回他講出的意見，都被我一一反駁。

「報導說，這個研究很有希望。」他說。

「但詹米的兩位醫師都告訴我們，要等到新藥批准，至少還要等五年，甚至更久。」我回答。

「那篇報導暗示，研究人員有很大的進展。」他溫和地回應。鮑伯一向不愛爭辯。

「但等到新藥上市，還要很久。」我老是很容易就變得好辯。

「這個研究領域非常活躍。」

「可是要等到研究有結果，還很漫長。」

諸如此類。

我很少跟鮑伯說他太樂觀了。他向來強調，要以理性和概率來做決策，而且身體力行，他習慣在黃色橫格筆記紙寫下不同的觀點，分成「贊成」和「反對」兩欄，列出樂觀和悲觀兩種看法。不過那天的狀況，他明顯向樂觀那邊靠攏。我幹嘛跟他辯呢？我不同意他的看法，但我又不是醫生，我懂什麼？

對於改善自己的態度，我抱著很高的期望，但卻不切實際。我知道在這段談話中，我的好鬥和賣弄不是因為不耐，而是想要保護自己，不想讓自己抱著虛幻的希望。鮑伯採取了正面的態度，如果我不要跟他辯，我會比較好過些。我講那些喪氣話，一定讓鮑伯和詹米感覺很不好，而且這麼好辯只是讓我感覺惡劣而已。要正確的吵架——不光是跟你先生，而是對每個人都適用。

此外，我還學到比較不那麼高超的一課，那就是不要空腹吃掉半磅M&M巧克力。

優秀的人未必快樂；但快樂的人通常都很優秀

我在研究「要正確吵架」的方法時，找了一堆有關婚姻和感情關係的書。

「如果有人看到這些書架，八成會以為我們的婚姻出狀況了。」詹米說。

「為什麼？」我問，嚇了一跳。

「看你書架上都放了什麼書。《恩愛過一生：幸福婚姻七守則》（*The Seven Principles for Making Marriage Work*）、《愛永不嫌多》（*Love Is Never Enough*）、《分手關鍵點》（*Uncoupling*）、《傷心單身漢》（*One Man, Hurt*），要不是我知道你在進行的計畫，連我都會很擔心呢。」

「但是這些材料很棒，」我說。「裡頭有好多很吸引人的研究。」

「是啊，但一般人除非出了問題，否則是不會去讀這些書的。」

或許詹米說得沒錯，但我很高興自己有個理由，去研究有關婚姻和感情關係的最新發現。我學到了好多。比方說，男人和女人對於表示親密的方式，有著非常有趣的差異。儘管男女都同意，一起活動和互訴心事很重要，但女人認為的親密時刻是面對面交談，而男人則覺得是並肩工作或一起玩樂。

所以當詹米說：「你要不要看《光頭神探》（*The Shield*）？」我就知道，在他眼中，一起看電視是很珍貴的時光，不只是「坐在同一個房間裡不說話看電視」這麼簡單。

「好主意！」我回答。躺在床上看著一名桀驁不馴的洛城警察辦案，聽起來儘管不怎麼浪漫，但一旦我們舒服地靠在枕頭上，**感覺**就很浪漫了。

或許就因為男人對於親密的標準這麼低，所以不管是男人或女人，都覺得跟女人的關係比較親密而愉快。比起男人，女人對他人比較能感同身受（不過女人和男人對動物都有相同程度的同理心）。事實上，不管是男人或女人，跟女人接觸愈多，感覺就愈不寂寞（這一點讓我非常驚訝）。和男人相處的時間多寡，則沒有影響。

得知這項研究，改變了我對詹米的態度。我全心全意愛他，我也知道他愛我，而且我知道自己絕對可以信任他。但我常常覺得挫折，因為他從來不想跟我進行長時間的交心討論。尤其是，我希望他能對我的工作更關心。我妹妹伊麗莎白是電視編劇，我很羨慕她有個編劇搭檔莎拉。她們幾乎每天都會花很長的時間討論，談她們的寫作和工作策略。我沒有搭檔也沒有同事，可以討論工作上的問題，所以我希望詹米能為我填補這個角色。

同時，我也希望能把我的不安全感一古腦都丟給詹米。一開始我會用引誘式的開場白，比方「我好擔心我沒辦法發揮自己的潛力」，或「我在建立人脈上，實在表現得很糟」，或「萬一我寫得不好呢？」，而詹米顯然不想跟我談這些，於是我氣就來啦。我希望他能幫我處理焦慮和自我懷疑的感覺。

現在我知道了，不管男人或女人，要尋求了解時，都要去找女人。同時，我也明白了，詹米忽視我不是因為不感興趣，也與情感無關，他只是不擅長給予這類支持。詹米不會跟我長篇討論我是否該開個部落格，或是該怎麼訂出新書的架構；他不想花好幾個小時給我打氣。他永遠不會扮演女性寫作搭檔的角色，去期待他是不切實際的。如果我需要這方面的支持，就得找別的方法。我的領悟並沒有改變他的行為——但我就不再那麼忿忿不平了。

我也注意到，我愈是沮喪，詹米似乎就愈不願意跟我談。

「你知道，」有天晚上我跟他說：「我覺得很焦慮，真希望你能試著幫我紓解情緒。我感覺愈糟，你好像就愈不想跟我講話。」

「我只是受不了看你不快樂。」他回答。

我又恍然大悟了。詹米不肯體諒地聽我傾訴，並不是因為任性；他不但天生不擅長跟人長時間交心談話，也會試著避開任何讓我沮喪的話題，因為他覺得看我那麼沮喪很痛苦。當然，這並不能讓他完全脫身——有時我真的需要有個人聽我傾訴，即使他不想扮演這個角色——但至少我比較了解他的觀點了。

媽媽不快樂，全家不快樂

這番談話讓我開始思考，自己的快樂對詹米和其他人有何影響。我聽過一則諺語：「老婆快樂，人生就快樂。」或者換個說法：「媽媽不快樂，全家不快樂。」一開始我覺得好棒——好極了，一切全看**我**高不高興！但，如果這些諺語說得沒錯，這個責任可就大了。

我之前一直在想，我的快樂生活提案是不是很自私，因為感覺上我好像任性地耽溺在自己的快樂上頭。沒錯，當我照顧自己的快樂時，也的確能讓其他人感到快樂——我盡量不要兇詹米，聽他講笑話會跟著大笑。但其實不只如此。我發現當我快樂時，也比較有能力讓其他人更快樂。

快樂的人通常比較寬容、樂於助人，也更仁慈，他們比較能自制，比較能忍受挫折；而不快樂的人則比較容易退縮、防衛、對抗、自私。王爾德（Oscar Wilde）曾說：「優秀的人未必快樂；但快樂的人往往很優秀。」

快樂對於婚姻的影響尤其大，因為配偶間很容易感受到對方的情緒。一方的快樂增加，可以讓另一半的快樂程度增加三〇%；而一方的快樂下滑，也會把另一半給拖下水。我還學到一個所謂「健康同化現象」，意思是：伴侶在健康方面的行為常會彼此同化，包括飲食、運動、看醫師、抽菸、飲酒等習慣，往往會彼此影響。

我知道詹米希望我快樂。事實上，我看起來愈快樂，詹米就愈想取悅我；而當我不快樂——不管原因是什麼——詹米就會縮回去。所以，為了要讓自己更快樂，我下定決心不用「倒垃圾」的方式，尤其是對詹米。如果我真需要詹米的建議或支持，我會說出讓我擔憂的事情，但我不會把一些雜七雜八的煩惱倒給他。

一個星期天早晨，我有機會實踐這個決心。那是個難得的平靜時刻。詹米正在清理他做煎餅所製造出來的一團混亂，伊萊莎專注讀著《哈利．波特4：火盃的考驗》，艾麗諾正在用綠色蠟筆逐頁塗著一本史酷比著色簿，我則在看郵件。我打開一封寄自信用卡公司、看似無害的信件，然後發現因為他們一個安全上的漏洞，我們原來的信用卡被取消了，又發了一張新卡和新號碼給我們。

我氣壞了。這一來，每個跟原先信用卡號碼相關的帳戶，我都得一一更新了。我沒記錄有哪些帳戶，所以也不知道哪個帳戶要更改資料。我們汽車的高速公路電子收費證、亞馬遜網路書店帳戶、健身房會員證……還有什麼？而且那份通知冷冰冰的，沒有道歉，絕口不提他們公司的錯誤或對持卡人所造成的不便。就是這種雜事會搞得我抓狂：它會占用寶貴的時間和心力，可是等你做完了，你的生活並沒有變好。

「我真不敢相信！」我氣沖沖的跟詹米說。「他們取消了我們的信用卡，因為他們自己犯的錯！」我正想好好罵上一頓時，腦中閃過一個念頭：「不要倒垃圾。」於是，我停了下來。我為什麼要因為自己心煩，而毀掉家中的寧靜時刻呢？聽人抱怨總是很煩的，不論你心情如何，也不管抱怨是否有理。我深吸了一口氣，停止叫罵。「唉，算了。」我只說了這些，強忍著冷靜下來。

詹米驚訝地看了我一眼，然後鬆了口氣。他大概也知道，我費了多大的力氣才忍住沒發作。等我再去倒咖啡時，他站起來給了我一個擁抱，什麼話都沒說。

每天至少擁抱五次，一個月後你會更快樂

我始終忘不了大學時代讀過的一句話，是法國詩人勒維爾第（Pierre Reverdy）說的。「世上沒有愛，只有愛的證據。」不論我心中有什麼樣的愛，別人看到的，只有我的行動而已。

回頭看我的決心表，一些條目上頭有一整排開心的打勾符號，比方「丟掉、歸位、整理」；而有些條目則有零星的×記號。我在「早點去睡覺」這一點，做得比「別期待讚美或感激」要好。幸運的是，「拿出愛的證明」看起來比較容易成為一個討人喜歡的習慣。

表現愛的方式，有些很簡單。有四七％的人（他們是怎麼算出這些統計數字的？）覺得，跟感情外顯的家人比較親近，而跟感情內斂的家人則比較疏遠。於是，我開始常跟詹米說「我愛你」，而且每封寄給他的電子郵件末尾都寫上「我愛你」的縮寫。另外，我也更常擁抱詹米——還有我生活中的其他人。擁抱會釋放壓力，增加親密感，甚至能消除痛苦。有個研究，規定實驗者每天至少要擁抱五次，擁抱愈多人愈好，一個月後，這些人都變得更快樂。

有些事情我已經做得不錯。我不希望自己寄給詹米的每封電子郵件，都有令人厭煩的問題或提醒，所以我已經養成習慣，會寄給他一些愉快的消息，比如關於兩個女兒的趣事。

有天我要去赴約途中，經過了詹米位於中城的那棟辦公大樓，我停下來打手機給他。

「你在位子上嗎？」我問。

「是啊，怎麼了？」

「往下看看聖巴索羅謬教堂的階梯。」這座教堂就在詹米辦公室的對面。「你看到我在跟你揮手嗎？」

「看到了，喔，你在那裡！我也跟你揮手了。」

花一點時間給他這個傻氣而深情的揮手，讓我接下來幾個小時心情都很好。

這些都是小事情，但對我們的互動氣氛卻大有影響。接下來我還有機會做大事情，因為我婆婆茱蒂的生日快到了。

我的父母和公婆是我們生活裡重要的一環。我從小在堪薩斯城長大，我父母凱倫和傑克仍住在那裡，每隔幾個月，他們至少會有一個人來紐約看我們，我們一家每年也至少會回去兩次。每次都會特別安排一起進行很多活動。至於詹米的雙親，就住在我們家附近，我們兩家所住的公寓大樓，中間只隔著一棟小小的連棟樓房。我們在附近走動時，常常會看到他們迎面走來，正要去喝咖啡或去市場買東西——一頭銀髮的茱蒂會披著披肩，而步伐拘謹的鮑伯老戴著一頂羊毛帽。

幸運的是，詹米和我都認為與雙方父母的關係很重要，因此替茱蒂盤算生日是再自然不過的事了。如果我們問茱蒂要怎麼慶祝，她本人會說無所謂。然而，如果你想知道一個人希望如何被對待，與其問本人，還不如去觀察他的行為。茱蒂是我見過最可靠的人，她從來不會忘記自己的義務，答應的事情一定做到，也不曾忘記過任何重要的日子。儘管她堅持交換生日或節日禮物對她不重要，但她對於要送出手的禮物一定費心包裝。她甚至還會按照我們結婚週年的主題，送我們紀念日禮物：結婚四年是「花果婚」，她送我們的是一條漂亮的拼綴花被，上頭的圖案是花和水果；結婚十年是「鋁／錫婚」，她就送我們四捲鋁箔紙。

詹米、他父親、他弟弟菲爾都不擅長籌備生日派對。要是換了以前，茱蒂生日快到時，我就會一再嘮叨詹米，提醒他去策畫，然後等到沒有適當的慶祝活動時，我就會一副「早就告訴你了」的得意態度。

但今年，我的快樂生活提案就派上用場了。我知道，這個問題的答案就是：**我**來負責籌畫。

別氣別氣，樂在其中就好

我知道，茱蒂喜歡什麼樣的派對。驚喜派對絕對不行，而且她比較喜歡在家裡與親人一起慶祝。她重視體貼遠勝於奢華，所以對她來說，用心親手做的禮物絕對比任何一家店裡買來的更有意義，她也比較喜歡吃家人做的菜，不喜歡去花稍的餐廳吃一頓。幸運的是，我的小叔菲爾和他太太蘿倫是很有天分的廚師，他們經營一家外燴公司，所以這頓飯可以既是家人親手做的、又很花稍。

我想像著生日派對的景象，然後我需要大家授權讓我執行。

我打電話到我公公的辦公室。「嗨，鮑伯。我要跟你商量茱蒂的生日。」

「還早呢，你不覺得嗎？」

「如果想辦得特別點，現在不算早了。我覺得我們應該早點籌備。」

他沒吭聲。

「呃，」他慢吞吞的說：「我是在想——」

「因為我有個想法應該不錯，或許你願意聽聽看。」

「喔，好啊，」他鬆了口氣。「你說吧。」

鮑伯立刻加入我的計畫。在處理許多累人的家庭任務和義務上，他都非常盡責，但策畫生日之類的事卻不是他的強項。事實上，每個家人都樂於合作。他們也希望茱蒂能過個很棒的生日，只不過沒人想負責籌畫罷了。

為了實現我的想像，我一肩挑起了所有責任。派對前幾天，我發了電子郵件給詹米、鮑伯、菲爾、蘿倫，他們很配合，回信時都沒有絲毫不悅。

各位好，

茱蒂的生日派對只剩四天了。

我們希望有一大堆包裝好的禮物。這表示你們要盡力！只送一個還不夠！

鮑伯：伊萊莎和我幫你把禮物包好了。你能不能帶香檳來？

詹米：我們兩個要合送的禮物，你買了嗎？

菲爾和蘿倫：你們晚餐要做什麼菜？有什麼需要我特別準備的？你們幾點會到？佐餐要用白酒或紅酒？你們是不是說過要做菜單卡？我想茱蒂一定會很喜歡的。

各位：我知道，如果我要求各位不要穿得一副像剛從沙發上爬起來的樣子，一定會招白眼。所以關於這一點，我半個字都不會說。只要記住，賀壽的心意和體貼最重要。

這回一定會很開心！致上我的吻。

——小琴

我為這個派對做了很多準備工作。伊萊莎和我一道去「名叫泥巴」（Our Name Is Mud）的創意陶瓷店，她親手畫了一套戲劇主題的主餐盤圖樣，反映了她奶奶的熱愛。我們在柯蕾特蛋糕網站（Colette's Cakes Web）又花了愉快的一小時（沒錯，整整一小時），選出最漂亮的蛋糕。詹米和我拍了一個DVD，裡頭伊萊莎唱了茱蒂最愛歌曲的組曲，而艾麗諾則在旁邊搖搖晃晃學步。

派對那天晚上，就在每個人講好要來的傍晚六點半，我緊張地開始做最後一刻的收拾。我母親喜歡在家裡招待客人，我也遺傳了她那種派對之前的緊張不安，我們稱之為「女主人神經病」。在這種時候，有經驗的家人都會避之唯恐不及，免得忽然被抓去用吸塵器吸地。但詹米躲了半天，在六點二十九分現身時，身上穿著卡其褲、格子襯衫，而且光著腳。

我忍了一下，然後小心翼翼地用輕快的聲調說：「真希望你穿得像樣一點。」詹米的表情好像也忍了那麼一下，然後回答：「我會換條正式點的褲子，可以嗎？」然後他去換掉褲子和襯衫，也穿上了鞋子。

那個晚上一如我預期地展開。大人坐下來吃晚餐之前，兩個孫女和奶奶一起吃雞肉沙拉三明治（茱蒂最喜歡的）。接著我們拿出生日蛋糕，好讓兩個女孩可以唱生日快樂歌，各自吃一片蛋糕。然後我們哄兩個女孩去睡覺，大人坐下來吃晚餐（印度菜，茱蒂最喜歡的）。

「這真是個完美的夜晚，」每個人都站起來要走的時候，茱蒂這麼說。「每一樣我都好喜歡。禮物、食物、蛋糕——真的，每一樣都太棒了。」顯然茱蒂的確很享受，每個人都很高興幫了忙，但我想我是最樂在其中的。我好高興最後的結果很圓滿。

這個派對凸顯了我「十二守則」中的第三守則：「表現出自己想要的感覺」。換作是以前，要我一個人籌備派對可會把我氣死，但現在，反而加強了我對家人的愛，尤其是對茱蒂。

不過我得承認，在派對之前，我有時還是會覺得詹米和其他人不夠感激我的努力。雖然我很樂意籌備，如果有人想跟我搶，我可能還會不高興，但我還是想要金色星星。我希望詹米、鮑伯，或菲爾能夠說：「哇，小琴，你安排了一個好棒的夜晚！謝謝你聰明、創意又貼心的籌畫！」這種事不會發生——所以，算了吧。我是**為自己**做的。

但詹米很了解我。茱蒂拆禮物時，詹米從一個架子上拿了個盒子遞給我。

「這是給你的。」他說。

「給我？」我很驚喜。「為什麼我有禮物？」詹米沒回答，但我知道答案是什麼。

我打開盒子，裡頭是一條拋光木珠項鍊。「我好喜歡！」試戴的時候，我說。或許我不該需要他人的認可，但詹米說得沒錯，我就是需要。

想要穩住婚姻？每天忍住三件事

談戀愛最開心的事情之一，就是你覺得全天下最特別的人選中了**你**。我還記得在法學院時，有回我指著詹米，跟室友說那是我的新男友，她說：「我以前從沒見過他。」那時我好驚訝。我真的無法想像他經過走廊或走進學校餐廳時，會有人眼光不被他吸引。

然而，時間一久，另一半就會把彼此視為理所當然。詹米是我的真命天子，他是我的靈魂伴侶，他在我的生活中無所不在。所以，很自然的，我常常會忽略他。

如果另一半想獲得你的注意，你的回應愈有準備，你們的婚姻就愈堅牢——但這樣很容易養成壞習慣。詹米開玩笑或找我講話時，我常常會不自覺說「嗯」，但雙眼仍牢牢盯著手上的書。此外，結婚久了，某種深入的溝通就會跟著減弱。許多已婚夫妻大概都有這樣的經驗，不小心聽到另一半在烤肉會上跟陌生人講出令你驚訝的祕密。在忙亂的日常生活中，實在是很難進行深入的、探索的對話。

我也養成了婚姻的壞習慣，對詹米不像對別人那麼體貼。既然我決心「拿出愛的證明」，我就試著想出一些討好詹米的小事。有天晚上幾個朋友來我們家，我問了每個人要喝什麼酒後，又多問一句：「那你呢，詹米？你要喝什麼？」這種事通常我只會問客人，所以詹米一臉驚喜。他的旅行盥洗包壞了，我幫他買了個新的，跟旅行用品放在一起。我會把每週剛寄來的《運動畫刊》（*Sports Illustrated*）放在茶几上，這樣他下班回家後，一進門就能看到。

還有一種關心配偶的方式，就是跟他單獨相處。所有婚姻專家都會建議夫妻擺脫小孩，經常來個「約會之夜」。而我的快樂生活提案，挑戰之一就是搞清楚哪些建議不必採用，比如我對「約會之夜」就興趣缺缺。詹米和我常常一起出門，有時是去小孩學校，有時是工作或社交需要，而且只要可能，我們都喜歡待在家裡。想到繁忙的生活中還要多安排一件事，我就很擔心。

而且，我猜想詹米絕對不會合作。

我提出這個想法時，詹米的回答出乎我的預料。「如果你想要的話，我們可以來做。」他說。「就只有我們兩個，一起去看場電影或吃頓晚餐應該不錯。不過我們很常出去，待在家裡也滿好的。」我同意。不過即使他不想、卻還是同意這個目標，這點讓我很開心。

除了不理會某些專家的建議之外，我也尋求非專家的建議。有天晚上，我的讀書會對於主題書的發言不太踴躍，我就問在場朋友對婚姻的建議。

「你們應該同時上床，」一個朋友說。「無論如何，總是會有好處的。要嘛可以多睡一會兒，要嘛可以做愛，或是可以講講話。」

「我結婚前，我的老闆跟我說，想要擁有穩固的婚姻，祕訣就是每天至少忍住三件事不說。」

「我先生和我每回只能批評對方一件事。」

「我祖父母是貴格會信徒，已經結婚七十二年了，他們說每對夫妻都該有一種可以一起玩的戶外遊戲，比方打網球或打高爾夫，外加一種室內遊戲，比方玩拼字遊戲或打撲克牌。」

我回家後，告訴詹米這個方法，隔天他就買了套雙陸棋回家。

「怒氣就該發洩出來」——這種說法根本是胡說八道

我一直努力掏出愛的證明，最後我決定逼自己拿出最高段的證明：「大好人週」。

什麼是「大好人」？這是一種極限運動，就像高空彈跳，逼我超越平常的努力，證明自己的內心已經不一樣。而這一切，都是為了讓我的家更舒適。我會對詹米**極度和善**，為期一週。不批評！不兇人！不嘮叨！甚至不用等他開口，就主動把他的鞋子送去修鞋店！

「大好人」提醒我，對自己的行為應該要求更高。我對朋友或其他家人的關心，不該勝過對詹米。我們不可能事事都意見相同，但我應該做到盡量不嘮叨，不光是一個星期而已。當然，在某種意義上，整個二月份就是一種「大好人」的練習，因為我所有的決心事項，都是為了讓詹米更幸福。這個星期，我決定把自己的「好人卡」發揮得淋漓盡致。

「大好人週」的第一天早上，詹米試探地問我：「我起床後想先去健身房，可以嗎？」他不上健身房就會受不了。

我沒恨恨地看著他，或是不情不願地說：「好吧，不過快去快回，我們答應女兒要帶她們去公園玩的。」我只說：「好啊，沒問題！」

多簡單。

花點時間，換個角度思考也會很有幫助。如果說詹米從來不想上健身房，我會有什麼感想——或者更糟，如果他根本沒辦法去呢？我有個體格像運動員的好丈夫，會自己想去健身房，我真是太幸運了。

這個星期，當詹米溜回臥室小睡時，我就讓他睡，自己幫伊萊莎和艾麗諾做午餐；我會打掃浴室，把盥洗台的瓶瓶罐罐整理好；他租了英國影集《富貴浮雲》（*The Aristocrats*），我就說：「太棒了！」我不再把冰棒包裝紙亂放得到處都是。這些事都好瑣碎，但每一樁都讓我花了不少自制力。

因為是「大好人週」，所以有天晚上當我發現詹米把我還沒看的《經濟學人》（*The Economists*）和《娛樂週刊》（*Entertainment Weekly*）扔了，我也沒跟他追究。次日早晨醒來，我明白這件事有多麼微不足道，很慶幸自己沒有跟他鬧。

以前我奉為圭臬的是「別讓怒氣留到太陽下山」，這意味著我會把所有的氣惱盡快發洩掉，確保我上床前沒有負面情緒。但我從這回的研究中發現，一般認為該把怒氣發洩掉的觀念根本是胡說八道。我們沒理由相信，「發洩怒氣」是健康或有建設性的行為。事實上，研究顯示，**愈是積極表達怒氣並不能紓解怒氣，反而會讓你更生氣**。換句話說，不要急著表達憤怒，往往就能讓怒氣消失，而且不會有後遺症。

「大好人週」也讓我開始思考，詹米和我願意接受對方指使的程度。可以確定的是，已婚的人會花很多時間哄對方去做家務，而配合另一半去處理日常雜事的能力，正是快樂婚姻的關鍵之一。我常常希望自己在告訴詹米：「打電話給公寓管理員」或「把洗碗機的碗盤拿出來」後，他會毫不猶豫的照做。我也很確定他會很希望當他說：「別在廚房以外的地方吃東西」或「去找地下室儲藏間的鑰匙」，我就會乖乖聽話。所以這個星期，我就設法開開心心照他的吩咐做事，不要跟他頂嘴。

隨著一天天過去，詹米似乎沒注意到他是「大好人週」的贏家，我原本有點哀怨。然後我明白，我應該高興他沒注意到才對，因為這表示，相對於我們平常的生活來說，「大好人週」並沒有明顯的差異。

「大好人週」證明了我遵行「表現出自己想要的感覺」這個守則的力量；而因為我對詹米極度和善，我也發現自己對他更溫柔了。不過呢，儘管這是個很有價值的實驗，但一個星期結束後，我還是鬆了口氣。要我一直保持和顏悅色下去，我沒辦法；再說，為了忍住不講話，我把舌頭都咬痛了。

本月心得：快樂不是美德也不是歡愉，而是成長

二月最後一天的下午，我填著我的決心表，覺得好驚訝。不斷溫習自己的種種決心事項，同時每天檢討自己——光是這麼做，就已經對我的行為產生了重大的影響，而現在還不到三月呢。打從我九歲或十歲起，每次新年我都會立下新希望，但這回持續在表上做紀錄，竟讓我比以前更能堅持。我想起在商學院曾聽過一句話：「先找出問題，才能談管理。」這話，我終於親身體驗到了。

到了二月底，我同時還領悟到一件重要的事。一直以來，我努力想找出一個全方位的快樂理論，有天下午在一連串的失敗之後，我得出了屬於自己的一個重要的快樂方程式。

當時我人在地鐵，正看著佛瑞（Bruno Frey）和司徒策（Alois Stutzer）的《快樂與經濟學》（*Happiness and Economics*），我抬起頭來推敲著這句話：「研究顯示，愉悅感、不愉悅感、生活的滿足感，都是各自建構的。」接下來我還讀到一些研究顯示，快樂和不快樂（或者以更科學的字眼來說，是正面感覺和負面感覺）並非同一種情緒的正反兩面——兩者其實是互異的獨立體，各有自己的起伏變化。忽然間，我想著這些概念，還有我到目前為止的經驗，一切豁然開朗。我的快樂方程式猛然從腦海中冒出來，覺得其他乘客一定可以看到我腦袋上燈泡一亮。

要快樂，我就得想清楚什麼能讓我感覺好，什麼讓我感覺很糟，還有什麼讓我感覺對了。

好簡單，但也好深奧。這好像是你會在雜誌封面上看到的句子，卻花了我好大的力氣才得出這

個原則，可以用來理清並過濾我所學習過的一切。

要快樂，我就得製造出更多的正面情緒，這樣就能為生活增加歡樂、愉悅、熱情、感恩、親近及友誼。這並不難明白。同時我也得去除壞感覺的源頭，讓自己少一些內疚、悔恨、遺憾、憤怒、嫉妒、無聊和煩躁。這也同樣容易理解。但除了感覺「好」和「糟」之外，我明白「感覺對了」也很重要。

「感覺對了」是個更微妙的概念，是一種覺得自己過著「應有的生活」的感覺。以我自己為例，儘管身為律師的經驗很棒，但我一直被一種不舒服的感覺糾纏著——覺得這工作是我**不該**做的。而現在，儘管寫作事業可能是「感覺壞」和「感覺好」的源頭，但我的確是「感覺對了」。

「感覺對了」，是指過著你覺得對勁的生活——可能是職業、自我定位、婚姻狀況，等等等等。「感覺對了」，也跟你的長處有關：盡自己的責任、實踐對自己的期望等等。對某些人來說，「感覺對了」還可能包括一些不那麼崇高的想法，比如爬上某個職位，或者達到某個生活水準。

過了幾分鐘，在發現快樂方程式的狂喜退去之後，我明白這個方程式並不完整，中間還缺了一些重要的元素。我想找出一個方法，說明人類似乎生來就是要不斷努力追求快樂的這個事實。比方說，我們通常會認為，未來會比現在更快樂。而這種有目標的感覺，對於快樂非常重要。但我的方程式，卻無法說明這種現象。

我努力尋找那塊空缺的拼圖——是奮鬥？改善？目標？希望？這些字眼似乎都不對。然後我想到愛爾蘭詩人葉慈（William Butler Yeats）的話：「快樂不是美德也不是歡愉，不是這樣那樣的事，而是成長。當我們有所成長時，快樂就來了。」當代研究者也有同樣的說法：帶來快樂的不是達成目標，而是奮力追求目標的那個過程。

當然了，成長。成長解釋了為跑馬拉松做訓練、學習新語言、收集郵票所帶來的快樂；成長也解釋了小孩牙牙學語、跟著茱麗亞．柴爾德（Julia Child）的食譜烹飪所帶來的快樂。我爸網球打得很好，我小時候他常打。有段時間，他改打高爾夫球，慢慢就放棄了網球。我問過他為什麼。他解釋：「我網球打得愈來愈糟，但我的高爾夫卻打得愈來愈好。」

人類的適應力很強，我們很快就能調整自己，適應新的生活環境（不論更好或更壞），而且覺得這樣很稀鬆平常。狀況惡化時，適應力幫我們度過難關，但情況好轉時，我們很快又會想追求更舒服或更優裕的環境。這種所謂的「快樂水車」（hedonic treadmill）心態*，讓我們很容易習慣某些讓你「感覺良好」的事情，比方新車、新職位，或者新裝的冷氣，接著好感覺會逐漸消退。但成長的氛圍，可以彌補這一切。你可能很快就對家裡的新餐桌沒有感覺，但每年春天照顧花園，會帶給

---

*編按，心理學用語，指的是一種永不滿足的嫉妒心態。最有錢的人未必最快樂，因為財富提高，期望與要求也會愈高，這種追逐就像一部不停運轉的水車。

你新的歡樂與驚喜。成長對精神層面很重要，而且我認為物質方面的成長也同樣令人感覺滿足。比方說，儘管很多人認為金錢不能買到快樂，但如果今年能有比去年更多的錢，感覺當然也是好極了。

所以我得出了最後的方程式，而且我覺得這個方程式太重要了，因而稱之為「第一條快樂真理」（我相信到年底前，還會有更多的快樂真理出現）——**要快樂，我就得思考：在成長的氛圍中，什麼讓我感覺好，什麼讓我感覺糟，還有什麼讓我感覺對了**。

我一到家，立刻打電話給詹米。「終於，」我說：「我推出了我的快樂方程式！只有一句話，這句話可以讓我總結一切研究，終結那些快把我逼瘋的零星線索。」

「好極了。」詹米語氣很熱切，然後他頓了一下。

「你不想聽聽這個方程式嗎？」我暗示他。我已經不期望詹米扮演我的寫作搭檔了——但有時候他還是得盡力才行。

「當然想啊，沒錯！」他說。「什麼方程式？」

好吧，他在努力了。或許是我的想像，但我覺得，隨著我更努力，詹米也似乎更努力了。我不敢確切說有什麼不同，但他似乎更願意對我表達愛意。他對於談論快樂議題沒什麼興趣——事實上，在我對快樂議題的一腔熱誠下，他感覺有點像個烈士——但現在，不必等我三催四請，他會主動換掉燒壞的燈泡，而且似乎更勤於回覆我的電子郵件。他還買了一套雙陸棋回家呢，還會問起我的快樂方程式。

一提到快樂婚姻，很多人可能會忍不住把焦點放在另一半身上，強調對方應該如何改變才能增加你的快樂。但事實上，你改變不了其他人，只能改變自己。有個朋友告訴過我，她的「婚姻箴言」就是「我愛他，就是愛他這個樣子。」

我愛詹米，就是愛他這個樣子。我不能逼他更愛做家事，只能逼自己別再嘮叨——因為這會讓我更快樂。當你理性地不再期望另一半改變時，你就不會動不動就生氣，這樣一來，家庭氣氛當然不一樣了。

3月

不超越自己，天堂有什麼意義？

開一個部落格
享受失敗的樂趣
尋求幫助
工作得更聰明
享受當下

快樂是工作的關鍵要素，而工作也是快樂的關鍵要素。人生並不公平，結果之一就是，較快樂的人會更有成就。較快樂的人每星期工作時間更長——在閒暇時間的工作時間也更多。他們會更合群、更無私，而且更願意幫助他人——例如跟同事分享資訊或動手幫忙，而其他人也會比較願意幫助他們。同時，較快樂的人跟其他人更能合作，因為大家都喜歡跟較為快樂的人相處。此外，較快樂的人通常比較不可能出現累垮、曠職、幫倒忙或白忙、在工作上爭執，以及報復行為。

較快樂的人，當起主管也更有效率。他們在領導力和掌握資訊方面等管理任務上，往往表現得更好。他們被視為有決斷力、有自信，而且大家會覺得他們比較友善、溫暖，甚至連長相都更有吸引力。一份研究顯示，大一時很快樂的學生，到了三十歲中段時會賺比較多的錢，而原先他們在財富上並沒有任何優勢。保持快樂，可以讓你在工作上的表現大不同。

當然，快樂對工作有影響，也是因為工作占據了我們很多時間。大部分的美國人每天至少工作七個小時，而且花在度假上的時間愈來愈少。同時，工作也是維持許多快樂生活的源頭：成長的氣氛、社會接觸、樂趣、目標感、自重及認可。

當我感覺沮喪時，工作總能鼓舞我。有時我心情惡劣，詹米會說：「你要不要去你的工作室待一下？」即使我沒有工作的心情，一旦投入工作，那種有所進展的鼓舞感覺、智力的刺激，甚至只是暫時分心一下，就能讓我脫離原先的壞心情。

真的，我們常常自己騙自己……

工作對快樂的影響太重大了。別人的快樂生活提案很可能是聚焦在選擇正確的工作，而我，為了追求快樂，已經歷過一次轉換生涯跑道的重要歷程。我一開始從事的是法律工作，獲得了很棒的經驗。不過，在擔任奧康納法官的法務助理告一段落後，我卻想不出接下來要做什麼。

這段期間，我到一個朋友家拜訪，她正在修教育碩士，我發現她客廳裡有幾本厚厚的教科書。

「這是學校要你們讀的書嗎？」我問，心不在焉翻著那些又厚又乏味的書。

「是啊，」她說。「不過，那本是我閒暇時間看的。」

這個不經意的答案讓我心中一震：那**我**的閒暇時間都在做什麼？我自問。儘管我很喜歡法務助理的工作，但除了工作必要，我從不會多花半秒鐘在法律議題上。當時為了好玩，我正在寫一本書（也就是後來出版的《權力、金錢、名聲、性愛》〔*Power Money Fame Sex*〕），我忽然想到，也許我可以靠寫作維生。接下來幾個月，我愈來愈相信自己想做的，就是寫作。

我生性好強、有野心，要我放棄既有的法律專業成就，從頭開始，是件很痛苦的事。我以前擔任過《耶魯法律學報》（*The Yale Law Journal*）的總編輯，得過一個法律寫作獎——在法律圈內，這些榮譽很重要。但我的野心，也是我放棄法律的原因之一。我愈來愈相信，要在事業上成功，熱情是關鍵因素。純粹只靠勤奮去做事，絕對比不上深愛自己工作的那種強烈熱忱。這一點，我從最高法院的其他助理身上看得到：他們閒暇時間的娛樂就是閱讀法律學報，吃中飯時還會討論案例，這種種努力讓他們充滿幹勁。我卻不是如此。

要精通一門專業，其實熱忱比與生俱來的能力更重要，因為開發專業知識與能力，最關鍵的要素在於你學習的意願。因此，生涯專家主張，你最好從事一門你可以輕鬆掌握且喜愛的專業，因為你會更起勁學習，也因此更有競爭優勢。

我喜歡寫作、閱讀、研究、做筆記、分析、評論（好吧，其實我不喜歡**寫**這個部分，但作家真的喜歡動筆寫的沒幾個）。回想起來，我想成為作家，早已有種種蛛絲馬跡可循。我寫過兩部小說，現在都鎖在抽屜裡。我大部分的閒暇時間都用在看書。我會無緣無故做大量筆記。我大學時主修英文。另外最大的一條線索：我正利用閒暇時間寫一本書。

為什麼我沒早點想到要以寫作為業？大概有幾個原因，但最重要的是，其實我往往很難「做自己」。中世紀學者伊拉斯謨斯（Erasmus）曾指出：「一個人最主要的快樂，就是做自己。」儘管聽起來簡單，對我來說卻總是很難。這就是為什麼我十二守則的第一條，就是「做自己」。

我知道我**希望**自己是什麼樣子，因而模糊了焦點，讓我看不清自己的真貌。有時我甚至連對自己都不誠實，假裝很享受一些我其實不覺得好玩的活動，比方購物；或假裝喜歡某些我其實沒興趣的議題，比如外交政策。更糟的是，我忽視了自己真正的渴望和興趣。

想像一下你正在坐牢，無處可去……

我最欣賞我妹妹的一點，就是有自知之明。伊麗莎白從來不曾質疑自己的本性。求學時期，我會去打草地曲棍球（即使我體育很爛）、修物理學（其實我恨死了），而且希望自己更迷音樂（其實沒有）。伊麗莎白不會這樣。她始終堅定地忠於自己。比方說，許多聰明人都瞧不起通俗小說或看電視，但她就是喜歡，而且從不為自己辯白——這個態度後來證明是對的，因為她的寫作生涯，就是從青少年大眾小說開始（她早期的作品中，我最喜歡的包括《愛的真相》和《畢業舞會》），然後她成為電視編劇。我有時很好奇，要不是伊麗莎白先成為作家，我會不會也成為作家？我還記得我在掙扎要做決定時，曾跟她談過。

「我總覺得那算不上一份正統的職業，」我向她坦白。「從事法律或財務或政治工作，會讓我覺得有正當性。」

我本來以為她會說些「寫作很正當啊」或「如果你不喜歡，再換就是了」，但她講得更直接。

「你知道，」她說：「你一向渴求正當性，以後永遠也不會改變。或許這就是當初你讀法學院的原因。但你要讓這種渴求，決定你下一份工作嗎？」

「呃……」

「你已經做過一些很正當的事了，比方當最高法院大法官的法務助理，問題是，你覺得這很正當嗎？」

「其實沒有。」

「那麼，你大概永遠也不會這麼覺得。好吧，反正不要讓這點左右你的決定。」

接下來，我又接了一份法律性質的工作——在聯邦通訊委員會（Federal Communications Commission）——然後才決定試著開始以寫作為業。要朝不熟悉、沒試過的領域踏出第一步，感覺上很令人卻步，但因為詹米和我正要從華府搬到紐約，而且詹米也決定要改行了，所以我的轉換跑道就變得容易些。當我埋頭看一本教人如何寫新書企畫案的書時，詹米正在夜校上財務會計的課。我還記得我們決定不再付律師公會會費的那一天。

離開法律界成為作家，是我「做自己」最重要的一步。我決定做自己想做的，不理會那些不適合的選項，也不管別人認為這些選項多有吸引力。

所以我這個月的目標，就是重新評估我的工作。我想為我的工作注入更多活力、創意及效率。沒有人比我更喜歡熟悉感和規律性，但我決定盡力去面對一項能迫使我進入不熟悉領域的工作挑戰。我會想出辦法，讓每天的閱讀和寫作都更有效率——同時也讓我有更多時間和其他人相處。此外，或許更重要的是，我會提醒自己，別忘了自己有多麼幸運，每個週一的上午都能像週五下午那樣渴望工作。

我的研究指出，挑戰和新奇感，是快樂的關鍵元素。新奇感可以刺激大腦，而成功處理一個意外狀況，可以帶來強大的滿足感。嘗試新鮮的事物——比如首度參觀一家博物館、學習新遊戲、到陌生的地方旅行，認識新的朋友——你會比那些墨守在熟悉活動中的人更容易感覺快樂。

這是快樂的眾多矛盾之一：我們想掌控自己的人生，但不熟悉和非預期狀況卻是快樂的重要來源。此外，因為新事物更耗腦力，處理新狀況會引起更強烈的情緒回應，這些似乎都會讓時間變得更慢也更豐富。我有個朋友在第一個小孩出生後，這樣告訴我：「有個新生兒真好，原因之一就是時間變慢了。我太太和我原先覺得日子飛快，但克拉拉出生的那一刻，時間好像靜止下來了。每個星期感覺都像一整個世代，發生了好多事情。」

那麼，我要怎麼把新奇和挑戰加入我的快樂生活提案呢？我想選擇的目標，希望是跟我其他喜好有關的——不管專家怎麼說，反正絕對不是上小提琴課或去學騷莎舞。正當我在尋找目標時，我的出版經紀人建議我開一個部落格。

「啊，我做不來。」我回答。「太技術性了。我連怎麼用 TiVo 都學不太會呢。」

「現在要開部落格很簡單了，」她說。「考慮一下吧。我敢說你一定會很喜歡的。」

開一個部落格，給自己一個新身分

我決定試試看。我研究過很多資料，知道挑戰對快樂的重要性，因此我覺得應該超越自己，處理一個困難的大目標。不光如此——如果我真的開了個部落格，就可以跟其他有類似興趣的人溝通，擁有一個表達自己的舞台，同時還有機會試著說服他人，展開他們自己的快樂生活提案。

但儘管看起來將會有很多快樂的回報，我還是很恐懼。我擔心開部落格會耗費時間和心力，而我現在就已經覺得力不從心了。開部落格得做很多我沒把握的判斷，而且會讓我成天暴露在公眾批評及失敗的危險中。那會讓我覺得自己很愚蠢。

但是，就在這段時間，我剛好碰到兩個開了部落格的朋友，他們給了我幾個關鍵忠告，正是我一開始所需要的。或許我會碰上他們，正是宇宙和諧的產物——「當弟子準備好，老師就會出現」——也或許因為我能夠清楚表達自己的目標，他們才有機會幫我。也或許我就是走了運。

「去 TypePad 開部落格吧，」第一個朋友建議。「我也是用他們的平台。」她的部落格是有關餐廳和食譜的。「而且一開始要簡單——往後等你搞清楚方法後，可以增加其他特色。」

「每天都要貼文，這是鐵則，」第二個朋友建議，他也開了一個法律部落格。老天，我驚慌地想道，我本來只打算一星期貼三次的。「另外，如果你要寄電子郵件通知別人你有某篇貼文，別忘了把貼文的全文附上，不要只給連結網址。」

「好吧，」我不確定地回答。「所以，如果要照這些原則……好像我貼了文章後，就應該寄電子郵件通知其他的部落客囉？」這點我之前從來沒想到。

「嗯，沒錯。」他回答。

在網路上困惑地試探了三星期後，我在 TypePad 謹慎但偷偷摸摸地開了個帳號。此時我根本還沒針對這個部落格做任何決定，但光是登記帳號這一步，就已經讓我滿腹焦慮又得意。我不斷拿我一條「成人的祕密」提醒自己：「別人不會那麼注意你犯的錯。」即使我在部落格上做錯了什麼，也不會是什麼大災難。

每一天，我都花一個小時左右在上頭，逐漸地，TypePad 所提供的空白範本版面開始成形了。我在「關於我」那一欄填上自我介紹；同時寫了一篇部落格的介紹放在標頭。我放了我作品的連結，並加上我的「十二守則」。我勉強搞懂ＲＲＳ是什麼，然後加上一個ＲＲＳ按鈕。最後，在三月二十七日，我做了個深呼吸，寫了第一篇「部落格文章」。

今天是「快樂生活提案」部落格的第一天。

那麼，什麼是「快樂生活提案」？

不久以前的某個下午，我猛然領悟，自己正任由時光匆匆流逝，卻沒有面對一個關鍵的問題：我快樂嗎？

從那一刻起，我就不斷思考有關快樂的種種。快不快樂是性格造成的嗎？我可以用什麼方法讓自己更快樂？「快樂」到底是什麼？

所以「快樂生活提案」部落格是我個人的一年回顧，記錄我試驗的各種原則、祕訣、理論，以及我能找到的研究結果，從亞里斯多德、聖女小德蘭（St. Thérèse of Lisieux）、富蘭克林，到塞利格曼與歐普拉。哪些建議是真正管用的？

開這個部落格的確能讓我快樂，因為現在我已經達到了這個月的一項主要目標（正逢其時）。

我給自己設定一項任務，朝這個方向努力，然後達成了。

準備開這個部落格，也讓我想到我的兩個「成人的祕密」：

一、向人求助沒關係。

為了要開這個部落格，我奮鬥了半天，直到我想到一個擺在眼前的答案：找那些有部落格的朋友討教。

二、每天做一點，就能累積大成就。

我們常會高估一個小時或一星期能達到的成績，而低估只要每天做一點、一個月或一年能達到的成就。根據特羅洛普（Anthony Trollope）的說法是：「每天做一點，只要確實做到，就能勝過大力士短暫的勞動。」

從此開始，我每星期都貼六篇文章。

看到第一篇文章在螢幕上秀出來，我感覺到一股巨大的勝利感。真不敢相信自己真的做到了。專家們認為新奇、挑戰、成長的氣氛能帶來快樂，說得一點也沒錯。

我很快就發現，即使已經開了部落格，但長期經營下去所帶來的挑戰，成了帶給我快樂的絕佳來源。講得更白一點，它常常讓我挫折得快抓狂了。我做得愈多，就愈想做更多。我想加上圖片。我想把網址去掉 typepad 這個字眼。我想做播客。我想在我的 TypeLists 加線上連結。我試著解決這些問題，發現自己被種種愚昧和無助的難受感覺弄得不知所措。圖片無法上傳；圖片太小；連結網址沒用。忽然間，每個字都畫了底線。

我掙扎著想摸熟這些技巧，如果不能馬上找出辦法解決，我就會又急又焦慮，後來我想出一個辦法幫自己放慢腳步：「把自己關進監獄」。「我在坐牢，」我告訴自己：「我關在裡面，沒地方可去，除了眼前的工作也沒別的事可做。要花多少時間都無所謂，反正我有的是時間。」當然，事實並非如此，但這麼告訴自己，就可以幫助我專心。

我經營部落格時，經常得自我提醒「做自己」，而且忠於**我**對這個計畫的願景。很多好心、聰明的人給了我建議。有個人鼓勵我要「堅持嘲諷」，還有幾個人建議我常對新聞發表評論。另外有個朋友充滿同情地告訴我「快樂生活提案」不好，建議改成「快樂一天」。

「我實在不能想像改掉這名字，」我不確定的說。「從我想到這點子的一開始，用的就是『快樂生活提案』。」

他搖頭。「現在改還不遲！」

另一個朋友則給我不同的建議。「你應該深入探討你跟你母親的衝突，」他慫恿我。「每個人都會感興趣的。」

「好主意……但我跟我媽其實沒有什麼衝突。」我說，生平第一次對我和母親的親密關係覺得遺憾。

「喔。」他回答，顯然認為我是刻意否認。

這些建議全都很明智，全都是出於好意。每回得到一個新建議，我就很擔心；這個部落格帶給我的最大挑戰之一，就是對自己的懷疑和批判。我該重新調整「快樂生活提案」嗎？「提案」這個字眼聽起來比較不討好嗎？寫這麼多有關自己的經驗，會不會太自我中心了？我堅定的語氣會不會太說教了？很可能！但我不想跟笑話裡那個小說家一樣，花太多時間重寫第一個句子，因而從來無法寫第二句。如果我想完成什麼，就得繼續往前，不要老是回頭自我檢討。

令人欣慰的是，每回我一貼了新文章，大家就有熱烈的回應。一開始我根本還不曉得可以追蹤點閱數，但一點接一點，我就搞清楚如何查出來了。我還記得第一次查閱最重要的部落格觀察網站Technorati，驚喜地發現自己攻上了前五千名，卻一直不知道。因為開部落格是我個人快樂生活提案的一部分，我也不期望真能吸引到讀者，因而逐步增加的點閱量是始料未及的驚喜——而且對我生活的成長氣氛大有助益。

挑戰會帶來快樂，原因之一就是能擴展自我定位。忽然間，你會做瑜珈、你會釀啤酒、你說得一口流利的西班牙語——你變得更大了。研究顯示，你的自我定位由愈多元素組成，那麼任何一個元素遭到威脅時，帶來的危機也就愈小。失業對你的自我評價或許是個打擊，但你擔任當地校友會的會長，就是一個令人安慰的自尊來源。同時，新的身分可以讓你接觸新的人和新的經驗，因而帶來很多快樂。

這在我身上就很管用。部落格給了我一個新的身分、新的技巧、一批新的同業，還提供了一個管道，讓我和相同興趣的人聯繫。我拓展了身為作家的視野，我已經成為部落客了。

不超越自己，天堂有什麼意義？

我硬著頭皮開部落格時，也想在工作的其他部分有所延伸。我想稍微逼自己離開原先的舒適圈，往外拓展。但這個決心是否跟「做自己」有所衝突呢？

是，也不是。我想**朝自己本性的方向**開發。詩人奧登（W. H. Auden）清晰又有美感地表達出這種緊張不安：「二十歲至四十歲是我們發掘自我的過程，也包括了解偶然局限性與必然局限性的差別。我們必須隨著年齡而擺脫偶然局限性；但必然局限性是本性，我們無法泰然自若地超越。」比方說，建立自己的部落格讓我覺得焦慮，但在內心深處，我知道一旦克服了剛開始那些令人生畏的障礙，我不但做得到，也很可能會樂在其中。

我心知逼自己會害我很不舒服。這是「成人的祕密」之一：「快樂本身不見得會讓你感到快樂。」我在想，為什麼有時候我很不願意逼自己，然後明白了，因為我害怕失敗——但為了要有更多成功，我就得願意接受更多失敗。我還記得英國詩人、劇作家布朗寧（Robert Browning）的話：「啊，但人應該要超越自己既有的局限，否則天堂有什麼意義？」

為了抵抗這種恐懼，我告訴自己：「**我很享受失敗的樂趣**。」失敗很有趣，我不斷重複說。有抱負的人都一定要歷經失敗；有創意的人都一定要面對失敗。如果有件事值得去做，那麼做壞了也值得。

事實上，這句話對我很有幫助。「失敗的樂趣」這幾個字讓我解除了憂懼感。我的確經歷過失敗。以前我申請要去知名的藝術村雅朵（Yaddo）當駐村作家，結果沒過關。我曾向《華爾街日報》自我推薦要開專欄，雖然看起來很有希望，但最後編輯告訴我沒有版面。《從四十個角度看甘迺迪》（*Forty Ways to Look at JFK*）的銷售報告曾讓我氣餒，銷量遠遠不如《從四十個角度看邱吉爾》（*Forty Ways to Look at Winston Churchill*，我的經紀人還安慰我：「我不是要耍嘴皮，但或許你可以把這回的失望用在你的快樂生活提案中。」）我曾跟一個朋友提議要組一個傳記讀書會，結果卻虎頭蛇尾。我交了一篇文章要登在《紐約時報書評》的最後一版，結果被退稿。我跟一個朋友商量要一起做網路廣播，結果沒成。我寄出過無數的電子郵件，希望別人設定連結到我的部落格，大部分都沒下文。

冒著失敗的危險去嘗試，也讓我有機會得到一些成功。我受邀去很受歡迎的網路新聞媒體「賀芬頓郵報」（Huffington Post）開部落格，另外我也開始受到一些大部落格的注意，比方 Lifehacker、Lifehack、Marginal Revolution。我受邀加入 LifeRemix 部落格網路。我替《華爾街日報》寫了一篇有關金錢與快樂的文章。我開始參加一個每月一次的作家聚會。以前，我以為自己可能會不願意追求這些目標，因為我不想被拒絕。

一些朋友也告訴我類似的狀況，改變想法對他們很有幫助。一個朋友說，只要他辦公室裡發生危機，他就會告訴大家：「這部分最好玩了！」儘管快樂生活提案還沒進行到一半，但我已經很慶幸自己感覺更快樂，因此比較願意冒著失敗的危險——或者該說，讓我更願意擁抱**失敗的樂趣**。當我處在快樂的心態中，開部落格這樣的目標就容易處理得多。然後，一旦部落格開張，這個部落格本身也成為快樂的製造機了。

找人幫忙吧，不要裝做自己什麼都懂

儘管「向人求助沒關係」本來就是我「成人的祕密」之一，但我老是得不斷提醒自己去尋求幫助。我常常有那種不成熟又有反效果的衝動，想假裝自己很了解某些事，但其實我根本不懂。

或許因為我三月一直在審視自己的目標和決心事項，因而想到一個求助的新招：我要組一個策略團體。我最近認識兩位作家麥可和瑪西。三個人都正在寫書，也都希望在自己的工作計畫和整體事業上能聰明行事，而且我們三個都很外向，但大部分時間都是獨自工作，因此很渴望對話。後來我又發現麥可和瑪西碰巧也認識，於是就想到一個好辦法了。

二月時，我已經明白了一件事：我需要有個寫作搭檔，可以跟我討論寫作和生涯策略。我已經讓詹米脫身大半了，但或許麥可、瑪西、我可以組成一個團體，有助於填補這個需求。富蘭克林曾和十二位朋友組織一個會社，追求共同進步，他們每星期碰面一次，持續長達四十年。或許我們也可以組成一個團體，不過我們的主旨會比「共同進步」要狹隘一點。

在一封寄給麥可和瑪西的電子郵件中，我試探性的提起這個想法。讓我驚喜的是，他們兩個都立刻大表贊成。麥可建議為我們的聚會制定一個架構。「每六星期一次，每次兩小時如何？二十分鐘談近況，然後每個人花三十分鐘談我們各自關心的事情，中間休息十分鐘。」瑪西和我欣然接受這個明確的架構，這是個好兆頭，表示我們三個人很合得來。

「另外我們應該取個名字，」瑪西半開玩笑地說。「要叫什麼團啊？」

我們決定取各自名字的字首，就叫MGM，另外我們還決定這個團體是「作家策略團」。我們談寫作的部分其實不多，不過有時候某個人會拿一、兩章給大家看；我們大部分時間都在談策略。麥可應該花錢找個虛擬助理嗎？瑪西是不是花太多時間做新書巡迴宣傳了？葛瑞琴是不是應該寄發快樂生活提案新聞報？這個團體立刻大獲成功，跟另外兩個精力旺盛、肯鼓勵人、聰明的作家坐在一起兩小時，讓我開心極了。同時，就像減肥中心和匿名戒酒協會一樣，也像我的決心表，我們會給彼此一種責任感。

只不過聚會幾次之後，我剛好看到一篇談建立事業的文章，裡頭建議讀者組織一個「有志者的群體」，或者以比較好聽的辭彙來說，是「目標團體」。

討厭，我還以為這個想法是我發明的哩。

每天給自己十五分鐘，燃一根芬芳的蠟燭

從崇高的野心轉向平凡的細節，我猜想，如果我多花點時間去思考如何增進效率，應該就會工作得更出色。至少，我可以讓自己感覺比較平靜。我老覺得好像從來沒有足夠的時間，去完成一切我想做的事情。

我開始仔細留意自己每天是怎麼過的。我是不是浪費了什麼零碎的時間？我可以找出這些零碎時間，像在沙發底下找出掉落的零錢嗎？比方說，每天晚上老是縱容自己收看影集《法網遊龍》（*Law & Order*）的重播？哎呀，我已經夠有效率了，看重播的時候，我都會一邊處理帳單。不過，仔細想想自己是怎麼用掉時間的，可以產生很不錯的結果。

我改變了原先對「善用時間」的想法。過去我相信，只要給我至少三、四個小時，不要有任何干擾，我就可以坐下來寫一堆東西。但實際上我很難有這樣的時間，所以常會覺得沒效率又挫折。

為了測試這個假設，有幾個星期，我在決心表上貼了張紙條，提醒自己每天要做的事情。沒多久，我就發現自己時間**比較少**的時候，反而做得比較好。最有效率的時間長度，不是好幾個小時，而是九十分鐘——長得夠讓我把一些真正的工作完成，但也不會長到讓我開始偷懶或不專心。接下來，我開始把時間分成一個個九十分鐘的區段，中間夾著非寫作的事情：運動、跟某人碰面、打電話、整理我的部落格。

同時，儘管我一向以為十五分鐘太短，根本什麼事都做不了，但我開始逼自己，每天都要設法擠出十五分鐘。通常都是兩個約會之間，或是一天工作的末尾。這麼一來，的確提高了我的生產力。一天十五分鐘，一星期幾次，沒有什麼了不起——十五分鐘夠讓我擬出一篇部落格貼文的草稿，或寫下閱讀筆記，或者回覆一些電子郵件。如同我在一月時發現的，當我開始應用「一分鐘法則」和「夜晚收拾」，小小的努力，持續做下去，就能帶來很大的效果。我覺得更能掌握工作量了。

我本來有點想每天早點起床，趁家人醒來前工作個一小時左右。十九世紀的英國作家特羅洛普是個多產的小說家，他還改革了英國的郵政系統，他把自己的生產力歸功於每天五點半起床。他在自傳裡寫道：「有個老馬夫的責任就是叫醒我，我每天因此多付他五英鎊，好讓他執行職責，毫不留情。」這表示早上五點半起床並不容易——尤其如果你沒有現成的老馬夫把你叫醒。不了，我最多只能提早到六點半。

我發現有個小方法可以讓我的工作室更宜人。有天在朋友家的派對中，我聞到一個很棒的香味，於是吸著鼻子在屋裡找，終於找到了來源：Jo Malone 的橙花香氛蠟燭。我從沒買過這類東西，但回家後就直奔電腦，上網訂了一個，然後開始養成習慣，在工作室點蠟燭。儘管有時我會取笑這種香氛蠟燭所帶來的幸福感，但我發現在點著蠟燭的工作室裡做事，的確很溫馨。那就好像看著窗外的雪片飄落，或者腳邊地板上有隻狗在打盹，那種全然的寧靜感，令人愉悅。

享受當下，別老活在「等」的未來裡

我工作時，尤其是逼著自己去做一些不太舒服的事情時，總會不斷提醒自己要「享受當下」。身為一個作家，我發現自己常會想像著某種快樂的未來：「等到我這個提案過關……」或是「等到這本書出版……」

班夏哈（Tal Ben-Shahar）在他的《更快樂》（*Happier*）一書中描述「達成的錯覺」，指的是你相信自己在達成一個既定目標後會很快樂（其他錯覺包括「漂浮世界的錯覺」，指的是你相信跟未來目的無關的、眼前的愉悅，可以帶來快樂；以及「虛無主義的錯覺」，指的是你相信人類根本不可能變得快樂）。「達成的錯覺」之所以是錯覺，原因在於：不管你再怎麼預期達成目標時有多快樂，但其實到時候，你很少能像自己預期中那麼快樂。

首先，等你達到目標時，因為早就在預期中，所以你本來就很快樂了。同時，達到目標通常會帶來更多工作和責任。除了贏得獎項，我們在達成某些事情時，帶來的愉悅往往也摻雜著某些憂慮。比方生了個小孩、升了官、買了棟房子。你本來一直期望能達成這些目標，但一旦你達到了，除了快樂之外，也會帶來其他的情緒。而且無庸贅言，達到一個目標後，就會有下一個新目標產生，而且是更有挑戰性的。處女作出版後，就意味著應該開始寫第二本書了。總是有下一座山要爬。因此，挑戰就是在「成長的氣氛」中、在邁向目標這個漸進的過程中、在當下，都要能獲得愉悅。這個非常有力的快樂來源有個平凡的名字，就是「達到目標前的正面感受」。

當我發現自己太把焦點集中在未來，預期著達到既定目標所能獲得的快樂，我就會提醒自己「享受當下」。如果我能享受現在，就不必寄望未來正在等待我的快樂。好玩的部分不必等到以後，因為**現在**就很好玩。這也是為什麼我覺得自己很幸運，寫作這個工作讓我樂在其中。如果你的工作不能讓你樂在其中，而且你沒有那種成功的滿足感，那麼失敗就會讓你特別痛苦。但是做你喜歡的事情，本身就是回報了。

我回想起以前寫邱吉爾傳記的經驗，比方說，最激動的一刻，就是我在圖書館裡，坐在那張我寫出大部分稿子的閱覽桌前，讀到邱吉爾於一九四〇年六月四日對下議院演講的兩句話：「我們應該繼續堅持到最後……我們應該捍衛自己的島，無論要付出什麼代價。」此時我忽然想到，「邱吉爾的一生，符合古典悲劇的模式。」這個領悟讓我狂喜不已，雙眼漲滿淚水。接下來幾天，我不斷測試自己的理論，而閱讀愈多資料，我就變得愈興奮。古典悲劇的必要條件很嚴格，但我卻可以證明邱吉爾的一生符合每個條件。啊，好玩的部分就是**這個**啊。

但「達成的錯覺」並不表示追求目標不是通往快樂的路徑。正好相反。目標就跟追求的過程一樣，都是必需的。哲學家尼采解釋得很好：「一段旋律的結尾並非其目標；然而，如果這段旋律不到結尾，也就不算達到目標了。一則寓言。」

為了享受當下，我還得克服另一件事：害怕被批評。我太在乎自己是否會被讚美或指責，老是事先就很焦慮，擔心那些批評的人會怎麼說——這些恐懼會破壞我工作時的愉悅，更甚者，很可能還會削弱我工作的成效。

我剛好有個機會處理這個問題：就在我快樂生活提案的準備階段，《華盛頓郵報》登出一篇關於《從四十個角度看甘迺迪》的負面書評。當時我已經讀過很多快樂的理論，也已經訂出我的十二守則，卻很少實際派上用場。

那篇書評讓我覺得沮喪、防衛、憤怒；我真希望自己夠穩定，可以接受批評，且對批評者心懷善意。於是我決定應用我的第三條守則：「表現出自己想要的感覺」。但，在這種極端的情形下真的有用嗎？我逼自己做了一件我不想做的事。我寄了一封友善的電子郵件給那位書評人，好向**自己**證明我夠自信，可以優雅地接受批評，而且回應時可以不攻擊或自我辯護。我花了很長、很長的時間寫那封電子郵件。但猜猜怎麼著？真的有效。我寄出電子郵件的那一刻，就感覺好多了。

大衛．葛林堡（David Greenberg）你好，

你可以想像，這個星期三，我充滿興趣地閱讀了你針對拙作的批評。寫作時，我有個打擊自己士氣的壞習慣，會想出種種負面的評論——想像我會怎麼批評我正在寫的這部作品。你的書評擊中了我三個負面要害——耍花招、武斷、平淡無奇。你所批評的，大部分都是我曾批評過自己的。心情比較好的時候，我會很滿意自己對甘迺迪有一些深刻的理解，也很遺憾沒能在書中呈現得更好。

如果讓我再寫一本「四十個角度」的傳記書，我相信自己一定能從你的評論中獲益。比方說，我曾思考是否要重申我在邱吉爾那本書中的內容，解釋為什麼在傳統的多重觀看角度中（詩人史蒂文斯〔Wallace Stevens〕、畫家莫內、黑澤明的電影《羅生門》——唉，我一直到寫完那本邱吉爾的書，才看了朱利安．拔恩斯〔Julian Barnes〕那本精采的《福婁拜的鸚鵡》〔*Flaubert's*

Parrot〕——以及其他等等等），我選擇了「四十」這個數字。但我覺得，把這一切又從頭講起，還是太裝腔作勢了。現在我明白，讀者如果沒看到我把理由重新講一遍，當然會很困惑。

希望你的工作順利，致上最深的祝福。

葛瑞琴・魯賓

按下「寄出」鍵的那一刻，感覺真是太棒了。無論大衛・葛林堡做了什麼，我已經改變自己了。我感覺很有雅量、可以接受批評，還祝福某個曾傷害過我的人。我甚至不在乎他回應與否。但他回了。我收到一封很友好的回信。

親愛的葛瑞琴（請容我如此稱呼），

謝謝來信。我要對你報以讚美和掌聲，因為你對那篇書評如此泰然處之，還主動來信致意。如果我寫的書得到負面或正反皆有的批評，我知道自己一定無法如此沉著。但在這種時候，有位頗富經驗的作者提醒過我，任何評論都只是一個人的意見，到最後，明天的報紙出來，今天的這些書評便消失了，而書卻繼續存在下去（這也是我們為什麼寫書的原因之一）。無論如何，不管你覺得我的評語是否適切，我都希望你認為拙文中的語氣和論述，都是懷著敬意，而且是公平的。

再一次，很謝謝你的來信，我也要深深祝福你的作品和事業。

誠摯的，大衛・葛林堡

面對這類批評，我有了一個可行的處理策略，因而更能享受工作的過程。同時，這回和書評人交換意見，也帶來了其他好處，那是我（身為被批評的人）一開始沒想到的。我們往往不喜歡那些被我們傷害的人，我敢說大衛・葛林堡看到我的名字出現在他的電子郵件收件匣裡，一定不太高興。但藉著一封友善的信，我表明自己對他沒有反感，讓他鬆了口氣。如果日後在哪個雞尾酒會上，有人介紹我們認識，我們就可以很友善地相見。

不過，即使我在寫有關快樂的主題，而且還把焦點集中在如何處理評論，我還是無法完全「享受當下」，也無法對未來完全不感到焦慮。我花了很多時間，跟想像中的評論者爭辯我的快樂生活提案。

「你做起來當然很簡單，」有個人在我耳邊說。「你沒有毒癮、沒得癌症、沒有離婚、沒有超重三百磅……你甚至不抽菸，所以也不必戒菸！」

「那世界上幾百萬捱餓的人，他們怎麼辦？」另一個也說。「還有那些得憂鬱症的人呢？」

「你根本不想探索你的靈魂深處。」

「你不夠靈性。」

「一年實驗的想法太老套了。」

「你淨在講自己。」

喔，好吧，我告訴自己，反正要批評的話，總是能挑出毛病的。要是我按照自己的方式進行計畫，我就不夠靈性又愛耍花招；要是我設法用別的方式進行，那就不夠真實又虛偽。那倒還不如「做自己」。

本月心得：創新？創意？先讓自己快樂再說吧……

第三個月的焦點，凸顯了一個棘手的問題：企圖心和快樂之間的關係。

一般相信，快樂和企圖心是彼此矛盾的。我認識很多有企圖心的人，他們似乎都急著宣稱自己不快樂，好像這樣就能強調他們的熱誠，這也呼應了卡內基（Andrew Carnegie）的觀察所得：「但凡知足的人，都是失敗者。」

或許為了要激起企圖心，就必須有不滿足、好強、嫉妒等種種阻撓快樂的感覺。如果我保持旺盛的企圖心，有可能會快樂嗎？如果我的提案讓我更快樂，那麼我會變得自滿嗎？達成的錯覺，是讓我保持努力的重要機制嗎？

有些研究顯示，很多有創意、有影響力的藝術家或公眾人物，他們的「神經質傾向」（也就是說，他們比較容易感覺到負面情緒）高於一般平均水準；這種不滿足感可以逼他們達到更高的成就。但也有研究顯示，當一個人感覺快樂時，思考會比較靈活、比較精密複雜。

但不論這些廣泛的研究顯示企圖心和快樂之間有什麼關係，至少以我自己來說，我知道自己感覺快樂時，會比較願意冒險，比較願意跟別人接觸，比較不怕拒絕和失敗。當我感覺不快樂時，我會比較敏感，有防備心，而且忸怩不安。比方說，如果我覺得不快樂，我相信自己不會提議組成一個作家策略團體。因為，我不希望遭到拒絕或失敗。

三月底的一個晚上，我們正準備要睡覺時，詹米問我：「你覺得你的提案造成了什麼改變嗎？」

「有啊，」我毫不猶豫地說：「提案很有用。你沒感覺到什麼變化嗎？」

「我想是有改變，」他說。「但局外人很難看得出來。我覺得你向來都很快樂啊。」

我很開心聽到他這麼說，因為我對快樂所知愈多，就愈明白自己的快樂如何影響身邊的人。

「今天我自己倒是覺得有點沮喪呢。」他嘆了口氣。

「真的？為什麼？」我說，連忙走到他身邊，雙手抱住他（我上個月已經學到，擁抱能令人心情好轉）。

「不曉得。我只是一整天都覺得心情低落。」

我張嘴想提出一堆刺探的問題，但顯然詹米其實不想談。

「好吧，」我沒發問，「那我們把燈關掉吧。如果你覺得心情低落，就好好睡一覺，你會覺得好過些。」

「你看過這方面的研究報告嗎？」

「沒有，這個聰明的小招數是我自己研究出來的。」

「嗯，」他說：「我想你說得沒錯，我們去睡覺吧。」

果然有用。

| 4月 |

你今天唱歌了沒？

在早晨唱歌
承認別人的感覺是真實存在的
成為歡樂回憶的寶庫
為特定計畫花時間

孩子是我快樂的一大泉源。他們給了我人生的高潮，讓日子更快樂。並不是只有我這樣想，很多人都告訴我，他們這輩子最快樂的時光，就是子女出生的那一刻。

當然，孩子也讓我擔憂、惱怒、花費、不便、失眠。事實上，有些快樂專家主張，儘管父母們（像我就是）堅信孩子是快樂的主要來源，但真相卻非如此。在一份研究中，調查了一群女人日常活動的情緒，結果顯示「照顧小孩」只比「通勤」稍微愉快一點。婚姻的滿足感，會在第一個小孩出生後大幅下降，然後在子女離家後又再度上升。以我自己的經驗來說，有了小孩之後，和老公吵嘴的頻率大增，戶外活動減少，而且花在彼此身上的時間也更少了。

不過，撇開這些發現，我必須駁斥「孩子不會帶來快樂」的說法——因為明明就會。或許並不是隨時隨地，但卻更為深刻。畢竟，有個調查問受訪者：

「這輩子帶給你最大快樂的是什麼？」最普遍的答案，就是「孩子」或「孫子」。難道這些人全都是在自我欺騙嗎？

孩子，愚人節快樂！

擁有子女的快樂，可以說是一種「迷霧快樂」。迷霧難以捉摸，它環繞著你，但當你試著想仔細察看，它卻隱而不見。迷霧快樂，正是那種你明明從中獲得快樂，但你要仔細檢查這些活動，卻發現自己說不出個所以然——可是，不知怎的，你明明就是覺得很快樂。

我是在一次宴會中，確定了「迷霧快樂」的存在。

宴會的主人在廚房裡忙得團團轉，輪番為供應給三十個人的三道菜做準備和上菜。「你在自己的宴會裡開心嗎？」我問他，其實當時我大概應該閃開，別礙著他。

「嗯，現在不太開心，」他心煩的說：「不過等宴會結束，我就會開心了。」真的？什麼時候？我很好奇——會是洗盤子時、把家具歸回原位時，還是把黏答答的葡萄酒瓶送進資源回收桶時？到底他的開心會發生在什麼時候、什麼地方？

這讓我開始思考。很多我認為愉快的活動，其實在發生當時——或者事前、事後——都沒那麼好玩。辦趴、表演、寫作，都是如此。

我認真分析自己參加這些活動時不同階段的情緒；我看出了拖延、懼怕、焦慮、緊張，對於要做那麼多雜事和多餘瑣事覺得很煩，還有氣惱、焦躁不安、時間壓力，以及事後的失望。然而，這些活動卻無疑能讓我「快樂」。

帶小孩也是。有時，消極的感覺或許會困住正面的感受，我可能會希望自己不必帶小孩。然而，有小孩卻給了我莫大的迷霧快樂。它環繞著我，它無處不在，儘管每當我仔細檢視任何特定的時刻，都很難辨識出它。

生小孩之前，為人父母最讓我畏怯的一點，是那種「不可改變」的本質。配偶、工作、作品、居住地點——人生中大部分的重大決定，你都可以重來，儘管改變或許很難、也會帶來痛苦，但畢竟是做得到的。但生小孩就不同了，你沒法把他們塞回肚子裡。

然而，伊萊莎一出生，我就再沒想過這一點了。有時，我的確會懷念當媽媽前那自由而悠閒的日子，但我從不後悔生小孩；相反的，我老擔心自己當母親當得不夠好。我對為人父母的標準並沒有特別高——我不會千方百計要讓兩個女兒吃有機食物，她們的房間是不是整齊乾淨，我也不太在意。

但我發現，自己老發脾氣，營造的歡樂時間不夠多，我不夠珍惜兩個女兒人生中這段稍縱即逝的童年時光。儘管在這個階段，換尿布、換衣服、兒童座椅這類事似乎沒完沒了，但很快就會過去，而我卻往往專注在自己想做的事，忘了真正重要的事情。

伊萊莎是個雙眼明亮、牙齒參差不齊的七歲小女孩，性情溫和，惹人疼愛，又敏感得像個小大人。她超有創意，喜歡各式各樣的幻想遊戲和自己動手做的事。除了偶爾會假裝生氣之外，她總是很快樂。一歲的艾麗諾正在學步，有兩個酒窩和一雙藍色的大眼睛，還有一頭始終留不長的頭髮，可愛極了。她的情緒起伏很大，愛笑也愛哭。她對每個人都很友善，不怕生，對於自己老跟不上姊姊，覺得很挫折。

這個月，我要致力於親子關係，目標呢？就是要對兩個女兒更溫柔。我希望家裡有一種寧靜、愉快，甚至歡樂的氣氛——而且我知道，嘮叨和吼叫絕對不可能達成目的。我希望自己能成為幸福的來源，我想戒掉自己暴怒的習性——我太常發脾氣了，然後因為發脾氣讓我感覺很不好，我就會變得更糟。我希望，更輕鬆愉快些。我想採取一些行動，來為這段時間留下快樂回憶。

伊萊莎已經夠大，她模糊地知道我在寫一本關於快樂的書，但我沒告訴她的是，其實我也在學習為人母的方法。如果換作我小時候，聽到爸媽說要思考如何當父母，我一定會很震驚；在我眼裡，他們似乎無所不知，簡直無所不能。我猜想，伊萊莎如果知道我質疑自己當母親的行為，肯定很吃驚。

四月一日的愚人節，讓我有機會在這個月的第一天就能有好的開始。

前一天夜裡，我把一碗幼兒早餐麥片加上牛奶後放進冷凍庫裡，到了四月一日早晨，我把那個碗和一根湯匙拿給伊萊莎——然後看她試著要挖，挖不動。她困惑的表情好笑極了。

「愚人節快樂！」我說。

「真的？」她回答，也很興奮。「這真的是愚人節的玩笑？哈哈哈！」她仔細檢查那個碗，然後跑去拿給詹米看。這個小小惡作劇，讓她樂歪了。

其實前一晚我原本已經躺在床上了，才想起忘了準備那個碗，我一度想說算了，但想起自己訂下的目標，於是硬逼著自己起床。這天早上，我很慶幸自己沒有放棄。果然，當我保持自己的決心，生活更有趣了。

賴床？唱一唱起床歌吧……

通常在早上，大人們總是一邊打理自己，一邊催促小孩，很容易讓氣氛變得很緊張。每個家庭都可以試著找些方式，讓早晨的一切順利展開，因為，早晨可以為每個人的一整天定調。

和伊萊莎的一次對話，讓我下定決心：我要在早上唱歌！

「你今天在學校做了什麼？」我問她。

「我們要告訴大家，自己的爸媽早上怎樣叫醒我們。」

「那你怎麼說？」我問她，好奇又忐忑。

「我說，你會唱起床歌。」

我不知道她為什麼會這麼說，因為打從她出生以來，我只唱過幾次起床歌給她聽而已。但聽了她的回答，我決定，以後真要養成唱起床歌的習慣（這也提醒我，一個人不但要提醒自己，別做出會害自己上報的事，也不該做出任何會在家長會上成為討論題的事）。

才開始唱，我就看出了成效。我更加相信「表現出自己想要的感覺」這條守則；藉著**表現**快樂，我就真的**感覺**快樂了。唱了一段〈我有張黃金門票〉之後，我真的發現，自己不會動不動就兇巴巴了。

在早晨唱歌，也提醒我遵循自己的第九條守則，就是「放輕鬆」。我試著跟上兩個女兒的笑聲（尤其艾麗諾，她從小就超級愛笑），藉著逼自己進入那種歡樂的心情，讓我至少每天跟兩個女兒有一段純粹的歡快時刻，一起被詹米的耍寶逗得大笑，也讓我即使在很想罵人、嘮叨時，能用輕鬆的語氣回應。

說容易，做起來難。第三天，我起床時眼睛又痛又腫。我近視深，近乎全盲，所以對眼睛的毛病一向很當回事。

這種情況下，我完全沒有早上唱歌的心情。當時詹米又出差不在家，所以我沒法把兩個女兒丟給他。通常，我會讓伊萊莎看一下卡通（我知道，不應該讓孩子一大早就看卡通，但反正我就是這樣帶孩子的），所以我讓她去看電視，把艾麗諾放在嬰兒車裡自己玩，然後上網查資料，直到確定眼睛的問題應該不嚴重。

這時，艾麗諾突然大喊：「媽媽！來，來！」我走過去看，她指著尿布說：「痛痛。」

我打開她的尿布，發現一片紅腫的尿布疹。我也發現，家裡只剩一片嬰兒濕巾。正當我忙著幫她換尿布，設法善用那片紙巾的每個角落時，伊萊莎衝進廚房，身上還穿著她最喜歡的櫻桃印花睡袍。

「已經七點十八分了，我連早餐都還沒吃！」她哀號。伊萊莎痛恨遲到——應該說，她痛恨準時，她喜歡**早到**。「我七點二十分就該吃完飯、換好衣服的！我們會遲到！」

我有沒有唱起歡樂的歌呢？我有沒有開心地笑著安慰她呢？我有沒有細聲哄她：「別擔心，甜心，我們還有很多時間」呢？

沒有，我以充滿威嚇的聲音朝她咆哮：「**等、一、下！**」她退縮了，開始啜泣起來。

這時我用盡了每一分自制力，忍著不要再吼她。所幸那一刻過去後，我就收住脾氣了。我趕緊抱了抱她，說：「我來做早餐，你趕快去穿衣服，來得及的。」

我的所謂「做早餐」，其實就是把碎花生醬塗在吐司麵包上而已。我們確實還有很多時間，因為伊萊莎老是希望早點到學校，所以我們早上的預留時間通常很長——尤其是從一月以來，我每天晚上都會先收拾一下，所以即使是在這場騷動之後，我們還是可以準時出門。

這回忍著不要再大吼，把我的自制力逼到了極限，但當我們走路去學校時，我發現這樣的早晨好愉快，如果剛才我繼續吼，就不可能是這個氣氛了。我們走在街上時，我開始唱起〈啊，多麼美好的早晨〉，直到伊萊莎要我別再唱了。

要放輕鬆，我發現最有用的方法，就是開個玩笑。但這也是最困難的，因為小孩哀叫時，會把我腦袋裡所有幽默感都趕跑。有天早上，伊萊莎在哀號：「我不想去上課啦！我真的不知道，為什麼我要上跆拳道！」我很想兇她：「你老說不想去，但去了又玩得很高興。」或「我不想聽你發牢騷了。」但我沒有，儘管不容易，我卻唱起歌來：「我不知**道**為什麼要上跆拳**道**——你押韻了，自己卻不知**道**！」停了一下我又說：「要玩躲迷**藏**，千萬別慌**張**。」

伊萊莎回答：「我想停**下**，不學嘻**哈**。」

我對廁所笑話沒好感，但她很喜歡，於是我低聲說：「誰愛玩遊**戲**，我看是個**屁**。」她覺得好笑極了，於是又接口：「我寧可去放**屁**，也不要去掃**地**。」我們笑得肚子痛，她就沒再提起跆拳道了。這遠比苦勸她去上課要有用得多，也絕對比較好玩。

我無意間也發現了另一種方法，可以讓我維持「在早晨唱歌」的心情一整天。那就是：**樂於**做一件雜務，因而將這件雜務「重新包裝」。

比方說，艾麗諾生日快到了，我開始為一堆瑣事煩惱——訂冰淇淋蛋糕（這是我們家的傳統）、帶兩個女兒到宴會用品店挑紙盤、買禮物，然後為生日派對發出邀請。我老是不想浪費時間在這種事情上。

但是這回我告訴自己：「我喜歡為艾麗諾計畫生日派對！好好玩！錯過這次，我再也不會有這麼小的小孩了！」結果——這真的改變了我的心情。我還想像過，假如有人主動開口幫我，我會讓別人去策畫艾麗諾的生日派對嗎？才不呢。

這個覺悟，也扭轉了我的想法。

一個朋友告訴我，他兩個兒子五歲和三歲的時候，每天早上六點就醒了。每個週末，他和老婆都試著說服兩個小鬼回去睡覺，或自己安靜玩一下，可是都不成功。

所以，最後他也放棄了。他讓老婆繼續睡，自己起床幫兩個小孩換好衣服出門去。路上暫停下來買杯咖啡，然後父子三人就去公園，他會坐在那邊看他們玩一個小時，然後回家吃早餐。

現在他的小孩大了，週末都會睡得很晚。我朋友告訴我，如今他對那段期間最鮮明、最快樂的回憶，就是那些早晨。早晨的陽光，安靜的公園，兩個小鬼在草地上追逐奔跑。

一天天很長，但一年年卻很短。

常說好，少說不，你將會有意外的驚喜……

我這個月的研究之一，就是第四度重讀全世界最佳親子專家法柏（Adele Faber）與瑪茲利許（Elaine Mazlish）合著的作品，尤其是她們的兩本傑作《手足不敵對》（*Siblings Without Rivalry*）和《你會聽，孩子就肯說》（*How to Talk So Kids Will Listen & Listen So Kids Will Talk*）。

我會知道這幾本書，是因為一個朋友提到她兩個朋友的小孩，是她這輩子見過最守規矩的。所以後來我碰到這對夫妻，就問他們有什麼祕訣——原來，他們很仰賴《你會聽，孩子就肯說》這本書。我當晚就買了一本，立刻成為法柏和瑪茲利許的追隨者。

她們作品的獨特之處，在於提供了很實用的建議和例子。很多親子書都在論述、反覆說明「目標」的重要性——不會有人反對小孩應該守規矩、尊重他人、可以忍受挫敗、有自主性等等。但如果你的小孩在超市走道上忽然發脾氣，你該怎麼辦？

法柏和瑪茲利許書中最重要的一課，其實很簡單，而且大人小孩都適用：我們都應該承認，別人的感覺是真實存在的。換句話說，不要否認生氣、惱怒、恐懼、不情願等等感覺；而是要理解這些感覺，以及對方的想法。

聽起來很簡單，對吧？錯了，我自己就老是拒絕接受兩個女兒的感覺。我常常會說：「你才不怕小丑呢！」「你不可能會想買樂高積木，因為之前的那些你根本沒玩過。」「你才不餓呢，你只是嘴饞。」

令我驚訝的是，我發現只要重複孩子說的話，讓她們覺得我理解了她們的想法，往往就能讓她們平靜下來。我以前常對艾麗諾說：「別哭了，你最愛洗澡了！」但現在我改變說法：「我知道你現在玩得正高興，不想去洗澡，現在真的該洗囉。」這個方法超級有效——這讓我明白，孩子大部分的挫折感不是因為被迫去做某件事，而是因為他們覺得被忽視了。

那麼，我能用什麼辦法，讓孩子知道我明白她們的感覺呢？

寫下來

不知怎的，「寫下來」這個動作，對我小孩影響很大，連還不識字的艾麗諾都有感覺。我光是拿出紙筆，宣布「我要寫下來：『艾麗諾不喜歡穿雪靴！』」就足以讓她恢復平靜了。

不必覺得非得說什麼不可

伊莱莎偶爾會亂生氣。有時我會坐下來，把她抱到膝蓋上坐著，摟個五分鐘，等到我們起身時，她就又很開心了。

不要說「不」或「別再……」

相反的，我會說一些話，表示雖然我知道她們想要什麼，但我有理由不答應：「你想留下來，但我們得回家，因為爸爸忘了帶鑰匙。」研究顯示，成人給小孩的訊息中，有百分之八十五是負面的——「不」、「別再」、「不准」——所以我們應該試著盡量減少到最低。與其說「不行，吃過午飯再說」，我現在改口說：「好，等我們吃過午飯就可以。」

揮舞我的魔杖

「如果我有根魔杖，我就會把室外變溫暖，這樣我們就不必穿大衣了。」「如果我是女巫師，我就馬上變出一盒早餐麥片。」這顯示我明白小孩想要什麼，如果有辦法，我也會給她們的。

承認有些事，的確很困難

研究顯示，如果一個人被告知某個問題很困難，通常就會處理得特別久。但我用相反的方式對付艾麗諾。以前我會這麼鼓勵她：「脫掉襪子不難，你試試看嘛。」但現在我改說：「脫掉襪子有可能很困難。也許可以試試把後面的部分往下拉，翻過腳踝，而不是從腳趾硬往外拉。」

我才做完這些小抄不久，就有個機會派上用場了。

某個星期六，詹米和我正在臥室裡講話，伊萊莎忽然哭起來。我們知道那是真哭，不是裝的，因為伊萊莎裝哭時，都會兩手握拳湊近眼睛，像肥皂劇女演員演的那樣。這回她的手沒舉起來，我們就知道她是真的很難過。

我把她抱到膝蓋上坐著，她埋在我的肩膀上低聲啜泣。「大家都關心艾麗諾，從來都沒有人關心**我**。」

詹米和我面面相覷，詹米對我使了個眼色，意思是「我不知道該怎麼辦，你能處理嗎？」

我想起自己先前的體悟——接受別人的感覺。儘管我知道「大家不關心伊萊莎」並不是事實，但我設法忍住了回嘴的衝動，沒讓自己說出：「我昨天晚上不是跟你玩了五次烏諾牌嗎」或是「你明知道每個人愛你跟艾麗諾一樣多啊」之類的話。

相反的，我說：「哇，所以你很傷心囉。你覺得被忽視了喔。」這話，似乎有幫助，我靜靜抱著她搖晃了幾分鐘，然後說：「你覺得大家都比較關心艾麗諾？」「對。」她小聲說：「我該怎麼辦？」我沒去試著想什麼簡單打發的解答，而是說：「這個問題很難。你、爹地和我，一起來認真想想吧。」

等我們站起來時，她雙手抱住我的腰，給了我一個大擁抱，感覺不太像是感激，而是充滿渴求。我猜想她需要一些保證，我抱住她說：「無論如何，你知道你是我們最寶貝、最心愛的伊萊莎，沒有人會把你忘了，或以為有誰比你更重要。」

「來吧，伊萊莎，我們去看看麵團發起來沒，」詹米說：「你可以把它敲扁！」於是，伊萊莎牽著爸爸的手，蹦蹦跳跳出去了！

專家說，拒絕接受負面的感覺，只會使情況惡化；而面對不好的感覺，可以讓一個人重拾好感覺。伊萊莎的狀況正是如此。這真是個快樂的突破：不只因為這樣做安撫了伊萊莎，我自己更滿心歡喜，因為我用的是充滿愛意的方式，而不是憑自己的好惡去與別人爭辯。

詹米一向不太相信什麼「育兒技巧」，自從他看過《新生兒父母手冊》的第一章後，就再也不碰這類書，但就連他也開始採用這個方法了。有天早上，艾麗諾發起脾氣來，賴在地板上又踢又叫，我看到詹米把她抱起來安慰：「我知道你很難過，你不想穿別的鞋子，你想穿你的紅寶石鞋子。」結果，艾麗諾就不哭了！

回憶快樂時光，有助於提高現在的快樂

有時候，我讀到某些快樂的相關研究或忠告，當時並不理解其中的重要性，一直要到後來，我碰到某些關鍵時刻，才得到領悟。

一個曾經被我忽視、卻很有智慧的建議，就是「讓快樂記憶保持鮮明」的重要性。後來，當我深入體會，才領悟到那些能勾起正面記憶的紀念物，意義有多麼重大。研究顯示，回憶快樂時光，有助於提高現在的快樂。如果回憶時，把焦點放在一些正面的往事，就會增強正面的記憶、降低負面的記憶。然而，因為一般人比較容易回想到符合眼前心情的往事，所以快樂的人比較容易記得快樂的往事，而沮喪的人就容易喚起悲傷的往事。沮喪的人跟其他人有同樣多的美好往事——只不過他們不記得罷了。

明白了這一點，我立誓要採取一些行動，幫助全家人能更鮮明地記住快樂時光。詹米喜歡看相簿，又特別捨不得丟掉像穿不下的嬰兒服這類東西。但他不可能花時間去收集這些值得紀念的東西。如果想為家人建立一個快樂回憶的寶庫，我得自己動手。

現在，花時間整理家庭相簿，我不再心不甘情不願。我把這些相簿當成家庭日記，除了例行的

生日派對、感恩節晚餐、度假場景，還記下了小小的家庭笑話或趣事。這些照片，能幫我回想起曾經難忘的快樂細節：詹米以前有一陣子，好愛做米布丁；伊莱莎剛出生時好小，只有四磅重；還有一陣子，艾麗諾超喜歡露出肚臍。如果沒有照片，我們還會記得那個在中央公園散步的秋日午後，伊萊莎打扮得像「可愛仙女」嗎？我們會記得艾麗諾第一次坐上鞦韆有多樂嗎？

絕無可能。

除了拍照，另一個達成目標的方式，就是樂於扮演家庭記者的角色，散播我們家的歡樂。我們有兩對非常關心孫女的祖父母——住在附近的那兩位、以及遠在堪薩斯城的那兩位，同樣熱心想知道孫女的消息。我花更多時間，寫 e-mails 給他們，報導最近兩個女兒去看醫師的事、學校的事，或任何有趣的事。身為母親後，我更明白子女和孫兒女能為父母帶來多大的快樂。藉著寄出一封簡短、有趣的 e-mails，我為全家人以及自己（因為做好事，感覺好）帶來了能量。如同我在二月領悟到的，就連詹米白天上班時，也喜歡收到家人趣事的電子郵件。

有天晚上，我哄艾麗諾入睡後回到臥房，告訴詹米：「我想我還沒告訴你艾麗諾新的晚安儀式。現在睡前我會抱著她搖晃一陣子，然後把她抱到窗前，她會說：『晚安，全世界。』」

「真的？」他柔聲回答我。要不是我下了決心，這種事我大概永遠懶得跟他提。

決心成為「快樂回憶的寶庫」，也讓我思考起家庭傳統的重要性。這類傳統會讓某些時刻顯得獨特；它們以一種愉快的方式，記錄了時光的推移，提供了一種期待、踏實及連貫感。研究顯示，家庭傳統有助於小孩的社交發展，強化家庭的和諧，而且提供人們（尤其小孩）所渴望的聯繫感和可預期性。像我，如果明確知道某個假日要做什麼、什麼時候做，我就更能樂在其中。

同時，因為家庭傳統往往包括了特別的布置、特別的食物、一連串特殊事件，以及有某些特定的人參加，準備起來大都很麻煩（看美式足球超級盃時除外，因為通常只需要訂披薩），也有可能引發內疚、怨恨、憤怒，和失望。

在實施快樂生活提案一開始，我就把重點放在「增強能量」上，這點是正確的。當我感覺精力充沛，就很能享受布置家裡、拿出攝影機，以及其他的準備工作。但如果我覺得精神不濟，做什麼都是負擔。去年萬聖節前，我一直拖著沒買應景的南瓜，最後我們居然就**一個都沒買**。伊萊莎和艾麗諾不在意，但我被自己嚇到了。我認為，這是我身為母親的失職。

但即使沒有南瓜，我還是設法維持我們家特有的萬聖節傳統。我每年都會拍一張伊萊莎和艾麗諾穿萬聖節服裝的照片，放進一個萬聖節主題的相框，然後擺到萬聖節照片展示區。同時我也會給他們的祖父母和外祖父母各一份照片，這樣他們也能自己保存一套。這個傳統的確頗為費事，但能有一套每年只拿出來展示一星期的節慶照片真的很好玩，這套照片帶來一種家庭的延續感，同時也有藉口，送禮給兩對祖父母——小小的禮物能帶來許多快樂，實在太划算了。

神奇的檔案箱、禮貌之夜與海盜晚餐

我想要為家人建立一座快樂記憶的寶庫。不過，我發現一個問題：我不曉得該怎麼處理小孩的各種紙類紀念品，比方說那些萬聖節照片。我希望兩個女兒各有一套，但我該把這些東西收到哪？我還希望幫她們保存每年生日派對的邀請卡、家庭的情人節卡、家人的結婚請柬、每年全班大合照等等——但這一切要放在哪裡？我以前都是堆在櫥櫃角落，或釘在家裡的公布欄上，但這可不是長久之計。

有個朋友告訴我，她會為每個小孩做一本剪貼簿來保留這些東西，但我一想到她的方式，就心情沉重起來。我根本就很少整理家庭相簿，然後我腦中亮起我的第八條守則：「把問題弄清楚」。那，問題是什麼？我想幫伊萊莎和艾麗諾保存這一切紀念物，卻不知道要放在哪裡。我希望有個方便、便宜又討巧的方式，能有系統地保存這些東西，同時不會占據太大的空間。

平常碰到這類問題，我就會在家裡把一堆堆東西搬來搬去，但這回我沒這麼做，而是逼著自己坐下來思考。方便、便宜、討巧、有系統、儲存紙製品。

就這樣，我想到了一個解決辦法：**檔案箱**。

隔天我去買了兩個，不是那種很醜的硬紙板箱，而是在較高檔的辦公室用品店，多花些錢買的比較精緻的那種。兩個箱子都是討喜的米色，上頭印著織紋，還有相配的木把手。我在兩個檔案箱裡頭，另外裝了一批懸掛式的檔案夾。

我先從伊萊莎開始。我從家裡各處收集了一堆零散的紀念物，再依年份（包括過去與未來的每個學年）製作一個個檔案夾，然後把生日派對邀請卡、開學照片、學校節慶表演節目單、一些獨特的作品、我們的家庭情人節卡片、露營照片等等放進去。接著，我也幫艾麗諾做了同樣的一套。

有了檔案箱，我可以輕鬆又整齊地保存這些紀念物品，而且等到兩個女兒大一些，這些東西就是很棒的紀念。我開心想像著，等到她們五十歲，就可以回顧自己從托兒所時期的每一年生日派對邀請卡！我太喜歡這方法了，於是幫詹米和我自己也準備了一套，每年一個檔案。

回想起我娘家過去所遵行的傳統時，我忽然想到：也許，我不必坐等各種傳統自然出現。「新傳統」字面上看來可能有點矛盾，但如果我想開創一個前所未有的傳統，就不能畫地自限。

詹米想到一個很棒的新傳統：「禮貌之夜」。每個星期天，我們坐在餐桌前，堅持一切合宜的餐桌禮儀，一起好好吃頓飯。稱之為「禮貌之夜」，是我的點子。結果，這個傳統成了一個很有用的練習，而且非常好玩。

其實在伊萊莎還很小時，我開創過一個傳統，讓她和奶奶每星期去上一次音樂課；等到艾麗諾夠大了，她也開始每週去上一次音樂課。他們的奶奶茱蒂很懂音樂和戲劇，每週相約去上音樂課，讓祖孫倆每星期至少能見一次面，同時茱蒂也可以把她對音樂的熱情交棒給兩個孫女。

然後，我想到她們的爺爺，他也需要屬於自己的祖孫傳統啊，所以我又自創了一個。我提議，每年趁伊萊莎放寒暑假時，讓她去辦公室找爺爺一道吃午餐。他覺得這個點子很棒，這些午餐聚會也很成功。

另外還有一個家庭傳統，不曉得是怎麼開始的。例如詹米和我會大喊：「愛的三明治」，然後四人緊緊擁抱——這算是我們家人間的一種祕密儀式吧。

我很好奇，別人又有什麼樣的家庭傳統呢？所以我在部落格上請讀者提供。以下幾個是我最喜歡的。

小時候我想要三個妹妹幫忙打掃家裡，於是發明了一個叫做「清潔公司」的遊戲（當時我不知道真有這種公司）。我假裝電話響起，手放到耳邊裝成聽筒。（「喂，清潔公司。你說什麼？你們家要開派對，要我們立刻過去幫忙打掃？是，我們馬上過去。」）然後，我就興奮地握拳，對著三個妹妹說：「我們的清潔公司又接到工作了！」接著，我們假裝搭上一輛車，開車到我們的客廳（一路上還發出「嚕——嚕——」的引擎聲，當時我們都還在讀小學，所以這樣很好玩）。然後就開始打掃，一邊還唱著：「清潔公司！清潔公司！唔—唔！」每唱到「唔—唔」，四個人都會舉起手（如果手上在忙，就舉腳）。真是瘋啊，對不對？

。

對於只有單親媽媽和一個小孩的小小家庭來說，這種小傳統更是重要，因為很多「正常」的事情我們都沒法做。從我女兒還很小的時候，我們就經常會有「冒險」活動，把各種日常的跑腿雜務包裝成冒險；現在又有了進階版——有地圖和行程表，規畫路線、帶相機、穿戴上「冒險」服飾（我女兒喜歡戴帽子），外加一樣我們沒吃過的點心或菜餚。

我先生和我出差時，喜歡帶小禮物給家人。但我們不是回家後交給他們就算了，我們會在旅途中早早就買好禮物，然後孩子們可以問我們線索。每個小孩每天可以得到一個提示，他們會思索該問什麼問題，彼此合作分配題目、記錄線索、互相爭論等等，整個過程樂趣無窮。禮物本身帶來的快樂，遠遠不如這個猜謎遊戲。

我哥哥一家有個傳統：每隔一陣子，他們會有個「海盜晚餐」，他們用報紙蓋住飯桌，吃飯時完全不用盤子、餐巾、餐具——只用手！他說他平常嚴格規定小孩要遵守餐桌規矩，所以何不偶爾讓他們鬆口氣呢？

我等不及要向兩個女兒提議來吃一頓「海盜晚餐」。這個點子太棒了！

時間，就該花在這種事情上……

傳統，通常都是得計畫的。幫家人慶生、寄送情人節卡片、為精緻的薑餅屋做裝飾（我們家過聖誕節是用全麥餅乾和糖霜代替）——這些事情都很有趣，但都要花費時間、精力，還需要規畫及耐心。不可避免的，身為發起人，會有一堆自作自受的雜務要處理。由於我非常渴望能簡化自己的生活，因此有時會很不情願去辦一些大型的家庭活動，但同時，我也知道這些活動是小孩的精采時光，對大人來說也一樣。

下定決心要「為計畫花時間」的我，買了一樣考慮了很久的東西：一台護貝機。送來的那一刻，我就知道花這錢太值得了。首先，是送給祖母和外祖母的母親節禮物。在我的指揮下，伊萊莎擬出了「我愛小兔兔的十個理由」（「小兔兔」是她給外婆取的綽號），還有「我愛奶奶的十個理由」。她一一講出來，我幫她打字，然後由她挑選字體——她最喜歡在我的電腦上選字體了。然後我們把兩份清單印出來，讓艾麗諾在上頭照著描一次，還加上她自己的個人創意。接下來，就是護貝了！頓時間，這些再簡單不過的紙張，都變成了很有個人風格的置物墊子。

接下來要製作什麼呢？書套、書籤、常用電話表的卡片。

護貝機的成功利用，讓我接著試了自己買了好多年卻從沒用過的熱熔膠槍。有天晚上，艾麗諾已經去睡覺，伊萊莎說她的學校作業要交一個「拼湊帽」。

「什麼是拼湊帽？」我問。

「就是茱莉・安德魯斯・愛德華（Julie Andrews Edwards）在童書裡提到的，」伊萊莎解釋，「這頂帽子可以表現我們的想像力。」

身為媽媽，我很清楚應該放手讓小孩主導，我只需在旁邊不動聲色的輔助她，引導她的想像力就好。

但我卻沒有這麼做。我跳起來說：「我知道該怎麼做！快，去找一頂棒球帽來。」趁她去找帽子時，我開始閱讀熱熔膠槍的使用說明，並插上插頭。然後我把一月時買來收集各種小玩具的那幾個玻璃罐拿出來。

「然後呢？」伊萊莎拿了她的棒球帽喘著氣跑過來。

「把罐子裡的東西倒出來，看哪些可以用來表現你的想像力。然後，我們用熱熔膠槍把這些玩具黏在帽子上。」

「喔，我好愛熱熔膠槍，」她說：「我們老師常常用。」

伊萊莎開始篩選著那一堆堆的小玩具，挑出她最喜歡的。然後一個接一個，我們小心翼翼地把玩具黏在帽子上。

「沒想到這麼好玩。」做到一半時，伊萊莎快樂地說。我們花了好幾個小時，因為她想討論每個小玩具的優點，不過沒關係。**為計畫花時間**，OK的啦。

快樂的經驗可增強或減弱，要看你花在上頭的心力有多少

我從沒想到，幫女兒伊萊莎挑生日禮物的「過程」，居然也能成為一種「特殊活動」。我原先只想像以前一樣，讓她選「巧克力還是香草？」「裝飾花樣要用花還是公主？」然而，當生日愈來愈接近時，她忽然只在意她的生日蛋糕。客人名單、布置家裡、活動本身都變得不重要了，她唯一在乎的，就是蛋糕的口味和上面的裝飾花樣。換作是過去，我會逼她快點決定，但我現在知道，快樂的關鍵之一，就是從一個快樂事件中盡量擠出最多的快樂。

大家都聽說過生死學大師庫布勒—羅絲醫師（Dr. Elisabeth Kübler-Ross）的「哀慟五階段」：否認、憤怒、討價還價、沮喪、接受。我發現，快樂也有四個階段。要從一段經驗中得到最大的快樂，我們必須**重視**它、**體驗**它，**表達**它，最後是**回顧**它。

任何一段快樂的經驗都可以增強或減弱，就看你花在上頭的心力有多少。比方說，如果我打電話給父母，告訴他們今天在公園發生的一件趣事，我表達的時候，就在心中重新體驗了一次這個快樂經驗。照相的道理相同，在忙著拍照的時候，也許你難以體驗當下的快樂，但日後，這些照片卻能幫你回顧那段快樂時光。

伊萊莎的生日蛋糕讓我們在「預期」階段，有很多機會樂在其中。她要我拿冰淇淋的產品型錄回家，我們仔細研究了每一個字。然後我們連上冰淇淋的網站，讓伊萊莎考慮每種冰淇淋的口味。

我們還親自去了趟冰淇淋的分店，好讓伊莱莎可以試吃，並研究各種蛋糕裝飾。最後，我想，她總算可以做決定了吧。並沒有。

「媽咪，」幾天後她問：「我們可不可以再去趟冰淇淋店，再去看看蛋糕型錄？」

「伊莱莎，上回我們已經在那邊花了一個小時了，更何況你的生日還有一個月。」

「可是我想去看那本型錄嘛！」

以前，我一定會堅持己見，但現在我明白，跑一趟**本身就是樂趣**，而不是無效率地浪費時間。這正符合我的第六條守則：「享受過程。」吃蛋糕的快樂，伊莱莎只能享受五分鐘；但從挑選蛋糕的過程裡，她可以獲得好幾個小時的愉悅。事實上，在所謂的「玫瑰色的美好前景」裡，對快樂的期待有時大於真正體驗到的快樂。這讓我們更有理由陶醉在期待中。

「好吧，」我讓步了：「如果你想去，星期五放學後，我們可以過去看一下。」

這些活動，讓我看到小孩如何讓自己更快樂：他們讓我們重新找回「感覺真好」的這種快樂來源，那是長大後的我們早已遺忘的。

要是照我以前的想法，絕對不會自己做母親節禮物、研究冰淇淋的蛋糕設計、記住童書的內容，或是星期六下午跑去中央公園的划船池塘。我不會反覆看《史瑞克》，也不會聽蘿莉．柏克納（Laurie Berkner）唱兒歌。我不會去遊樂園或紐約的美國自然歷史博物館，我不會用食用顏料在酒杯裡做出「彩虹優格驚喜」。不過，跟孩子們一起進行這些活動，我的確樂在其中。不只是因為看她們高興而高興——有部分的確如此，但除此之外，我自己也很開心——我從這些活動中，真正體驗到自己始料未及的歡樂。

本月心得：擴張你的「快樂領土」

現在是四月的最後一天。探索靈魂這種事，似乎應該在林間的溪流邊進行，或至少是在安靜的房間裡。但我對本月的自我評估，卻是在前往市區的地鐵上進行的。當我們搖晃著經過一個個車站時，我自問：「我覺得更快樂了嗎？真的嗎？」

那天上午我的心情並不好。「如果我對自己夠誠實，」我氣餒地想：「老實說，我沒什麼改變，還是以前的那個我，沒有更好也沒有更壞，沒有新面貌也沒有改善。我一直告訴自己我更快樂了，但其實我並沒有改變。」研究顯示，去看心理諮商師或參加減重班、戒菸、開始運動，或者諸如此類的人，通常都相信自己已經改變很多，但其實改善卻不大。顯然的，在花了這麼多錢、時間及努力之後，人們會想：「哇，我一定變好很多了。」即使並沒有。

「這大概就是為什麼我老是告訴自己，我比較快樂了，」我心想，「事實上，我的計畫根本一點用也沒有。」當我走出車廂時，一直甩不掉那種徒勞和陰沉的感覺。

開了兩個小時會，我在搭地鐵回家的路上，心情比較好（這似乎證明了，人跟人接觸能夠提振心情），我又開始問自己：「我更快樂了嗎？」這回，我的答案有點不同。「**沒有**，但又好像**有**。」沒錯，我的本性是沒變，但只花四個月、甚至一年，就想有截然不同的改變，未免太不切實際了。

然而，我確實有什麼不太一樣了，但那是什麼呢？

最後我終於知道答案了。當我處於「中性地帶」，比如搭地鐵時，我還是同樣的那個我。不同之處在於，儘管我的本性沒變，但每天都過得更快樂了；我的行動，為我帶來了更多快樂、承諾與滿足，同時也消除了一些愧疚和憤怒之類的壞感覺源頭。透過我的行動，我成功地擴張了自己的快樂領土。

我看得出來因為自己更快樂，這種心情也影響了全家的氣氛。「媽媽不開心，全家都不開心」這句話沒錯，而「老爸不開心，全家都不開心」也是事實，還有「孩子不開心，你也開心不起來」，同樣是事實。家裡每個成員都會受到其他家人情緒的影響——當然，我改變不了其他人的行為，只能改變自己。

還有，我決定放棄佩戴計步器了。戴計步器的做法很有幫助，但我厭倦了每天在腰帶上別這玩意，有幾回上廁所還差點掉在馬桶裡。這個計步器已經完成了它的階段性任務——幫助我評估並改進我的走路習慣，現在，是它功成身退的時候了。

| 5月 |

眼睛，一定要旅行

找出更多好玩的事
花時間耍笨
脫離常軌
開始一項收藏

五月，春天的開始，似乎是**玩樂**的好時機。

所謂玩樂，是指在閒暇時的一些活動，這些活動本身就好玩，不是為了錢或什麼目的。我要找樂子，而且認真地玩。

女作家瓊．絲黛佛（Jean Stafford）曾說：「快樂的人是不需要找樂子的。」但事實上，研究顯示，「沒有心情不好」不等於快樂。想要快樂，你得尋找「感覺好」的來源才行。方法之一，就是撥出時間給玩樂這件事。在研究者的定義中，玩樂就是一種令人滿足但無利可圖，不會造成社會傷害但也不必然會贏得讚美或肯定的活動。研究顯示，經常玩樂是擁有快樂生活的關鍵因素；玩樂的人感到快樂的機率，可能比別人多上二十倍。

我這個月有兩個目標：一是希望玩得更開心，二是利用休閒活動培養創意。玩樂，不光是打發時間而已，它也是個機會，讓我們可以帶著新的趣味去體驗生活、親近他人。

我很幸運，我為工作所從事的活動，大都跟我為了玩樂目的的活動一樣。有很多人反對在假日工作，但我在週末總是想做跟平常一樣的事情。攝影家威斯頓（Edward Weston）曾在他的日誌裡寫道，他的生活是「在假日工作，而工作就是玩樂」，我完全懂他的意思。

千萬不要因為別人說好玩，就覺得非玩不可

然而，對於休閒這檔事，我必須更認真才行。我以前總以為，在生活中「玩得開心」是自然而然發生的，所以從沒想過要「培養」或「爭取」。「玩得開心」聽起來很簡單，其實不然。我在部落格上詢問讀者對玩樂有什麼想法，結果看到一些很有意思的回應。

> 做東西是我玩樂的方式。我很喜歡做手工藝品，但如果是為別人做禮物，我發現樂趣更會大增。今年聖誕節，我心裡有個頗具野心的計畫，要做個東西送給我男友，我知道他會喜歡，而且這個挑戰給我帶來好多樂趣，同時我也期待他會欣賞。自己想點子是智力的挑戰，接著下來則是實現點子的那種機械式創意的挑戰。我發現這樣的組合非常令人滿足，而且樂趣無窮。

閱讀國外部落格（當然也包括你的在內），對我來說很好玩。工作日的每天早上，我邊喝咖啡邊閱讀（因為我住在遠東地區，所以這些部落格都在我睡覺時更新）。不用說，這有助於我學習外文（對我來說，就是學英文）。但我發現最好玩的，就是在不同的文化環境中，發現有人跟我有類似的品味、類似的思考方式……。

。

對我來說，書——收集書、看書、在網路上找書——是歡樂與趣味的一大來源。打開一本剛到手的書真是一大樂事，不論是二手書還是新書。

。

每週一次的拉丁文課是我生活中的一大樂事。已經四年了，我每週和其他幾個人即席挑些拉丁文章閱讀、溫習文法、隨意討論。我在高中時愛上拉丁文，但始終沒進一步研讀，直到現在才有機會。這讓我非常、非常快樂。

。

我覺得什麼好玩呢？只要有創意的都好玩……任何事都行！最好玩的就是那種圖案很複雜的著色本，每一張都只印一頁……還有一盒剛削好的美麗彩色筆。第二好玩的，是一張印好圖樣的布和彩色棉線，等著你完成的……刺繡。

。

這裡有個難搞的人：我不覺得坐在地板上跟我的小孩玩玩具有什麼好玩。我喜歡跟他們一起做菜，讀書給他們聽，跟他們講話，陪他們看電影，一起去散步，帶他們到適合他們年齡的地方。我覺得很好玩的，就是去接我五歲大的小孩放學，然後去吃點心。但我不覺得跟他們玩波莉口袋娃娃（大的那個）或玩具小人（小的那個）有什麼樂趣。害我時不時都會覺得內疚。

。

對我來說，好玩的就是……辯論、修理（比方軟硬體的內部）、組裝（硬體／軟體），看部落格（各式各樣的），跟小孩說我小時候的故事。

。

說真的，我剛剛才發現，我再也不覺得什麼東西好玩了。我得設法做點事情，免得變成一個愁苦、無聊、可悲的人！

最後一則留言說得好，我也需要在生活中注入更多的樂趣。

開始想「好玩」這件事，我才驚訝地發現，原來我對它其實並不很理解。一直到最近，我才領悟到：別人覺得好玩的事，**我**未必覺得好玩——反之亦然。有很多人樂在其中的事情，我卻無感。下棋、去聽有關國際市場分析的演講、玩填字遊戲、修腳趾甲、去熱門的新餐廳吃飯，或者訂票去聽歌劇、買尼克隊的季票……，這些點子聽起來都不錯，我完全可以理解為什麼其他人喜歡這些活動。真希望我也能喜歡，但是沒辦法。有些部落格讀者，也有同樣的不安。

過去幾年，我開始搞清自己真正覺得好玩的事情是什麼。我明白自己的生活裡有一大堆事和活動是我不喜歡的。這些事情其他人覺得好玩，但他們又不是我。其他人認為好玩的事情，我不見得喜歡，接受這一點感覺上像是個大突破。做你覺得有趣的事，不要去想自己應該喜歡別人覺得好玩的事，要做到這一點很難。比方說，我喜歡看電影，但有其他更不花錢的活動，我卻更能享受。所以，我就逐漸不看電影了。我偶爾會跟朋友去看電影，但不再像以前那樣每星期看兩部。

大約一年前，我先生向我提出一個問題——「你覺得什麼事情好玩？」我努力的想了很久。我大部分的娛樂都是靜態的，而且都是獨自進行。我喜歡全神貫注在一本好書裡；我喜歡做針線活兒；我喜歡做珠寶飾品。我覺得這樣很OK。不過我倒是很喜歡玩桌上遊戲，尤其是跟我的小孩。

我對「好玩」的定義絕對跟別人不同。我很樂於一個人做安靜的事情。即使是運動，我也喜歡安靜的那種。閱讀很好玩，無論是看書或是看部落格。寫電腦程式好玩，潛水和爬山好玩，瑜珈好玩。另一方面，女生應該喜歡的逛街購物，我一點也不覺得有趣。參加派對，往往也不得我心。

過去，我總會高估那些我不做的活動，而低估我自己喜歡的，好像別人喜歡的事就比較有價值、比較高明、比較……嗯，**正當**似的。

現在，該是「做我自己」的時候了。我得接受自己喜歡什麼，而不是**但願**自己喜歡什麼。

我把自己這個發現告訴朋友，她說：「老天，如果我覺得有件事很好玩而想去做，我會很挫折，因為我不會有時間去做的，我不想再自不量力了。」

這樣想的人，好慘——但換了以前，我也可能說出這種話。我希望在完成這個快樂生活提案後，我能更有餘裕地說：「我有很多時間去做好玩的事情！」

但是，我到底覺得什麼事好玩呢？我真正**想做**的是什麼？

我想不出太多。好吧，是有一件：我真的很喜歡閱讀兒童文學。先前我始終不太明白，童書裡有什麼是一般文學不能給我的。我現在知道，給成人閱讀的小說和給兒童閱讀的小說，兩者的不同之處，不光是封面設計、書店的陳列位置或主角的年齡而已，而是某種氛圍。

兒童文學通常會坦然處理最超然的主題，例如善惡之爭，還有愛的至高力量。這些書，不會掩飾邪惡的恐怖和魅力，但即使是最寫實的小說，最後結局也還是邪不勝正。

但是為成人寫作的小說家，通常不會這麼寫，或許他們擔心被視為感情用事或古板或過於膚淺。相反的，他們會把焦點集中在內疚、虛偽、善意被曲解、命運的殘酷捉弄、社會批判、語言的難以捉摸、死亡的必然性、情欲、不公不義的罪名，諸如此類。但對我而言，看到良善戰勝邪惡、美德獲得彰顯、惡人有惡報，讓我覺得很滿足。我喜歡有教化意義的作品，不論作者是大文豪托爾斯泰，還是奇幻小說家麥德琳・蘭歌（Madeleine L'Engle）。

此外，為了維持這種善惡對抗的世界觀，兒童文學往往會帶領讀者進入一個充滿種種原型的世界。某些形象會有激發想像力的奇怪力量，兒童文學便利用這類形象，達到出色的效果。像《小飛俠彼得潘》（*Peter Pan*）、《黃金羅盤》（*The Golden Compass*），以及《青鳥》（*The Blue Bird*）的故事，都建立在一個象徵的層次上，而且充滿了種種無法完全表達的意義。成人小說當然也有這種氣氛，但少得多。我喜歡回到那個善惡分明，而且動物會講話、預言會實現的世界。

但我對兒童文學的熱愛，並不符合我對自己期望的形象——感覺上不夠成熟。我希望自己有興趣的是嚴肅文學、憲法、經濟、藝術，還有其他的成人主題。但我真的喜歡兒童文學，只是不知怎的，我不好意思承認自己熱愛托爾金（J. R. R. Tolkien）、柯尼斯柏格（E. L. Konigsberg）和依莉莎白・恩賴特（Elizabeth Enright）。我嚴重壓抑自己這部分的人格，以致有新的哈利・波特出版時，我拖了好幾天都沒去買。我甚至騙自己說，我不在乎。

你心裡喜歡什麼，大膽告訴世界吧

想要「認真玩」，我們就得欣然擁抱原本被壓抑的熱情，更坦然的樂在其中。但怎麼做？

正當我努力想答案時，剛好跟一個朋友吃午飯。她是個幹練、令人畏懼、聲譽卓著的文學經紀人。我們的交談處於一種「想成為好朋友，但還在摸索中」的狀態，我聊起自己好喜歡史蒂芬．金（Stephen King）的《末日逼近》（*The Stand*）。話一出口，我有點後悔，因為我擔心她可能會不喜歡史蒂芬．金。

「我好愛史蒂芬．金，也好愛《末日逼近》，」她說。然後，她又補了一句：「但這本還是不如哈利．波特。」

「啊？你喜歡哈利．波特？」

「我**迷死**哈利．波特了。」

耶，我找到一個同好了。接下來直到午餐完畢，我們聊的全是哈利．波特。我心想，另一個朋友也很喜歡兒童文學，一起組個讀書會如何？

「我想到一個點子，」付帳時，我試探性的問她：「你想不想組個童書讀書會？」

「童書的讀書會？比方什麼書？」

「任何我們想讀的。《記憶傳授人》（*The Giver*）、《祕密花園》（*The Secret Garden*）、《飛

天巨桃歷險記》（*James and the Giant Peach*），什麼都行。我們可以輪流到會員家裡吃晚餐。」

「好啊，應該會很好玩。」她很有興趣：「我有個朋友可能也有興趣參加。」

於是我寄了幾封電子郵件，開始詢問。沒想到，原來很多我喜歡的朋友，居然也喜歡兒童文學。但因為我從沒提過自己這方面的興趣，所以不曉得他們也跟我一樣。

第一次聚會，我發了電子郵件邀請大家到我家來晚餐，討論的主題書是C．S．路易斯（C. S. Lewis）的《獅子．女巫．魔衣櫥》（*The Lion, the Witch and the Wardrobe*）。在電子郵件的末尾，我引了一段路易斯的文章，出自他一篇傑出的散文〈論兒童寫作的三種方法〉：

> 十歲時，我偷偷看童話書，如果被人發現了，我會覺得很不好意思。現在我五十歲了，卻公然閱讀童話書。我長大後，就拋開了那些孩子氣的舉動，包括害怕自己孩子氣，以及渴望自己很成熟。

這段辯解，對於讀書會裡的其他人都沒有太大意義，因為他們從來不曾試圖壓抑自己對兒童文學的興趣。我搞不懂，自己幹嘛要壓抑？

以後再也不會了。

從第一次聚會開始，這個讀書會就成了我的一大樂趣。我喜歡那些人，我喜歡那些書，我喜歡那些討論。讀書會成員中很多人沒有小孩，這點我也很喜歡——毫無疑問，我們閱讀童書是**為了自己**。

我還很喜歡這個讀書會的一個傳統，就是晚餐主人所準備的菜色中，有一道必須和主題書有關。這個傳統源自我在第一次聚會中準備的甜點：土耳其軟糖，因為在《獅子・女巫・魔衣櫥》中，它扮演了很重要的角色。第二次聚會的主題書是菲力普・普曼（Philip Pullman）的《黃金羅盤》，我們喝的是在書中一個關鍵時刻出現的托凱葡萄酒（我很驚訝原來世上真有這種酒，我本來以為那是虛構的）。

討論路易斯・卡洛爾（Lewis Carroll）的《愛麗絲夢遊仙境》（*Alice's Adventures in Wonderland*）那回，我們有仿烏龜湯和楓糖漿餡餅；而討論布露・巴利葉特（Blue Balliett）的《誰偷了維梅爾》（*Chasing Vermeer*）時，準備的是書中主角佩卓和柯德最常吃的藍色M＆M巧克力；露易莎・梅・奧爾科特（Louisa May Alcott）的《小婦人》（*Little Women*）上場時，則是吃牛奶凍，因為喬第一次見到羅利時，就送了梅格做的牛奶凍給他。還有一回討論的是路易斯・薩奇爾（Louis Sachar）的《洞》（*Holes*），我們吃了從當肯甜甜圈店買來的那種小球狀的甜甜圈洞（doughnut holes）——剛好一語雙關。

研究顯示，共同的興趣更能維繫友誼，同時生活滿意度也會提高約二%。這個讀書會讓我交了一群新朋友，而生活滿意度則遠遠不止提高二%。再說，光是成為一個新團體成員這點，就很好玩了。同為團體成員，彼此會覺得更親近，同時還能大幅提升自信和快樂。

大約在同一個時間，我獲選擔任「外交關係委員會」（The Council on Foreign Relations）的委員。議題有趣、團體有趣，而且**正當性**百分百。兩相比較之下，哪個團體帶給我的快樂比較多？哪個團體有助於我建立新的友誼？答案是：兒童文學讀書會。我愛死了邱吉爾和約翰・甘迺迪，但卻對外交關係沒什麼熱情——所以那個委員會的樂趣自然就不怎麼高了。

再一次，我的決心引導我回到自己的第一條守則：「做自己」。我要認清並追求**我自己**真正覺得好玩的事物。接下來呢？除了兒童文學讀書會之外，我還能做什麼好玩的事情？

我卡住了。難道，我竟然連一件好玩的都想不出來嗎？

如果只要吃便當看DVD，幹嘛住在紐約？

人住紐約，你總感覺自己可以做好多事——看芭蕾舞和戲劇、上美術設計課、到布魯克林的威廉斯堡（Williamsburg）一帶逛街、去皇后區的艾斯托利亞（Astoria）吃飯，但是，我卻幾乎從沒做過這些事。我在地鐵裡看過一張海報，多年來一直縈繞在我腦海。海報上是一張照片，兩個外賣中國菜的便當盒放在兩捲錄影帶上，標題寫著：「如果你要這樣打發時間，幹嘛住在紐約？」

紐約市有太多好玩的事，只是我沒那麼大的勁頭去嘗試。

我告訴一個朋友，說我想找更多好玩的事情。她沒叫我去看《紐約客》（*The New Yorker*）雜誌裡的文化娛樂活動專欄，反而問我一個問題：「你小時候喜歡做什麼？十歲時喜歡的事，你現在很可能也會喜歡。」

這說法，倒是引起我的好奇。我想起心理學大師榮格（Carl Jung）三十八歲時，決定要開始玩積木，重拾他十一歲時的熱情。那麼我小時候喜歡玩什麼？不是下棋，不是溜冰，也不是畫畫。我喜歡的，是製作「空白書」。那是我十歲生日時，舅舅送給我的禮物，看起來就像普通的書一樣，但裡面的紙頁都是空白的，書名就叫《空白書》。現在到處都買得到這種書了，但我十歲收到這個禮物時，是生平第一次見到這種東西。過後沒多久，我又買了好幾本。

我把空白書變成一本備忘錄，裡面填滿了各種我有興趣的剪報、重要記事、學校朋友的紙條、漫畫、清單、點滴資訊。我爸那些過期《讀者文摘》裡的笑話，有時也會被我剪貼進去。我還有一系列空白書，收錄了各種名言佳句，配上插圖。每回我讀到自己喜歡的句子，就寫在一張小紙上；在雜誌上看到喜歡的圖片，我就剪下來，然後把文句配上圖片，貼在書上。

製作空白書是我童年時期的主要休閒活動。每天放學後，我會坐在地板上一邊看電視，一邊分類、剪裁、配圖文、抄寫、貼上。

現在，我開始複製這個經驗。而且我發現，很多極具創意的人，都習慣性會保有剪貼簿、靈感牆，或是其他收藏零碎創意的東西。例如編舞家崔拉·夏普（Twyla Tharp），她每開始編一齣舞碼，就會有個專屬的檔案盒，存放各種啟發她靈感的材料。這個保存資訊的方式，有助於活絡各式絕佳的點子，還可將種種意想不到的點子放在一起。

我去買了一本很大的剪貼簿，開始尋找可以放進去的東西：一張拼貼圖，是用許多小小的花卉照片拼成黛安娜王妃肖像；《紐約書評》一篇有關裝飾祈禱書的評論；一張藝術家波蒂雅．曼森（Portia Munson）的作品《粉紅計畫》（*Pink Project*，一九九四）的照片；一張英格蘭各郡的地圖，真希望我寫邱吉爾傳記時就能有這張；另外還有一張遊戲卡，那是我祖父母過世後，我從他們屋裡帶回來的遺物，上頭是畫家金凱德（Thomas Kinkade）的水車磨坊畫作。

託這些空白書之福，我在看雜誌和報紙時，有了不同的角度。如果有吸引我的報導，我會想：「為什麼我會多看一眼？這值得收進我的空白書裡保存嗎？」我對吸收資訊變得比較主動，而且我也很喜歡剪剪貼貼、安排版面的過程，那是我從童年時代就再熟悉不過的。

思索好玩事物的過程，讓我明白了：我得撥出時間來玩樂才行。我太常為了工作而放棄玩樂，被各種任務壓得喘不過氣來的時候，我總會這麼想：「最好玩的事，莫過於把手邊該做的事項辦完。」因此，如果為了處理電子郵件，而把剪貼的事擱一邊，我會覺得理直氣壯。

處理一件又一件沒完沒了的雜事，通常會讓我覺得筋疲力竭。但若是花時間做一些自己真覺得好玩的事，比方說第十五次重讀童書《神奇收費亭》（*The Phantom Tollbooth*），或者打電話給我妹，我就會覺得好過得多，甚至還有餘裕可以再去處理那些雜務。玩樂，可以提振精神。

世界很豐富，我們取一瓢飲就好

但我必須承認——做自己，有時候也會讓我覺得遺憾。我永遠不會半夜去爵士酒吧、到藝術家的工作室閒晃、一時興起跑到巴黎度週末，也不會在春日的破曉動身去蠅釣。我將不會成為造型出色的名人，也不可能被任命為政府高官。我永遠不會排隊買票聽歌劇《尼布龍根的指環》，我會繼續喜歡幸運籤餅，拒絕嘗試鵝肝醬。

我會遺憾，出於兩個原因。一是我明白了自己的局限，這個世界這麼豐富，這麼美，這麼多樂趣，但大部分我卻無緣領略。另一個遺憾的原因是，在很多方面，我原先希望自己很特別。原本，我以為自己「可以選擇要**做**什麼；但無法選擇**喜歡**做什麼」。我希望自己喜歡做的事、感興趣的東西及職業何其多。但我希望自己無論怎樣都沒差。我就是我。

我把這個「快樂生活提案的遺憾」貼上部落格，得到的回應讓我很驚訝。我本來以為，自己的感傷不會得到什麼共鳴，結果卻有不少讀者回應。

> 這篇貼文讓我深有同感。因為我最近也正好有同樣的想法。
>
> 我正在經歷一段重大的轉變期，一如往常，這些變化促使我思考。然後我明白，我永遠也不可能成為太空人。我永遠也不會知道成為另外一個人、過著另一種人

生是什麼滋味。就像你說的，世界那麼大，而我很好奇自己是不是錯過很多。我永遠也不會成為一級方程式賽車手。我永遠也不會成為超級名模。我永遠不會知道在戰場上打仗的滋味。我永遠不會成為遊輪上的舞者，或是拉斯維加斯的發牌莊家。不是因為這些目標不可能達成，而是因為我不會跳舞（我試過）。我受不了重力造成的力量（我連搭雲霄飛車都沒辦法）。我不夠高，也不夠漂亮。我討厭物理學和數學，所以我不可能成為太空人。

其實這跟我能不能做到，關係不大；問題在於我是否真的想要做這些事。或者我是否夠投入，朝這個方向努力。

我永遠也無法成為別人。

。

我花了好幾十年，才接受我的頭髮做不出我想要的髮型。

。

我不記得確切的日期了，但這件事我記憶猶新：

有一天——當時我大概三十四歲——我恍然大悟：我可以做**任何**我想做的，但我不能做**所有**我想做的。

人生從此改變了。

我想我們大部分的人都有同感。我是個大學生，主修英文，同時想搞清該走哪條路。我主修英文是因為我喜歡看書，只要是跟書有關的事我都可以做，但我還沒決定。我幾乎每天都在為自己的種種局限傷感（我大概永遠不會踏入任何夜店），但我所熱愛的事物卻又帶給我好多喜悅。我追隨你的腳步，而我的守則之一就是「做自己」。我寧可把每晚都花在讀一本很棒的書上頭，而不是去夜店跳舞；我喜歡童書，每次去圖書館都要借個二三十本。我想，如果我們了解自己是什麼樣的人，而且忠於自己，就可以讓這個世界更美好。

我還記得滿二十五歲時，我知道自己再也不可能拿到羅德獎學金了。事實上，我從沒想過要拿、也從沒申請過，甚至不曾仔細研究過，但這不是重點。重點是我少了一個選擇了。現在我眼看著自己可能沒有生小孩的機會了。以前我老覺得，等我遇到未來的丈夫，我就會考慮並且決定。但現在我還沒遇到（搞不好這個人根本不存在！），而我的卵巢卻沒法等下去了。身為人類就是如此，不是嗎？在我們居住的這個世界更是如此——我們看到其他人所做的、所擁有的、所成就的太多了……但也有很多人遠不如我們——畢竟，我們是富有、得天獨厚的西方人。一旦我開始拿我的物質環境來跟這些人相比，我就會清醒過來。

看到那些比我年輕十歲的人在大企業裡賺六位數字的收入，我總會想：「真希望我也會想做那樣的工作。」但我骨子裡是藝術家，我賺錢的方式截然不同。我為此奮戰了好多年，始終都不快樂。現在我走在藝術的路途上，破產了，幾乎每天都要為錢煩心，卻快樂極了（只不過有時候會希望自己能隨波逐流，不要讓自己的人生那麼辛苦）。

一點也沒錯……我有時的確會想到這些事情，尤其是年紀漸長。有些事情再也不能重來，有些事情永遠也不會發生。有時候我的確會有點難過。我只能擁抱這一切。

你說的這些，跟我情況很像，儘管我不想承認。我很想當一個很酷、很隨和的人，跟每個人都處得很好，但在內心深處，我其實不是如此。我在陌生的環境裡總覺得不自在，我很容易緊張不安，而且我很慢熟。我希望自己有所不同，而且善於掩飾，但要否認自己害羞的本性卻又很難。同樣的，有時我也希望我丈夫會改變，然後我必須提醒自己，這並不公平，也不實際。再說我愛他，就是愛他這個樣子。

以前我不懂得分辨「有時候我但願自己是什麼樣子」和「我其實想變成什麼樣子」兩者有何不

同，因而失去了一段友誼。我一向羨慕那種會玩、會打扮、暢飲調酒、討論時尚的女人。總之，我有個朋友後來真的變成那樣，然後她就對我再也沒有興趣了，因為我不是同路人。我到今天還很納悶，友誼破裂我是否也有點責任，因為我以前大概誤導她了，讓她以為我很願意朝那個方向改變。

但事實上……跟出門比較起來，我會寧可待在家裡。我是個很戀家的人，而且說實話，我不喜歡人擠人，不喜歡酒吧，也不喜歡花時間打扮這類事情。感謝你這篇貼文……讓我明白或許我可以開始學著釋然，我就是這樣的我。

。

啊，永遠在抗拒與接受之間拔河。我從來沒搞清楚過，只能說這似乎是一種對立面的必要平衡。而且沒錯，這很悲哀，我總是成天奔波，想實現我的夢想／欲望清單上的所有事項，我就是無法接受自己，不肯安於當這樣的我。我一直在鞭策自己，如果我不這麼做，我可能就會對自己不滿、對我的人生不滿。我想總有一天，我得在追求目標之餘，也能接受自己。

。

我一直想創業，把「成為一個企業家」當成目標。然而，每當我試著做些我認為企業家「應該」做的事情時，其實都不快樂。我會讀某些雜誌，或做些不一樣的事情，但從來沒擬過任何創業計畫，只是去做些聽起來有趣、吸引人，或者「感覺」對的事情。後來我發現自己還是想開科技公司，但不是我原本以為的那種，而是完全不同的，我覺得每個步驟都好棒。回首以往，我原先以為「應該」做的事情，其實只是讓我離目標愈來愈遠而已（還浪費了我大把時間）。另外你也提到，很遺憾自己無緣領略某些事物，你認為這些事物一定有某種美好之處，只是你看不出來。這點我也明白，但或許你不該把心思放在這類事物上頭，而是該去看看你現在覺得美好的事物，並且看得更認真、更仔細。萬事萬物都有美好之處，只是某些事物特別吸引我們而已。

。

我們的人生在以下兩者之間擺盪：一種是以撒．柏林（Isaiah Berlin）的「我們注定要選擇，每一個選擇都可能要承擔無法彌補的損失」；另一種是波赫士（Jorge Luis Borges）在〈歧路花園〉（The Garden of Forking Paths）中提到的，每一種選擇都會衍生出數量龐大的未來可能。大部分時候，我是柏林所說的那種人，難以看透那些無法彌補的損失。

看到這些回應，讓我感覺很安慰。我明白，就像我一月時清除掉自己的懷舊式凌亂和渴望式凌亂後，也同時清出了更多空間，可以收納更多我眼前使用的東西。我原本希望自己能對許多事物覺得有趣，但放棄這些奇想後，讓我有更多餘裕，去做我確實覺得好玩的事情。如果我真正想要的，是在家裡剪貼我的手工書，又何必去在乎爵士酒吧呢？做自己就是了。

仔細想想：你有那麼趕時間嗎？

每當我一心想著工作，就會變得比平常缺乏幽默感。我的決心事項都以控制脾氣為目的，但這樣還不夠，光是不嘮叨、不吼人，並不能製造出快樂氣氛，而是要加上玩笑、遊戲，以及愚蠢耍笨的行為。

有一天，我正想催促大家盡快把剛買來的雜貨收好，詹米卻拿了三顆柳橙開始拋接，炫耀起他的雜耍技巧。伊萊莎和艾麗諾看了很樂，我卻氣炸了。

「拜託，各位！」我斥責道：「趕緊把自己該做的事情做好。詹米，把那些柳橙收好，再去拿另一袋。」

但說實話，我們完全沒有趕時間的必要——我後來才想到，我應該享受那一刻，讓整理雜貨的過程變得好玩的。我是那麼掃興的人嗎？後來有一回，換成我拿出兩顆小橘子湊在臉上，裝成是凸出的眼睛，朝艾麗諾和伊萊莎看。她們開心得尖叫，詹米也大笑，最後雜貨也都收好了。

研究顯示，在一種所謂「情緒感染」的現象中，我們會有意無意地感受到他人的情緒——不論是好情緒或壞情緒。花時間耍笨，能讓彼此鼓舞，而且樂於耍笨的人，快樂的機率要比別人高出三分之一。

於是，我開始在日常生活中尋找機會，看出事物荒謬的一面，並在伊萊莎和艾麗諾的遊戲中適時搞笑。當艾麗諾想玩「艾麗諾在哪裡？」第一百萬遍時，我不會不耐煩，而是試著跟她一樣樂在其中。

有時候，脫離一下日常的生活軌道

著名的時尚編輯戴安娜．芙里蘭（Diana Vreeland）曾說：「眼睛一定要旅行。」我最欣賞我媽的一點，就是她的冒險精神——她總是渴望去新的地方、體驗新的事物；她不怕新的環境；她常常因為對某件事情有興趣，就發展出某些領域的小小專長或知識。

我希望自己這一點能像她，我立下要「脫離日常生活軌道」的決心，逼自己去面對意想不到的想法、不熟悉的場景、新的面孔、非常規的搭配——這些都是創意與快樂的關鍵來源。我不要老想著要更有效率，我要花時間去探索、實驗、離題，去從事一些看起來不見得有成效的失敗嘗試。只是，該怎麼做呢？

除了那些我很有興趣、後來也成為我寫作題材的事情之外，很多事情往往都被我擱到一旁，我只專注在「正事」上。比方說，我在進行我的快樂生活提案，我就會去閱讀跟快樂有關的書，其他不相干的書一概視而不見。從現在開始，我要激勵自己去探索那些過去被我忽視的領域。

問題來了：我發現自己太努力忽視這些興趣，以至於居然一時想不出任何主題。我開始記錄一個「興趣日誌」，看看通常能吸引我注意力的主題是什麼，當我特別好奇地閱讀一篇報紙文章、在書店裡停下來翻一本書，或者跟人談話時突然顯得特別投入時，我就把相關的主題記錄在日誌裡。

一個大雜燴逐漸成形：聖女小德蘭、過胖、認知偏差、高登（Francis Galton）、器官捐贈、北美原住民在獸皮上繪製的「年曆圖」（winter counts）、柯內爾（Joseph Cornell）、傳記、人與物品的關係、兒童發展、攝影、禪宗公案、各種性格分析、資訊的呈現方法、書籍設計、美國插畫黃金時代的藝術家。很快地，我就對自己的「興趣日誌」失去了興趣，但這倒也逼我去找書，進一步了解那些引起我注意的東西，我看了亞歷山大（Christopher Alexander）的《建築模式語言》（*A Pattern Language*）、塔夫特（Edward Tufte）的《量化資訊的視覺呈現》（*The Visual Display of Quantitative Information*）、歐威爾（George Orwell）的散文全集、麥克勞德（Scott McCloud）的《認識漫畫》（*Understanding Comics*）、芙蘭納瑞・歐康諾（Flannery O'Connor）的書信集、托爾斯泰的幾本傳記，還有《清秀佳人》作者蒙哥馬利（L. M. Montgomery）的每一本書。

英國詩人阿諾德（Matthew Arnold）曾寫道：「對智者而言，所有的知識都很有趣。」我常在想，如果我多花點時間了解中東的政治情勢、蘇利文（Louis Sullivan）的建築，或是大法官約翰・馬歇爾（John Marshall）留給世人的遺產，我會發現這些主題有趣嗎？大概吧，但我又想——嗯，我也很希望自己更喜歡巴赫的音樂，如果我肯嘗試的話，甚至可能會更喜歡。但我不想硬逼自己去喜歡某件事物，我想把時間用在我本來就很喜歡的事物上。

閉上眼睛，隨便挑一本雜誌來讀

除了追蹤這些雜七雜八的興趣之外，我也尋找其他「脫離日常軌道」的方式。我會去瀏覽一下我平常不看的報紙版面。經過商店時，我會規定自己要看看櫥窗，而不是漫不經心地經過。我開始隨身帶著相機，好讓自己的目光更敏銳。

五月的每個星期一，我各買了一本我平常絕對不會買的雜誌。第一個星期一，我在健身房附近，走進一家我經過無數次的雜誌店，發現了一個雜誌的金礦，這裡從地板到天花板的架上陳列著一排排雜誌，還有更多呈扇形排列，堆在地板上。我分成三次，每次都走進一個我不熟悉的主題區，閉上眼睛，隨意抽出一本雜誌。只要這三本都不是色情雜誌，我就會去買單。最後，我買了《馬族》（*Equus*，這期是「健康的馬」特輯）、《紙藝美食家》（*Paper Crafts Gourmet*，該刊的廣告詞是：「食物、卡片及其他的簡單點子！」），以及《新鮮觀點》（*Fresh Outlook*，廣告詞是：「絕佳的基督教刊物：心靈、身體、生活、家庭、事業。」）

那天晚上，我逐頁閱讀那些雜誌。我從不知道，帶著一匹病馬到獸醫院是多麻煩的事，也不曉得怎麼照顧馬蹄；我從沒想過馬身上的寄生蟲，奇怪又迷人的一生。不過我一直很困惑，為何一家位於曼哈頓中城的雜誌店，會有一堆以馬主人為銷售對象的雜誌。

《紙藝美食家》裡有一則「仿雞尾酒派對」（Mocktail Party）的邀請函範例，其中的文字激起了我的好奇心——「慶祝我們的十三週年紀念會，請來與我們共享晚餐和加勒比海風味的仿雞尾酒。」當然，我明白，有些人是不喝酒的。難道，在一個大部分人都不喝酒的社交場合中——比方說嚴守教規的摩門教徒——主人就會準備「仿雞尾酒」？

在《新鮮觀點》中，一段聖經引文引起我的注意。那一整天，我被一個朋友的事搞得很煩。我真的很想批判那個人。我知道如果我真的做了，事後一定會懊悔，但我又實在很想找個可以引起共鳴的人，傾訴我的惱怒。我隨手翻到這本雜誌的某一頁，字很少，因此這幾個字就像鮮明的浮雕般醒目：「火缺了柴，就必熄滅。無人傳舌，爭競便止息。」〈箴言〉第二十六章第二十節。我懂了。

我不得不承認，其實我每個星期一，都很怕去看那些不熟悉的雜誌。感覺上好像是個苦差事，而且浪費時間，一點也不好玩。但每個星期，我都很高興自己做到了。我總是能找到一些有用的、刺激的，或好玩的東西。這是一種沒痛苦（只是有點貴）的方式，讓我的腦袋得到一些意想不到的新點子。

我還想過要每天晚上讀一首詩，但從來沒能開始。我確信這是值得嘗試的事，但感覺上似乎太麻煩了。如果我有機會展開「快樂生活提案續集」，或許我會去做。

想像一下你是收藏家，問問自己想收藏什麼東西？

我一直很希望，自己能擁有一些收藏品。除了八歲時收藏的一批小玩具，我從來沒收藏過什麼東西。收藏能提供一個任務、一個拜訪新地方的理由、一種追逐的刺激感、一門專業知識（不論有多麼瑣碎）的領域，而且往往還能提供一種與他人的連結。感覺上似乎很好玩。

收藏人士分為兩種。第一種，是要收藏全套的——郵票、錢幣，或芭比娃娃——全面性又有條理。第二種，是純粹出於渴望、出於對物品的迷戀而收藏。我母親就是第二種，她對各種物品和材質有廣博的知識和熱情；她花了很多時間造訪各地的博物館，還穿梭在各種商店之間。她的收藏包括日本插花用的竹籃、格紋藤器、皇家拜羅伊特廠（Royal Bayreuth）出產的瓷番茄，還有精采的聖誕老人收藏，給她帶來了很大的樂趣。

我想開始收藏——但是，該收藏什麼？我沒有足夠的熱情，不該收藏昂貴的東西，但我也不想收藏垃圾。

最後，我決定收藏青鳥，因為青鳥是快樂的象徵。據我所知，這個象徵是源自於比利時作家梅特林克（Maurice Maeterlinck）的劇作《青鳥》（*The Blue Bird*）。一名仙子告訴兩個小孩：「青鳥代表快樂。」然後命令他們出發去找到青鳥，以治癒她生病的女兒。歷經許多冒險之後，兩個小孩任務失敗後回到家，卻發現青鳥正在家裡等著他們。「那就是我們一直在尋找的青鳥！我們走過千山萬水，牠卻一直在家裡等著我們！」當然，這個故事的寓意很清楚，也很適合我的快樂生活提案。

為了要實現我的決心事項，有天下午，我走進附近一個商品種類出奇豐富的五金店。這家店麻雀雖小，五臟俱全，從燈泡到木片拼圖到真空吸塵器到花稍的蠟燭，什麼都有。其中，一整排雕刻得栩栩如生的「微風歌手」鳥吸引了我的目光。這些鳥身上裝了感應器，只要有人經過，就會開始擺動並啁啾唱起歌來。換了平常，我不會動念要買，但這回我發現其中有一隻是青鳥。我呆呆站在那兒，心想可以買來當成收藏。所以我買了。

又有一天，我跟朋友去逛花市。我們四處閒逛，看著那些真花假花，還有各種迷人的便宜裝飾品。我被一袋袋小小的塑膠娃娃、假的百日草花朵、綴滿金色亮片的蝴蝶吸引住了，我的朋友也一樣。

「嘿，」我問：「你想這種地方有賣跟青鳥有關的東西嗎？」收藏會讓人把一趟漫無目標的遊逛，轉變為一種追尋。

「當然有啊，」她說。「轉角就有一家賣假鳥的店。」她怎麼會知道，我不得而知，最後我用兩塊七毛一，買了一隻幾可亂真的假青鳥。

換成是一年前，我才不會買這種東西。我不想讓一堆青鳥搞得我工作室亂糟糟的。但我現在的想法改變了，我明白了「花時間去玩」的價值所在，同樣的道理，我也明白保留一點凌亂的優點。

為自己的家，留一點混亂

原本，我不斷地清除公寓裡頭多餘的東西，後來有個朋友跟我說：「記得留下一點混亂。」

「真的嗎？」我驚訝地問。「為什麼？」

「每個家都需要幾個垃圾抽屜，好讓你在裡頭發現一些意想不到的東西。在某個地方保留一點混亂是好事，裡頭有些沒什麼用的東西，但你想留著。很難說什麼時候會用上，但知道自己有這些東西，感覺就是很好。」

我一聽，就知道她說得沒錯。有些地方我需要一個空架子，有些地方我需要一個垃圾抽屜。或許我的青鳥的確造成了一些凌亂——但是沒關係。我希望我的工作室和家裡都有一些好玩但未必有用的東西。

我用鐵絲把買來的青鳥固定在書桌旁的立燈上，很高興自己脫離了日常的軌道。這樣真好玩。不只如此，在這種樂趣的鼓舞下，我還坐下來處理一件我已經拖延許久的事情：搞清楚如何把圖片貼上部落格。所以儘管我覺得自己好像在浪費時間，其實我卻頗有工作成效。

上回幫伊萊莎做那頂拼綴帽的經驗，讓我想到另一種收藏。我決定做一個「快樂箱」，收集各式各樣可以引發快樂念頭和記憶的小玩意兒。

我有個正好適合的箱子——這個箱子我很喜歡，卻從來找不到適當的用途。箱子很舊，是我大學室友送的，蓋子上有兩塊彩繪玫瑰的嵌板，還有兩塊朦朧的鏡子。沒能好好利用它，本來讓我很不安，但現在它有特殊用途了。我在裡頭放了本舊舊小小的史奴比便條紙，這讓我想起我妹妹小時候。我又從祖母收藏的茶杯中，挑出一個袖珍瓷杯放進去。我還在裡頭放了一個《綠野仙蹤》主角桃樂絲的小雕像，讓我想到堪薩斯州的家鄉，還有伊萊莎以前很喜歡的紅寶石鞋。（「這雙紅寶石鞋永遠可以帶你回到堪薩斯，」她會喃喃念著《綠野仙蹤》裡的經典台詞。「只要鞋跟互敲三次，桃樂絲，兩秒鐘內你就會回到家了。」）我放進我最後一副厚如可樂瓶底的眼鏡，那是超薄鏡片問世前的產品，看起來很可笑，現在我不必戴這種眼鏡了。還有一片「小紅帽」娃娃的紅布，讓我想起我念這個故事給艾麗諾聽的時光。一個用樂高積木拼成的圓錐狀小樹，代表我童年的那些聖誕樹。我還放進了一張紐約公立圖書館的書籤，讓我想到我最喜歡的紐約市立機構。外加一個老舊的骰子，代表機會。另外我也放了一張迷你小卡片，上頭是一隻青鳥。

「快樂箱」就像那些玩具罐一樣好用。我有很多散置在各個角落的小東西，因為情感因素而捨不得丟。這些東西散置在各處很凌亂，但成為一組收藏，卻讓我滿意極了。

我詢問部落格讀者，大家平常有什麼收藏？覺得收藏好玩嗎？他們說：

> 我的收藏帶給我很大的快樂。每逢週末或出門旅遊時，我就有藉口去小商店、跳蚤市場尋寶。如果我沒在找東西，就不會那麼有趣了。我收集玻璃的雪花水晶球、膠木首飾、地球儀燈，還

有古董女童軍用品。這些收藏會讓我回想起以往的旅遊以及和朋友度過的美好時光，同時我的公寓看起來就像「我」，而且（我認為）很有風格，卻不用花太多錢。

我喜歡收集宗教藝術古文物。

沒錯，我有一些收藏……古董蛋糕裝飾人偶、心形手帕、古董青鳥玩意兒……。我以前收藏心形物品，但後來每個人都送我各種心形物品當禮物，讓我覺得好像有義務要拿出來展示。這麼一來，就再也不好玩了！

現在覺得好玩的東西，以後可能會變，我覺得明白這一點很重要。我已經清理掉我大部分的娃娃收藏，因為我再也不覺得好玩了。我媽說：「留給你女兒嘛！」但我很確定她自己收藏娃娃會比繼承三、四十個對她沒有意義的娃娃要有趣得多。我只打算留下幾個就好。

說到收藏，在屋裡陳列太多東西會讓我覺得透不過氣來。我樂見其他人利用假日布置家裡，但對我來說，這種事太像是日常雜務——不好玩。我們通常都只會為聖誕節做些簡單、有意義的裝飾，如此而已。

談到收藏的概念，我很確定其他人會覺得好玩，但我就是不想儲存、清理、維修更多的東西。我寧可把時間用來看書、裝飾家裡，或試試新食譜。

開始了兩項收藏後，我承認——我其實沒有收藏家的個性。或許有一天，我會發展出對某種東西的興趣，強烈到讓我覺得開始收藏會很有趣——但反正眼前我還沒發現。到頭來，我原先的想法還真的一點也沒錯：只因為**別人**覺得某件事物好玩，未必會讓**我**覺得好玩。

本月心得：我的「好玩」有三種，你呢？

到了五月底，我明白了「好玩」，其實有三種類型：挑戰型好玩、還就型好玩，還有放鬆型好玩。

挑戰型好玩是回饋最大的，但也是要求最高的。這種好玩，可能會製造出困惑、焦慮，還有辛勤的工作。這些樂趣往往要額外做很多雜事，要花時間和精力。但到最後，卻是最令人滿足的快樂。

通常比較不那麼有挑戰性，但還是需要一些努力的，就是**遷就型好玩**。全家人到遊樂場，就是其中一種。沒錯，是很好玩，但我之所以會去純粹是因為我的小孩想去。記得脫口秀喜劇明星賽菲爾德（Jerry Seinfeld）曾說過：「沒有『全家同樂』這回事。」全家人假日一起去吃晚餐，甚至跟朋友一起去吃晚餐、看電影，都需要種種遷就。這種樂趣可以加強感情、增添記憶，的確好玩，但也必須付出許多努力、規畫和協調，當然，還有遷就。

放鬆型好玩就容易多了，不需要熟練的技巧或採取行動。我不太需要跟其他人協調，也不太需要準備。看電視——全世界消耗時間僅次於睡覺和工作的活動——就是放鬆型好玩。

研究顯示，長期而言，挑戰型和遷就型的好玩會帶來比較多的快樂，因為這些樂趣中包含了最能讓人快樂的因子：強有力的人際聯繫、控制權、成長的氣氛。放鬆型好玩則是在設計上就傾向於被動。既然放鬆型是其中樂趣最少的，為什麼大家這麼愛看電視？因為儘管我們從挑戰型和遷就型中得到了很多樂趣，但我們同時也必須**投入**更多。這類好玩的事，需要事先思索，也要花精力。

我這個月有點掙扎。因為我本來預期，這個月的任務會很好玩——認真去玩、偏離日常軌道、開始一項收藏。結果，好玩是好玩，但還是得逼迫自己才能做到。我有點氣餒地明白，原來，我的日常習慣那麼根深柢固，原來我那麼沒興趣去嘗試新事物，而且，原來我那麼不情願放下自己訂好的閱讀和寫作進度。我真的是個無趣的習慣性動物嗎？

我念頭一轉——且慢。新事物帶來刺激，而且不時去做些不同的事情，顯然對我有好處。再說，我這些努力還有個預期之外的好處，那就是讓我明白自己有多麼喜愛自己的日常習慣和去處。每天在同一個時間、做同樣的事情，而且樂在其中，這種快樂也是不該忽略的。就像安迪．沃荷

（Andy Warhol）所說的：「要嘛就是**只做一次**，要嘛就是**天天都做**。假如某件事你只做一次，很好玩；如果你每天都做，也很好玩。但如果你只做兩三次，那就不好玩了。」我喜歡走進附近那家圖書館的大門，離我們家只有一個街區，我大部分的寫作都在那裡完成；我也喜歡常去的那三家咖啡店，喜歡在我那疊高高的快樂相關書籍上再加上一本；我喜歡我的工作日。對我來說，這就是好玩。

致力於玩樂的這個月結束後，我再度發現自己的幸運。我追求快樂的一路上，並沒有碰到太大的障礙。我快樂生活提案的其中一個主要目的，就是為逆境做準備，養成日後面對困境時的自律和習慣。

但是，當我把文章貼上部落格時，我其實很擔心，那些正在面對重大生命考驗——例如罹患重症、失業、離婚、有藥癮、憂鬱症——的人，可能會反感。他們會不會想：「你人生一切都如意，有必要這樣曬幸福嗎？」於是我貼了幾個問題，請讀者談談他們的看法。

你在什麼時候會想到快樂，並採取行動去增進快樂？是在人生一切順遂時，還是在遇上大難時？如果你正面臨一場驟變，去思考採取尋常的小步驟來增加快樂（比如跟朋友吃頓午餐、早上把床鋪好、出門快走一陣子），會有幫助嗎？或者這些努力在你所面對的大變動之下，都顯得太微不足道了？

我希望這個快樂生活提案（書和部落格）所提出的想法，可以幫大家試著在日常生活中過得更快樂，同時也能讓那些正面臨人生重大挑戰的人，過得更快樂些。你認為採行這些快樂的策略，對增進快樂真的有幫助嗎？

很多讀者回應了。他們似乎認為，無論是在日常生活中，或是遭逢困境時，展開追求快樂的行動，都是值得努力的。

我想，能夠在快樂的當下體會到這種可貴，是非常重要的。身為一個長年在疼痛中掙扎的人，如果我能出門跟朋友吃頓午餐，或者在期限內把事情做完，或者留意到陽光，我覺得這就是美好的一天了。能夠注意到快樂時光，讓我在疼痛折磨時不至於崩潰。

。

我想我們往往不了解什麼是快樂，直到被迫經歷逆境，才會明白。我去年離婚了。我和小孩心中都極度憤怒又悲傷。我的一個小孩在學校兩學期都不及格，最後開始接受憂鬱症的心理諮商；另一個則是因為喝酒問題出了兩次事。我們處理事情的方法截然不同：我努力找出正面的方法來處理我的憤怒和悲傷，而不光是麻醉痛苦……一切都在於活在當下，感激最微小的事情。周遭的事物充滿了啟發，讓那些想掌控你心智的執迷隨風而去。這麼做並不容易，有時天天都得奮鬥掙扎，但我明白快樂始於我自己的態度，以及我怎麼看待這個世界……

我想逆境會放大一個人的行為。你有成為控制狂的傾向？逆境時，你就會變得更霸道。你會大吃以尋求撫慰？逆境時，你會吃得更多。反之，如果你習慣正面思考，如果你傾向尋找解答、慶祝小小的成功，那麼你逆境時也會如此，到最後，你的成功也會同樣回應你。

大約四年前，我展開自己的一個小小的快樂生活提案，這是不得不、沒得選擇的出路。當時結縭三十年的丈夫過世了，我發現如果我不採取行動，努力去找出快樂的方法，就永遠不可能快樂了。現在這個時代，每個人多多少少都會思考快樂這事，以及如何得到快樂。但活到現在，我才發現連快樂是什麼都不太確定。

我想，一場撼動人生的驟變，足以讓你對快樂有透徹的了解，那是其他方法無法辦到的。但在此之前，如果你愈能了解快樂的真義，日後就愈能處理好任何遭逢的驟變。你要想盡辦法了解快樂，現在就開始。

過去幾年我的日子並不好過，就像沙漠裡的人渴求水般地渴望快樂。我刻意尋找各種可以振作心情的小事情，只要能幫我度過難關的都行。其中一件事就是開部落格。我每天練瑜珈、冥想，帶給我很大的平靜。我種菜、照顧家人和寵物、烹飪、尋找我愛讀的書。我做藝術品，也寫日記。天氣好時，我會想「太棒了」，這是出門的好日子。天氣不好時，我會想「太棒了」，這是待在家裡的好日子。一切取決於你的態度。我選擇要快樂，不管我的人生正歷經什麼樣的戲劇化事件。

我結婚很久了，那些年我的人生都繞著丈夫打轉。長話短說，他拋棄了我，大概是因為一切都太無聊了，不曉得。我有好幾年都陷在憂鬱症裡。為什麼？我沒有自己的生活，我根本一點都不了解自己是個什麼樣的人、想要些什麼。多年的婚姻生活中，我真的從沒想到自己必須擁有一小塊空間，做些自己的事情。但那是在大難發生之前，以後絕對不會了！否則就太遲了。我本來一直在等死，但我沒死，上帝對我還有別的計畫。現在我明白了，道理就跟存錢一樣，當你被解雇或失業時，根本無法存錢；你必須趁自己有工作、有進帳時存錢。人生也是如此，你必須及時去做，趁眼前還能思考時，想想自己想要什麼、喜歡什麼、還需要些什麼、要如何改善你的生活、如何幫助自己撐下去。這樣一來，當艱難時期來到時，你就有存款可用了。

對我而言，一帆風順或快樂時，我不太會想到快樂這事。只有當我開始變得不快樂或抑鬱時，我才會比較注意到快樂，同時設法想出一些讓自己更快樂的辦法。

過去四年，我經歷過兩次嚴重的憂鬱症發作，也正因為有這樣的經驗，我一向很留意各種警訊，也會設法在惡化前遏止。我發現保持忙碌很有幫助，尤其是忙著見其他人。這也許很難，因為有時候你最不想做的事，就是去跟別人碰面，或者去做**任何事**。但如果你能設法逼自己，你往往就能樂在其中，覺得好過多了。另一個方法對我絕對有用，不過做起來可能不容易，那就是開始留意自己內心的獨白，如果那些獨白變得太負面，就去跟它爭辯。每當心情低落時，我就會開始覺得自己好沒用、好可悲、誰都不可能喜歡我等等。我發現堅決打斷這些思緒、逼自己朝正面想，或者做些事情不讓自己胡思亂想，比方看書或看電影，的確有助於避免心情向下沉淪。（我承認，在心裡跟自己的思緒爭辯似乎很蠢，但真的有幫助！）

。

當你心中有創傷時，往往會忘記世上有歡樂的存在。當你面對巨變時，會覺得歡樂好空泛、好不可置信。但快樂……快樂就比較容易些了。即便悲傷時，我們也可能無意間笑了起來，即使只有那麼幾秒鐘。這一笑，會讓你有了生存下去的意願，希望從而分枝散葉。快樂，並相信自己做得到，是活下去的基本條件。身為一個致命創傷的倖存者，就是快樂的小小想法驅策我邁向歡樂這個更大的門檻，最後讓我擺脫了創傷後壓力症候群。現在我活得好好的，每天都很快樂，而且始終為歡樂時刻而努力。我做得到！而你的計畫——或任何人的快樂生活提案——可以成為漫漫復原長路的起點。

。

我想你可以「儲存」快樂——也就是了解你自己，知道一帆風順時讓你快樂的是什麼；一旦風暴襲來、大浪湧起，你還保有快樂時光的回憶。重要的是，要闖過風浪，航向你的快樂目標。也許道路彎折崎嶇，但終究會到達目的地。

看著這些回應讓我更相信：快樂，不光是生活順遂時，或處於逆境時才需要思考的。就像約翰生博士所說的：「智者的職責，就是快樂。」無論處於什麼樣的人生境況，都要快樂。

6月

放過別人，饒了自己

記住朋友的生日
對人慷慨
要露面
不要說人閒話
交三個新朋友

我得到一個很明顯的結論：從當代科學家到古代哲學家，大家都一致同意：強而有力的社交連結，最能增進快樂。

正向心理學超級明星迪內爾和塞利格曼曾引用一些研究結果，說明「在二十四種性格優點中，最能確保生活滿意度的，就是人際關係的那類」。伊比鳩魯也同意這點，不過他說得更詩意些：「與快樂有關的智慧中，最重要的莫過於**擁有友誼**。」

你需要親密的長期關係，需要向別人傾吐心事，需要有所歸屬。研究顯示，如果你有至少五個可以談重要事情的朋友，你就很可能認為自己「非常快樂」。有研究者發現，過去二十年來，美國人認定是「知交」的平均數字下降了，或許是因為人們更常搬家，工作時數更長，比較沒有時間去經營友誼（但好的一面是，家庭的關係更緊密了）。一般人碰到中年危機時，最常見的抱怨，就是缺少真正的朋友。

無論做什麼事，有個伴，感覺通常會比較好。一份研究顯示，無論你是運動、通勤或做家事，有個伴都會比較好玩。不只外向的人如此，內向的人也一樣。在十五種日常活動中，研究者發現只有一種活動是獨自去做會比較快樂的，那就是祈禱。但在我看來，那根本不是例外。祈禱本來就不是自言自語，而是有對象的。

研究還顯示，擁有堅固的人際關係，不但會讓日子更充滿歡樂，也能讓人更長壽（不可思議的是，效果比戒菸還好）、提高免疫力、減低憂鬱症的危險。要遠離孤單，你至少需要有個關係親密到能讓你傾吐心事的對象（不只是聊運動、流行文化、政治等不涉及私人話題的哥兒們）；另外，你還需要一個人際關係網絡，有助於提供認同感和自我價值，也能彼此扶持。

在這個月，我要把經營人際關係的焦點，擺在強化舊友誼、深耕現有友誼，以及結交新朋友。

除了上臉書祝賀生日，別忘了打通電話問好

所有快樂專家都強調強化友誼的重要性，但，到底該怎麼做？

至少，你可以從記得朋友的生日開始。

我向來很不會記朋友的生日——說得更精確一點，我從來就不記得任何朋友的生日（唯一例外的一個朋友，生日剛好晚我一天）。寄生日電子郵件給朋友，可以確保我跟朋友一年至少聯繫一

次。聽起來少得可憐，但就很多狀況而言，這卻是一大改善。

我很多朋友都在臉書上載明生日，但也有很多朋友沒玩臉書，所以我得寄出一堆電子郵件，一一詢問他們的生日。同時，我也決定整理我的通訊錄，把所有資訊輸入電腦。幾年來，我都是在萬用手冊的通訊錄上增刪各種資料，現在已經塗改得難以辨認，而且只有這麼一份，實在很不保險。

我開始收到電子郵件的回信時，也找到了一個網站 HappyBirthday.com，會提醒你特定的日期。我開始把朋友的生日一一輸入網頁，並把地址資料另存一個 Word 檔，過程漫長而乏味，但就像很多快樂理論說的，完成這件任務，讓我精神大振又深感滿足。把通訊錄數位化，不會讓我覺得跟任何人更親近，但我想以後應該會，因為，至少現在有了一份清晰易讀、完整的資料，要跟其他人保持聯繫也容易多了。

我把寄生日電子郵件的決定告訴一個朋友，他說：「你應該打電話呀！電話效果比較好。」同樣的道理，一旦我開始寄出祝賀生日的電子郵件，如果對方是失聯多年的朋友，我覺得應該要寫封長信才對。然後我想起伏爾泰的名言：「至善者，善之敵。」不要因為追求完美，而寧可放棄不做。

事實上，我不喜歡用電話祝賀生日快樂，也知道自己一定不會打。或許我應該打，但我就是做不來。但我會寄電子郵件，而且我決定只要三言兩語就好。重要的是保持聯繫——如果我把這個任務搞得太繁重，可能就很難長期維持下去。

我只利用 HappyBirthday.com 記錄親友生日，但有個朋友告訴我，他還會加上孩子們成長過程的重要日子。「這樣可以提醒我孩子第一次講話、學會揮手再見之類的日期。當我出門工作時，想到這些就會覺得很美好。」我覺得，這真是一個很快樂的好點子。

看著完成的通訊錄，我不禁難過地想起某些褪色的友誼。通訊錄上有些名字，曾經跟我很親密。特別是我高中時代的一個朋友，比我高一屆，她是迷人、愛搗蛋的學姊，我是崇拜她的乖乖牌書呆子學妹。

我們已經有超過十年沒來往，也不太清楚是怎麼失聯的。我的通訊錄上有她的名字，但沒有新的資料。我透過高中校友會，想查她的電話或 e-mail 地址，卻什麼也查不到。當然了，這就是她的作風。她的名字很普通，同名同姓的很多，所以很難透過網路搜尋。不過，我登錄完通訊錄後，卻碰上一個兩人都認識的同鄉老友，說她可能住在紐奧良。多了這個訊息，我終於找到她了。說來好笑，經過了這麼多年，我還記得她很自負的那個獨特的中間名，我在搜尋關鍵字加上了她中間名的縮寫字母。就這樣，我找到了當年的朋友。

我打電話到她公司。她聽到是我，很驚訝，但很開心。

那天晚上我們足足聊了兩個小時。聽到她的聲音，讓我回想起許多遺忘已久的往事；我腦中某些原已休眠的部分又重新活躍起來。

掛電話前，我想起來問她：「你的生日是哪一天？」這回，我再也不會失聯十年了。

說實話，我們不太可能再度成為密友了。一來我們居住的城市相隔太遠，二來真的是太久沒聯絡了。多年來，這段失聯友誼一直困擾著我，能跟她再講上話真是太好了。我也提醒自己，要記得說服她，到堪薩斯度假，跟我見見面。

慷慨，其實可以不用花錢

慷慨的行為可以強化人際關係，而且研究顯示，助人為快樂之本，幫助別人所帶來的快樂，往往比得到別人幫助所獲得的快樂多。

每當我回憶起自己曾經幫過的一個高中生，感覺就好棒。我們是透過「學生贊助人夥伴」（Student Sponsor Partners）組織的安排而認識，我是她的「贊助人」，當時她九年級，在申請入學時碰到困難。她焦慮得完全不知所措，一開始我也不曉得該怎麼幫她，四處打聽後，終於有朋友推薦我們去一個地方。

有天下午，我們一起走進了「新住民公寓學院中心」（New Settlement Apartments College Center），中心的牆上貼著各大學的海報，書架上塞著大學簡介及應考入門書籍，還有寫著「需要有人幫你寫自傳嗎？」的牌子，我們兩個人都鬆了口氣——找對地方了。她在指定時間內，完成了她的入學申請。

要把「對人慷慨」做得更好，就得探求慷慨的本質。送禮，是表現慷慨的一種方式，不過帶著一盒巧克力去參加朋友的晚宴，不是適合我的答案。我並不吝惜把錢花在朋友身上，但我不喜歡購物。我不想為自己製造出更多跑腿的工作。既然如此，在符合我本性的範圍內，我還可以做什麼大方的事情？答案是：我得經營「精神上的慷慨」。

我想到了幾種方式：「幫助他人**大格局思考**」、「把大夥揪在一起」、「用自己的方式付出」，還有「得饒人處且饒人」。

想出書嗎？來，我幫你！——如何幫助他人大格局思考

來自朋友的鼓勵和信賴，可以激勵你邁向一個更有企圖心的目標：「你該去做這件事」、「你應該自己創業」、「你應該出來競選」、「你可以申請獎學金」。

我有過一次幫助別人**大格局思考**的美好經驗。伊萊莎開始上幼稚園後，她以前的托兒所為所有已經「畢業」的小孩安排了一次校友會。趁那些小孩跟老同學玩在一起時，托兒所的主任南西和愛倫，帶著家長們討論剛進入幼稚園的過渡時期。一如往常，她們兩位深刻的洞察力對我們極有幫助。最後我要告辭時，忽然想到：「這兩位應該寫一本書。」我當下覺得這個主意太棒了，於是馬上就向她們建議。

「你知道嗎，我們是考慮過寫書，」愛倫說，「但從來沒認真過。」

那天晚上，我為這個寫書的計畫案興奮得睡不著覺。我跟這兩位女士並不熟，不確定該不該進

一步遊說。但另一方面，我相信她們可以寫出一本很棒的書。我想如果我不推她們一把，可能就會不了了之。於是，我問她們想不想跟我喝杯咖啡討論這件事。

我們碰面談了，她們也變得更積極。我居中牽線讓她們和我的經紀人聯繫，她們寫了一些書面計畫。很快的，她們就簽下出書合約，寫出書稿，現在南西和愛倫合著的《給家長的實用智慧：學齡前教養解謎》（*Practical Wisdom For Parents: Demystifying the Preschool Years*）已經出版了。在她們的成就中扮演了一個小小的角色，讓我快樂極了。

我不知道自己為什麼要花這麼長時間，才想通這個簡單的道理。六月的某天上午，我忽然想明白了：

讓**自己**快樂的最好方式之一，就是讓**其他人**快樂。
讓**其他人**快樂的最好方式之一，就是**你自己**要快樂。

這是個非常非常重要的領悟，容易懂，也很深刻，釐清了我心中許多混亂的想法，成了我的「第二條快樂真理」。

比方說，這種「利他論」和快樂之間，存在著什麼樣的關係？有人主張，因為做好事能帶來快樂，所以其實我們做任何事都不光是單純的利他行為，因為當我們為其他人的利益而採取行動時，同時也是為了取悅自己。

「第二條快樂真理」的前半段，給了我答案。沒錯，那又如何？這樣更好！快樂的感覺不會貶低善行的價值。事實上，看到有人做出慷慨或仁慈的事，總會讓我覺得快樂。**尤其**如果是**我**做的！看到別人的善行，會讓人見賢思齊——這是世上最微妙的一種愉悅感。如同法國女哲學家西蒙娜・薇爾（Simone Weil）的觀察：「想像中的惡是懸疑且多變的；真正的惡則是沉悶、單調、貧乏、無趣。想像中的善很無趣，但真正的善卻總是新鮮、不可思議、令人振奮的。」這是真理，無論行善的人是誰。

「第二條快樂真理」也讓我明白：追求快樂並不是自私之舉。畢竟，一開始我決心要讓自己更快樂，是因為我認真想過我所認識的人，他們更仁慈、更慷慨，也更有趣；我猜想，如果我比較不焦慮、煩躁、怨恨、憤怒的話，就比較容易有合宜的舉止。如果能讓自己快樂，我也會讓其他人快樂；反之亦然。「做好事，感覺好；感覺好，做好事。」

或者換個說法——很適合拿來當史奴比的海報標語——happiness 這個字的正中央，就是 i（我）。

不要光是吃吃吃，組個讀書會吧！——如何把大夥揪在一起

我的兒童文學讀書會和作家策略團，讓我證明了另一個慷慨的方式就是：把大夥揪在一起。研究顯示，經由與他人聯繫，不管是外向或內向的人，都能提振精神；同時，如果你讓大家能相聚，就能幫助彼此提供各種新的資訊及資源。

於是，我開始設法安排各種聚會。比如說，我協助籌組一個聯誼會，邀請跟我同一年在最高法院擔任法務助理的人參加（很多法官也會籌組自己助理的聯誼會，但顯然，我們這個團體是唯一邀請同一梯次所有法務助理參加的聯誼會）。我還參與發起一個支持紐約公共圖書館成立兒童閱覽室的團體；我安排朋友去相親，結果雙方一見鍾情；我幫忙籌辦了一次烤肉品嘗大會，邀集一群家鄉以烤肉聞名的朋友，準備他們最拿手的家鄉烤肉，讓大家評比哪個最美味。另外，我還介紹幾個搬到紐約州北部的朋友互相認識，後來他們成為室友。

在這些例子中，要促成大家相聚，我事先必須做足準備，比如查出大家的電子郵件信箱、協調出大家的時間等等。結果，每一次努力都很值得。

我希望能有更多點子，於是在部落格上徵詢大家的意見。許多人都跟我一樣，有過這種振奮人心的經驗。

> 每回教會舉辦聯誼活動，我都會幫忙籌畫，我們的規則就是：食物，食物，食物，食物。我發現準備很棒的小點心，是個成功關鍵。尤其是從沒吃過的食物，能夠讓大家打開話匣子聊自己的興趣。

。

我把大夥拉在一起的方式，是藉助大家感興趣的事物。我知道我對「串連」很有一套，我也把這種才能運用在人際關係上。對於他人的一些平凡瑣碎的資訊，我習慣性的收集儲存在腦子裡。萬一哪天有誰需要相關資訊時，我就能幫得上忙。諷刺的是，我完全不是那種社交花蝴蝶，但我似乎總有辦法在適當的時機，替不同的人牽線。

。

我發現只要在朋友聚會時，提醒大家「多帶一個朋友來」，就能見到幾個新面孔。多年不見的老朋友剛好碰到，也可以找來參加下次聚會，跟大家聊聊近況。

。

晚宴是我維繫交情的一種方式。它的規模通常很小，大約只有四到八人，這樣才能進行比較深入的對話。此外，我們也花了很多心思尋找有相同興趣的客人，好讓彼此有共同的話題（例如上回晚宴，我們就邀了幾對喜歡動物的夫妻，還有一回是喜歡出國旅遊的，其他還有喜歡編織的、哈利・波特迷、電影迷、愛喝茶的同好等）。

別光說不練，用行動幫助朋友解決問題吧！

正當我尋找著更多「對人慷慨」的方法時，突然想到，我應該試著應用我的第一條守則：做自己。

我不喜歡購物，那麼該如何展現慷慨呢？

嗯，我想到了。自從一月份以來，我就很熱中於清理凌亂，我很多朋友都被凌亂搞得心情沉重，我可以幫上忙。我**好愛**幫忙。

我開始向每個談過話的朋友推銷我的服務。「拜託，讓我幫嘛！」我不斷地說。「我需要清理衣櫃的興奮感！相信我，你會很高興我去幫忙的！你會發現，這會上癮的！」我的朋友們往往既好奇又難為情，他們不希望我看到他們家亂糟糟的那一面。然而，一旦我設法說服他們讓我去，對雙方都成了一種極為滿足的經驗。

有天晚上，一個朋友跟我花了三小時，整理她家的一個衣櫃。她恨透了那個塞得爆滿的衣櫃，因此從來不開櫃子門，寧可老是穿那幾件衣服——平常這些衣服就堆在她的五斗櫃上，或披搭在浴缸邊。

「你來之前，我要先準備好什麼嗎？」我們見面前一天她問。「我應該買些整理箱或衣架之類的嗎？」

「別買任何東西，」我說。「只要準備幾個大垃圾袋就好。喔，還有另一件事，你得先決定丟掉的東西要送給誰。」

「不能過後再決定嗎？」

「不行，事先決定比較好。這樣要丟東西時，可以想像要給誰，丟起來會比較容易。」

「好吧，真的只要這樣就夠了嗎？」

「嗯，」我說。「或許再準備幾瓶健怡可樂吧。」

次日，我出現了。

她先為家裡亂糟糟道歉：「我不知道要從哪裡開始。」

「別擔心！」我說。「我們會從頭到尾過濾幾次，每一次都會去掉一批凌亂，最後剩下的，就會是你想要留下的。」

「好吧。」她懷疑地說。

「我們開始吧。」我從經驗得知，一開始要慢慢來。「首先，我們先把多的衣架拿出來。」

一如往常，第一個步驟淘汰掉的是一堆不需要的衣架，清出了一些空間。這招總是能讓我士氣大振。

「好。接下來我們過濾一遍，逐一檢查。我們先淘汰那些還掛著標籤的，或是別人送的禮物，或是你**現在**不合身的，或是任何孕婦裝。」

我們過濾掉一批。要送走的衣物現在堆成小山丘了。

「接下來我們找出款式重複的衣服。如果你有四條黑長褲，你會去穿你最不喜歡的那條嗎？才不會呢。」於是我們淘汰掉幾件卡其褲、一些襯衫，還有一些高領毛衣。

朋友緊抓著一件T恤不放。「我知道你會叫我丟掉這件，但是不行。雖然我早就不穿了，但這是我大學時代最喜歡的一件上衣。」

「留著吧，一定要留著一些有情感價值的衣服——不過要收在別的地方，不要放在主衣櫃裡。」我們找來一個箱子，把所有有紀念性的衣服放進去，然後塞進一個高處的空架子上。

「哇，看起來好棒。」看著我們努力的成果，她驚嘆道。

「還沒弄完呢，」我說。「接下來，我們要想方法騰出空間。這個衣櫃的空間可是寸土寸金，我們把電毯和行李袋放到別處吧。」她把那些東西塞到一個走道櫃裡。「這些空鞋盒你用過嗎？」

「沒，我不懂自己幹嘛還留著這些。」她把鞋盒扔到回收堆裡。「接下來呢？」

「暖身過了，接下來我們要再從頭過濾一遍整個衣櫃，你會發現有更多你想丟掉的東西。」

我們漸漸能看到衣櫃的底板了。等到任務完畢後，整個衣櫃看起來就像雜誌上的照片。她甚至還達成了最終極的奢侈：清出一個空的置物架。我們又興奮又得意。幾星期後，我聽她說她請了幾個朋友到家裡吃晚餐，還帶他們去參觀她的衣櫃。

之前我說，清理她的凌亂能帶給我興奮感，這話一點都不誇張。而且對我來說，這種慷慨之舉要比送生日禮物容易得多——對於接受的人而言，也更有價值。

我尋找其他給予的機會。上個月，因為我決心要「脫離日常軌道」，便開始走到哪裡都隨身帶著相機，也因此拍了很多照片。一個朋友很高興收到我在她生產前幾個星期幫她拍的照片；那是她懷第二胎時唯一的一張。這對我來說只是舉手之勞，對她卻意義重大。

得饒人處且饒人，放他一馬吧

在這個友誼之月，我剛好看了兩本回憶錄，讓我想到一件很容易忘記的事：每個人的生活都比表面看來要複雜得太多。所以我這個月「對人慷慨」的目標之一，就是**放別人一馬**。

「基本的歸因謬誤」是一種心理學現象，指的是我們傾向於認為他人的行為反映了他們的性格，而忽略了情境因素；相反的，我們卻能理解自己的環境壓力。比如說看電影時，有人的手機響了，我們會認為這些人是不會替別人設想、失禮的人；但如果我自己的手機在看電影時響起，那是因為我得隨時接小孩保母的電話。

我試著提醒自己，不要嚴以待人，尤其是才剛見過幾次面的朋友。他們的行為舉止未必是個性的展現，而是反映了某種處境。寬容，就是一種慷慨。

有回我平靜的站在街角招計程車，一名男子忽然衝過街來，搶走了原本我要搭的車子。我本來覺得他粗魯得不可原諒，然後我提醒自己，去想想為什麼他要不顧一切搶搭計程車。是急著趕到醫院嗎？是忘了去學校接小孩放學嗎？既然我根本不趕時間，應該放這傢伙一馬的。

小說家歐康諾（Flannery O'Connor）在一封給友人的信中，用另一個方式提到這條守則：「我從回憶中明白，十五到十八歲的人，對於他人的過失非常敏感。在那個年齡，你不會尋找背後的原因。如果能對別人的行為淡然處之，寬厚的理解，就表示你成熟了。」

「寬厚的理解」，是一種更神聖的說法，其實講白了就是：「放別人一馬。」

朋友生小孩，一定要去看！

伍迪．艾倫（Woody Allen）說：「露面，就成功了八成。」友誼的一大部分就是露面。否則除非你持續努力，不然友誼恐怕很難維繫。

我是在和一個朋友談話時領悟到這點的。我跟她提到，我一直拖著沒去探望朋友的新生兒。我喜歡看朋友的小孩，卻老是拖拖拉拉，因為我覺得應該把時間用在工作上。

「你應該去探望的，」她說。「這類事情真的很重要。」

「你這麼覺得嗎？」我問。我一直想說服自己，這種事並不重要。

「當然。我不是在抱怨誰，不過我還記得我剛生小孩後，有誰來看過我。你不會嗎？」

嗯，的確。這類舉動能讓泛泛之交成為親近好友，而親近好友之間的友誼，則會因此更鞏固。

我立刻約了時間，去探望那幾個已經不太算新生兒的朋友小孩。在此同時，有個老朋友開了間服裝店，開幕那天我也到了。我在她開幕後約一個小時抵達，還成了第一個購買的客人。在這些例子中，我都很高興我花時間跑這麼一趟。每次都很好玩，讓我覺得跟朋友更親近，而且感覺上這麼做對極了（「第一條快樂真理」發揮作用）。

重要的是，不只要去探望親近的朋友，也要去看我不很熟的人——比方說，參加老公朋友的派對，或者出席女兒的家長會。熟悉能培養出感情，心理學上稱之為「單純曝光效果」（mere exposure effect），指的是增加接觸頻率後，會讓你更喜歡某些音樂、臉孔——甚至是一些無意義的音節。你愈常見到某個人，就會愈覺得那個人聰明又有吸引力。我自己也發現到這點。即使一開始我不喜歡某個人，只要我們愈常相見，我就愈可能喜歡上這個人。同時，我愈常露面，那個人也會愈喜歡**我**。當然，情況不見得都是如此。有些人你就是不喜歡，見愈多次大概只會讓你更難受而已。但如果對一個人沒有什麼特別的好惡，經常接觸可以溫暖你的感覺。

少講別人的八卦，八卦就不會回到自己身上

為了長期的快樂，有時你必須放棄某些短期的快樂。這種事不算少見，說人閒話，就是一個好例子。

當我們說人閒話時，通常都會是負面，而且大都跟社會或道德規範有關。說閒話，對於強化社群的價值觀非常重要：它能讓人們覺得彼此更親近，讓遵守同一套規則的人更團結，也幫助人們了解自己社群的價值觀，同時揭露那些不忠於配偶、不回電話、搶他人功勞的不當行為。有趣的是，

不管男人或女人，都喜歡向女人說閒話，因為女人是好的傾聽者。

但儘管說閒話可能具有某些重要的社會功能，而且很**好玩**，但說閒話卻不是個有教養的行為──我每次道人是非後，感覺總是很糟糕，即使當時講得很開心。因此，我想戒除這些不厚道的行為，不隨便發出不厚道的評論（即使很中肯），或是對敏感話題表現得太過好奇。

甚至，有時候即使是表達擔心，都可能是說閒話的偽裝形式：「我真的很擔心她，她好像心情很低落，你想她工作上會不會碰到了困難？」這，就是說閒話。我甚至希望不再**聽**人講閒話。

有回我們一群人碰面，有人提到大家都認識的一個朋友，「聽說他的婚姻出問題了。」「真的嗎？我沒聽說耶。」有人回應，聲調中透露出想知道更多。

「啊，我想應該不會吧。」我淡淡地說，口氣中暗示著**我們就別談這個了吧**。我真的不好意思承認，要我不談下去有多麼困難。我好愛興奮地分析別人的婚姻。

直到我設法不說長道短，才明白自己以前說了多少閒話。我不覺得自己心胸狹窄，但現在明白，自己原來常說一些不該說的話。

有回詹米和我出席一場晚宴，我發現鄰座的人很討厭（這回「單純曝光效果」完全沒用）。晚餐時我一直都還表現得很友善，回到家後詹米說：「吉姆人真好，不是嗎？」我回答：「別跟他來往，我覺得他好討厭，真受不了跟他講話。」話一出口，我立刻感覺好糟糕，我居然對一個表現友善的人（即使我受不了他）說出這樣的壞話。還有，如果詹米喜歡這個人，我更不該用自己的好惡影響他。雖然我設法說服自己，配偶間有講人閒話的特權，但我還是覺得，能做到只跟詹米說閒話還不夠好，最好的做法，是完全避免說閒話。

我還學到不道人長短的另一個理由：就是心理學講的「自發特質移情」（spontaneous trait transference）現象。研究顯示，因為這個奇特的現象，人們會不自覺地把我形容別人的特質，移轉到我身上。因此，如果我跟吉茵說佩特很傲慢，吉茵就會不自覺地把傲慢跟我連結在一起。另一方面，如果我說佩特很聰明或很搞笑，我也就把這些特質聯繫到我身上了。我說**別人**的話，會黏回到**我**自己身上——即使跟我講話的對象已經很了解我。所以，我最好只說別人的好話。

問問自己：你有多久沒交新朋友了

我們很容易說服自己：「我沒時間去認識新的人，或交新的朋友。」但實情往往並非如此。如果你找得出時間，交新朋友可以讓你消除倦怠、精神大振。新朋友可以提供新興趣、新機會、新活動的門路，開拓新的視野，還有可能是支持力量與資訊的珍貴來源——而且，你也可以為朋友扮演同樣的角色，增進他們的快樂。

我採用了一個交更多朋友的辦法，聽起來有點小心機，但真的有用。我為自己設定了一個目標，規定自己在進入一個會碰見陌生人的場合時，要交三個朋友，例如去參加伊萊莎她們班的家長聚會。開始一份新工作、上一門課，或者搬新家，都顯然有交新朋友的機會。

乍看之下，訂出一個數字目標似乎太刻意了，但卻把我的態度從原本的「我喜歡你嗎？我有時間了解你嗎？」變成「你會是我的三個朋友之一嗎？」。不知怎的，這個轉變讓我的表現完全不一樣：我更能敞開心胸對待他人，也更能全心與他們交談（而不只是敷衍性的打招呼）。當然，在不同的人生階段，「交朋友」的意思會不太一樣。在大學時代，我每天幾乎都會跟朋友耗上好幾個小時；但現在，就連跟詹米相處的時間都沒這麼久了。甚至有幾個朋友的另一半，我從來沒見過。但，沒關係。

當我努力想達成交友數字目標時，常得逼自己表現得更友善點。再一次，我看出第三條守則的價值：「表現出自己想要的感覺」。藉著**表現**得更友善，我也**感覺**自己更友善了。同時研究也顯示，外向、健談、愛冒險、滿懷自信等外顯行為，會讓人覺得更快樂，連內向的人都不例外。這一點讓我很驚訝，因為我以為內向的人會更喜歡安靜獨處。事實上，當內向的人逼自己外向些時，通常能樂在其中，而且從中獲得鼓舞。多跟他人接觸，能夠提振心情。

因為想交朋友，讓我努力製造出良好的第一印象——也就是說，要表現得讓其他人會想跟我做朋友。第一印象很重要，這是我們用來評價他人的關鍵資訊。事實上，初見一個人的十分鐘內，我們就會決定要跟對方建立起什麼樣的關係。我幫自己列出一份檢查表，以供初次相見之用。

1. **多微笑**：研究顯示，你會偏愛那些你認為喜歡你的人；你在對話中露出微笑的時間長短，直接影響到別人認為你有多友善（事實上，因為顏面痲痹而無法微笑的人，人際關係都會出問題）。

2. 主動邀請他人加入談話：這樣不但有禮貌，而且大家都會感謝你。本來沒加入的人，會因為加入而鬆了口氣；而已經加入的人，也會喜歡這個善意的表示。

3. 營造正面氣氛：不要把焦點放在某些負面的事物上，例如排隊等很久，或是搭地鐵的不好經驗。如同約翰生博士所說的：「無論幸或不幸的人，聽到抱怨都會覺得很厭煩。」我之所以認為這點很重要，還有一個原因：詹米和我有回站在一個大型宴會主廳外頭的走廊上。有個我們不太熟的男子走向我們說：「你們怎麼不進去呢？」我回答：「裡面冷得要命，音樂又好吵。」猜猜怎麼著？他就是這個宴會的籌辦人之一。

4. 主動找話聊：可以談談當場的狀況，比如聚會的原因、房間的布置，甚至是老笑話或天氣。我有個朋友每回出席社交場合前，一定會上 Google 新聞網頁，找個新聞當成話題：「你看到那個……了嗎？」

5. 讓自己看起來很友善：點點頭說「嗯」，身體前傾表示感興趣，努力聽清楚每個字，眼光自然看著對方，講話聲調要有活力而熱誠，努力配合對方講話的速度。另外盡量不要東張西望，坐下時不要伸長兩腿，也不要把身體轉向一邊——這些姿勢都表示你不專心。

6. 大方承認自己的弱點，自我解嘲。

7. 表現得容易取悅：大部分人都喜歡逗別人笑，喜歡說教更勝於被說教。讓自己被逗樂並表現出感興趣是很重要的。畢竟，能取悅他人是世上最開心的事情之一。

8.配合別人的話題：每當有人想把話題引到特定方向時，我總會故意作對。記得有回跟某個男士聊天，他顯然想談他住過越南的事，因為他不經意且很離題的提了兩次。如果我看得出某人想談論某個特定的話題，我應該要配合的。

9.提問題：藉此表現你的興趣及投入，大部分的人都喜歡談自己。

我的快樂研究，讓我留意到一個從自身經驗中發現的現象：交朋友時，你會發現跟朋友的朋友比較容易建立交情。這種所謂三角閉合（triadic closure）的關係，可以解釋為什麼我那麼喜歡我的兒童文學讀書會和作家策略團。友誼因相互連結而茁壯，你會覺得自己不光是建立友誼，而是建立一個社交網絡，因而振奮又鼓舞。

本月心得：把時間留給歡樂

六月底是我這個快樂生活提案年的中間點，除了每個月底的例行性評估之外，我又花了點時間回顧自己的進度。我向來深信，應該把握這類里程碑的重要時刻，好好評估和反省。如同我過去人生歷程所見，也如同許多部落格讀者在各種評論中所指出的，重要的生日、結婚紀念日、父親或母親的忌日、小孩出生、丟了工作、重要的同學會或是獲得終身職、當上合夥人等這類重大事業成就，這類的里程碑往往是正向改變的催化劑。

在這個快樂生活提案抵達六個月里程碑之際，我重新評估自己，因而更確定了一件事：沒錯，我更快樂了。我問自己，半年來哪一件事對我的快樂最有貢獻？我再度明白：「決心表」是我快樂生活提案的關鍵要素，遠勝過任何一件事。持續檢查各項決心，能讓我時時牢記在心，隨時在日常生活中提醒我。當我看到亂糟糟的書桌時，會心想：「把麻煩事解決掉。」有時我很想把照相機留在家裡，就會心想：「我要成為歡樂記憶的寶庫。」

在部落格的貼文末尾，我加上了以下這一段，結果發現，很多人對於「持續記錄決心表」的這個想法很心動：

> 想展開你自己的快樂生活提案嗎？如果你想看看我的決心表尋找啟發，請寫電子郵件。

接下來幾個月，幾百個讀者跟我索取決心表。

> 我剛上大一，我覺得你的決心表可以幫助我變得更快樂，而且或許也能在各方面保持進步。

> 。

> 除了想自己試試看這東西之外，我先生也想跟我一起做一個月的「認真經營婚姻」計畫。

。

請把你的決心表寄給我。我是倫敦的假釋官，我要把決心表貼在牆上，時時提醒自己「總有別的辦法」！

很多人在索取我的決心表時，都表示他們正要展開自己的快樂生活提案，還有幾個人寄來他們自己的「十二條守則」。這些深具個人風格的守則讓我著迷，因為它們讓我看出人們的經驗有太多的差異性：

忘掉過去。

拿出真本事。

跟陌生人講話。

保持聯絡。

停止發洩和抱怨。

走出戶外。

散播歡樂。

不要在意你討厭的人。

別期望永遠。凡事都有盡頭，沒關係。

別再買沒用的垃圾。

不要怕犯錯。

要懂得感謝：感謝平凡的事，也感謝不平凡的事。

創造出前所未有的東西。

留意紫色。

留下足跡：「我來過。」

當傻瓜，放輕鬆。

我希望女兒成為什麼樣子，自己就要先做到。

鳥事一定會發生。

友誼比性重要。

不要把發生的事情當成針對你個人。

當個可愛的人，別人就會愛你。

浸淫其中。

事情一定會過去的。

「你們要休息，要知道我是神。」

別忘記，每個人都盡力了。

控制一下自己。

想像一下你的追悼詞：你希望別人記得你什麼？

等待奇蹟。

我受夠了。

就讓它過去吧。

點根蠟燭，否則就閉上詛咒黑暗的嘴。

認清糾纏我的鬼魂。

我真正、真正、真正想要的是什麼？

處處有助力。

如果不害怕的話，我會怎麼做？

如果跳不出來，那就鑽進去。

一切簡單化。

不要設限，不要有預期。

見機行事。

要有危機感（很多危險——飽和脂肪、酒醉駕車、趕不上截止期限、法學院等等——感覺不出危險）。

就從眼前開始。

一般人只會付出必要的，不會多給。

確切認清自己的需求。

不要執著，一切交給上帝。

眼前這一刻才算數。

接受現狀，認真對待。

擁有更少，愛得更多。

人心，可大可小。

永遠都不夠。

多聯繫。

當別人的避風港。

看到有些人的守則和其他人的守則恰恰相反，讓我覺得很好玩。但我可以想像不同的人會從完全相反的忠告中獲益：

答應就是了。

拒絕就是了。

現在就去做。

等一下。

一次做一件事。

一舉完成所有事。

永遠要盡己所能做到最好。

記住80／20法則。

至於我，進行快樂生活提案六個月後，我可以說，儘管就像我四月領悟到的，我的基本個性並沒有改變，但我每天都覺得更歡欣、更沒有罪惡感；活得更有樂趣、更少焦慮。我的衣櫃清爽許多，生活也愉快多了。

其中讓我驚訝的一件事，就是身體狀況的重要性。我是否有充足的睡眠、是否規律運動、是否夠保暖、不捱餓，這些狀況的確會造成影響。我學著更留心讓自己保持精力旺盛和舒適。另一方面，一如我所預期的，就是大部分增進我快樂的，都是源自於我對人際關係所做的努力。詹米、艾麗諾、我的家人、我的朋友——我努力強化這些關係，也產生最令人滿意的結果。更甚者，我發現因為自己快樂，變得更有耐心，也更仁慈和寬容（還包括其他我希望加強的美德）。我發現愈來愈能遵守自己所立下的決心事項，對氣惱也能一笑置之，還有足夠的精力玩樂。

但對我來說，一開始最困難的領域，至今仍是最困難的。我回顧自己的決心表，看得出明確的模式。打勾和打叉的記號顯示出，在眾多事項中，我要持續努力的是控制自己的脾氣、脫離日常軌道，以及對人要慷慨。

事實上，以某種角度來說，我似乎害自己更不快樂了。因為我會對自己的過失更警覺，而且犯錯時會對自己更失望。我的種種缺點，從表格上責備地回瞪著我。雖說「快樂本身不見得會讓你感到快樂」，而且「更警覺到自己的缺點」這事儘管對我有好處，短期內卻不會為我帶來快樂——但長期而言，我很確定，自己會表現得更好，也會更快樂。我的榜樣富蘭克林的話很能安慰我，他反省他的表格時說：「整體而言，雖然我從未達到自己所企盼的完美，而且遠為不足，但藉著這些努力和嘗試，我才能成為一個更好、更快樂的人。」

有趣的是，為了快樂生活提案，我其實反而損失了一些玩樂的時間。我的生活有更多樂趣，但感覺上單純休閒的時間似乎少了。我遵行晚上小收拾、記住朋友的生日、常露面、花時間做計畫，還有其餘所有一切，但這也意味著，我更沒有時間在床上重讀《塊肉餘生錄》（*David Copperfield*）了。

不過當然，我也可以再定一條決心，花時間做這事。

｜ 7月 ｜

花錢，不要有罪惡感

偶爾揮霍一下
買真正需要的東西
買了之後，一定要使用
有些東西，放棄吧

金錢和快樂之間的關係，是最有趣、最複雜、最敏感的話題之一。

這陣子，女作家葛楚．史坦（Gertrude Stein）的一段心得常常浮現我腦海：「錢到底是不是錢，每個人都要有自己的定見；但最後大家一定會明白：錢畢竟還是錢。」

錢，能滿足基本的物質需求。錢既是手段，也是目的。它能帶來安全感，能讓一個人表現慷慨，贏得認同。它可以造就優勢，培養嗜好。它象徵著地位和成功，它可以買到時間——讓你可以毫無目標的閒晃，或是做自己想做的事。它在人際關係及世界上打造權力，也象徵了那些我們覺得自己欠缺的事物——有了錢，我們就可以去冒險，可以想花錢減肥就花錢減肥，可以更優雅、更受人尊敬。

邁入這個月之前，我必須先搞清楚自己對金錢的想法。我讀過很多資料，但都將信將疑。例如有人說：「金錢買不到快樂。」但很多人似乎都相信，一個人快樂與否，跟錢多錢少很有關係。錢，當然不是一無是處，卻從來無法獲得廣泛的認同。研究顯示，住在富裕國家的人民，的確比住在較貧窮國家的人民要快樂；而在同一個國家中，有錢的人也往往比窮人要快樂。當一個國家更富裕，人民會更關心快樂和自我實現的目標。富裕，讓我們可以把注意力轉向更超然的層面——人生的意義、均衡及喜樂。

係金ㄟ，花錢能讓你更快樂！

在美國，根據二〇〇六年皮尤網路研究中心（Pew Research Center）的調查，家庭收入超過十萬美元的人，有四九%說自己「非常快樂」，而收入低於三萬美元的，自認「非常快樂」的只有二四%。研究還顯示，隨著收入提高，快樂的百分比也會增加。三萬美元以下是二四%，三萬至七萬五千美元的是三三%，七萬五至十萬美元的是三八%，超過十萬美元的則是四九%（當然，這個數字也可以倒過來解釋：快樂的人比較有魅力，所以能賺比較多錢）。

此外，財富的**絕對標準**固然重要，但**相對程度**也很重要。人們評估自己環境好不好的重要方式之一，就是拿自己跟身邊的人比較，或是跟自己過去的情況相比。例如，人們會跟同年齡的人比較，在同一個年齡層賺錢愈多的人，就愈可能感到快樂。同理，與鄰居收入差不多的人，會比那些

「比鄰居窮」的人要來得快樂。有一項針對不同產業工人的研究顯示，他們的工作滿意度，與薪資高低的關係較小，反而跟同事薪資的差距關係較大。

這種心態不難理解。正如一份研究中顯示的：大部分人寧可選擇賺五萬元、其他人賺兩萬五千元，也不願意自己賺十萬元，而看著別人賺二十五萬。我父母的老家在內布拉斯加州的小城北普雷特（North Platte），我媽從小就覺得自己家境寬裕，因為我外祖父在聯合太平洋鐵路公司工會裡有份讓人羨慕的工作。相反的，我有個在紐約市長大的朋友，他以前一直覺得家裡窮，因為他住在九十六街以北的第五大道——這條路是條時髦大街，但他家卻在比較冷清的那一段。

那，金錢**可以**買到快樂嗎？答案是：不可以。這點很確定：光靠錢，並不能買到快樂。

接下來的問題是：金錢**有助於**買到快樂嗎？答案是：有，只要花得明智，金錢可以幫助你快樂起來。

至於如何花錢，無論貧富，都可以有你自己的選擇；而這些選擇，決定了你快樂程度的增加或減少。絕對不要以為金錢對每個人都有相同的影響力，一個人會如何受到金錢左右，通常要看這個人的環境和性格而定。

金錢有多重要？思考之後，我發現了三個關鍵：

要看你是什麼樣的人？

不同的人，會有不同的金錢價值。你可能喜歡收藏現代藝術品，或喜歡租老電影來看；你可能有六個小孩，又要照顧病弱的父母，也可能沒有小孩、父母身體健康；你可能喜歡旅遊，也可能很宅；你可能很重視有機食品，也可能輕易地被便利商店裡便宜的食物打發。

要看你會怎麼花錢？

有些東西帶給你的快樂較多，有些東西則較少。你可能會花錢去買古柯鹼，也可能想花錢買隻狗；你可能把錢揮霍在大螢幕電視上，也可能去買一輛新的腳踏車。

要看相較於你周圍的人，你比較有錢，還是比較窮？

正所謂：人比人，氣死人。

有天下午，我彎身到艾麗諾的嬰兒床裡要抱她出來，但因為姿勢不正確，結果隔天早上醒來，背部一陣劇痛。接下來將近一個月不能久坐，要打字很困難；晚上又很難入睡，再加上還是得抱艾麗諾，於是傷勢更加嚴重。

「你應該去讓我的物理治療師看看，」我公公鮑伯勸我，他有多年背痛的毛病。「他們有很多辦法的。」

「沒關係，它自己會好的。」我堅持。

有天夜裡，我掙扎著在床上翻身時，念頭一轉：「就去看看治療師吧！既然鮑伯說很管用，我又堅持個什麼勁呢？」

於是我打電話到鮑伯的辦公室，問了資料，跟物理治療師約了看診時間。兩次治療後，的確好多了，感覺上就像個奇蹟。而當背痛漸漸消失，我也故態復萌把健康視為理所當然的一件事。想到這一點，我突然領悟了：**錢**不能買到快樂的道理，就如同**健康**不必然帶來快樂一樣。

當金錢或健康發生問題時，你很少有餘力去想其他的事；但如果這兩者不成問題，你就很少會想到它們。金錢和健康對快樂的影響，大部分是負面的——少了它們，你會很不快樂，但擁有它們，卻未必會帶來快樂——很多健康的人非常不快樂，很多人甚至揮霍自己的健康，或者將健康視為理所當然。

但儘管健康不能**保證**帶來快樂，卻不表示健康不會**影響**快樂。錢的道理相同，只要花得明智，每一分錢都可以帶來很大的快樂。因此我決定，要善用手上的錢，讓自己更快樂。

錢，就該揮霍在這些事情上……

我以前總覺得，花錢是任性的行為，應該盡量避免花錢。我曾在舊金山住了六個月，每天只花五美元（除了不得不去自助洗衣店之外）。但現在，我決定找出能讓我「花錢買快樂」的方法。

研究顯示，人類的基本心理需求，包括了安全感、喜歡自己做的事、感覺被愛、與他人有連結感，以及有強烈的自主意識。金錢無法**自動**填滿這些需求，但卻能有助於你填滿。不論你收入多少，都可以選擇把錢花在能讓自己更接近快樂的方式上。以我來說，我現在想花錢，讓自己與親友的關係更親密；想花錢，增進我的活力和健康；想花錢，讓工作進行得更有效率；想花錢，打發無聊、煩躁，以及預防婚姻衝突；我想把錢用在我覺得重要的事情上，豐富我的人生。

接下來，一樣一樣來吧。

花錢，換來健康和活力

一月份時，我已經發現一種花錢健身的方式——那門肌力訓練課不便宜，但我花得很開心，因為我知道，這對我的長期健康很有幫助。另外，我也要學會捨得花更多錢，在我的午餐上。以前，鑽進熟食店買貝果我總是很慶幸，這頓午餐便宜又省時，但現在我不會這麼做了。我會去吃一大份沙拉、喝個湯，或吃盤水果，儘管吃這些東西要花更多錢。

花錢，改善人際關係

我幫我妹妹辦了一個婚前派對。這筆花費雖不小，但帶來的快樂也很多。妹妹——現在還要加上她的未婚夫——是人生中重要的人，但她住在洛杉磯，辦個婚前派對，可以讓我對她的終身大事盡點心意。

花錢，讓工作更順暢

我買了一些筆。平常我用的筆都是臨時湊合的，包包裡或抽屜裡隨時有什麼就抓來用。有一天，我去買了信封正排隊結帳時，忽然看到櫃檯上有一盒我最喜歡的筆：Deluxe Uniball Micro 鋼珠墨水筆。

「一枝要兩塊九毛九？」我心想。「也太離譜了吧！」但一番天人交戰後，我買了四枝。用一枝好筆寫字，真是太愉快了，再也不必使用在診所裡順手拿來、隨時會斷水的藥廠贈品筆。這幾枝新筆當然不便宜，但當我想到自己用筆的時間有多長，而且又是我喜歡的好筆，就明白這錢花得有價值。品質良好的工具，可以讓我工作得更愉快。

花錢，做一件讓自己很爽的事

我開了一張支票，給紐約公立圖書館的幼童圖書館計畫。這個計畫是支援各分館的兒童閱覽室，我是義工，當初花了很多心力參與成立這個團體，而現在，除了投入時間和心力之外，我決定用金錢幫助他們。

花錢，給自己留下快樂回憶

我始終忘不了一個老朋友說過的話：「我最遺憾的一件事，就是沒幫孩子的童年拍一些更專業的照片。」所以，我決定請一位很棒的攝影師朋友來幫兩個女兒拍照，拍出來的照片，讓我滿意極了。我加洗了一些自己留著，另外也送給孩子的祖父母們。花在這些照片上的錢，不但強化了家人之間的感情聯繫，多了一些快樂的回憶，同時也捕捉了孩子們稍縱即逝的童年時光。這筆「投資」的報酬率，很不錯。

有一回，我順路去一個朋友家看她的新生兒，也推銷了「買些快樂」的想法。「有件事真的讓我很困擾，」她說。「我公婆住得離我很近，卻對這小嬰兒很冷淡——他們已經有七個孫兒女了。我媽很想看這個寶寶，卻住在克利夫蘭，一年才能來紐約一次。」

「這個嘛，」我建議：「至少在你兒子上學之前，何不每隔幾個月就去一趟克利夫蘭？」

她大笑。「太貴了吧。」

「是要花很多錢沒錯，但對你很重要。你應該負擔得起吧？」我知道，她付得起。

「嗯，應該可以吧，」她承認，「可是帶嬰兒搭飛機好麻煩。」

「或者，你可以幫你媽買機票。這樣，她會來嗎？」

「肯定會！」我朋友說。這個方法一來證明了，「用錢買快樂」有多麼重要，二來也證明了我的第八條守則——把問題弄清楚——很管用，找出問題出在哪裡，就能找到方法讓外婆和孫子可以聚聚。

只要花得明智，錢可以幫你達到快樂的目標，包括加強人際關係、增進健康、得到樂趣等等。

「獲取」的過程，能帶來「成長」的感覺

快樂理論指出，當我們搬進新房子或買了一雙新鞋的當下很快樂，但很快就會習慣這些新得到的東西，然後就不會比之前快樂。儘管如此，很多人還是會為了那一時的快樂，而去購物。

好吧，你可能會說——那不是真正的快樂；真正的快樂來自為其他人做好事、跟朋友和家人相處等等。問題是，看看你四周，還是有很多人因為買東西而感到很開心。購物結帳所帶來的快樂，雖然並不特別值得稱許，但並不表示這種快樂不真實。研究和日常經驗都顯示，收到意外禮物或獲得意外之財，確實都能提振心神。有個研究發現，讓人在電話亭裡撿到銅板，或是送他們巧克力，都會令人感到愉快。對有些人來說，得到東西所帶來的快樂實在太誘人了，因此他們花的錢往往超過自己所能負擔，等到回家後才後悔。這時，短暫的快樂就會轉變成持續更久的不快樂了。

一個人從購物中獲得快樂，不等於就是喜歡花錢敗家；任何「獲取」的過程，都能帶來某種「成長」的感覺——即便只是很短暫。人們喜歡買東西，通常有很多理由：為了讓家更舒適、用品更齊備；為了送禮給自己喜歡的人；為了接觸新事物，例如最新型的設備；為了擁有某種讓別人羨慕的東西；為了教育孩子；為了過著與同儕一樣的生活——或是不一樣的生活；為了讓自己更美麗；為了收藏；為了跟上流行——或者對抗流行；為了某種嗜好或專業技能；為了幫助他人；為了證明購物的樂趣；為了款待客人或回報別人的款待；為了買禮物表示支持某個人；為了贏得或維持地位；為了建立優勢和控制權；為了表達自己的主張；為了慶祝；為了保持傳統或打破傳統；為了讓生活更便利、更健康、更安全；為了讓生活更有挑戰性、更大膽、更冒險。

我自己很少在血拼中得到快感，倒是常常在事後因為花了錢而後悔，我把這種感覺稱為「購物震撼」。或許，這就是為什麼我會去觀察別人的購物狂熱。然而即使如此，只要用點心，小小一次揮霍，還是可以為我帶來很多快樂。

我在部落格貼上「小小揮霍一次」的這個決定後，有人也發表了他們自己的例子，我很驚訝，大家的品味竟如此多樣化。

多年來，我廚房用的刀具都很爛。但去年我狠下心花錢買了幾把好刀。我花了兩百美元買了三把刀（一把主廚刀、一把削皮刀，還有一把麵包刀），這筆錢花得真是太太太值得了，而且可以用很久。

我很不想說，但我雇了個私人整理師來處理我家的地下室。我是在雜貨店的公告欄上看到廣告的。自從三年前我們搬到這裡後，我太太就一直催我要處理地下室的垃圾。我這輩子開支票從來沒有這麼快樂過。其實還不貴，尤其最後我們還賣掉了一些地下室的東西。

我今年給自己的聖誕禮物是幾個枕頭。我知道我不喜歡原來的枕頭，它們影響了我的舒適程度→影響我的睡眠時間和睡眠品質→影響我次日的心情→影響我的工作效率，整個連鎖反應非常有啟發性。

我買了一隻狗。養寵物的代價比我原先預期的要昂貴（買狗食、打預防針、出門旅行時花錢請鄰居照顧牠等等），但樂趣也遠超過我原先的預料。我一個人獨居，有隻狗帶給我太多快樂了。

此刻我最想買的東西，對大部分人來說或許沒什麼特別，卻讓我垂涎了好多年。我打了通電話，給曼哈頓一家知名的童書店「奇蹟之書」，訂了一套「魔法師超級特集」，包括整套十五本由法蘭克・鮑姆（L. Frank Baum）所寫的「綠野仙蹤」系列。兩個星期後的開箱過程，讓我好開心，那套精裝本有統一的設計、相配的書背、漂亮的封面，還有原始的彩色插圖。

正向心理學家大概會說，我接下來將會慢慢適應自己買來的東西，很快的就會習慣於這些書的存在，任它們在書架上招灰塵，然後，我會回到老樣子。

但我想應該不會。因為我對兒童文學真的有熱情，每次看到這些書，就會讓我精神一振。畢竟，我保存了一大疊老舊的兒童文學繪本雜誌《蟋蟀》（*Cricket*），是我從小留到現在的，光是看到它們放在書架上，就讓我覺得快樂。

就像我說的，祕訣在於「做自己」，而且要明智地選擇。讓我快樂的，是把錢花在**我**珍視的事物上——要有自覺和自律，才能找出**我**真正想要的是什麼，而不只是去複製別人的渴望。我父親最快樂的購物經驗之一，是買彈珠台。他小時候一玩就能玩上好幾個小時，他童年的夢想就是擁有自己的彈珠台，隨時想玩就玩，還是免費的。不是每個人買這種東西都會快樂，但他卻樂極了。

這段期間，在一個朋友的婚前送禮會上，我跟另一個客人有段談話。我告訴她，我正在設法找出「花錢買快樂」的方法（向她解釋的時候，我突然覺得，我可能會變成一個快樂的討厭鬼）。她聽了我的話，忽然變得很憤慨。「你怎會這樣想！」她說。「金錢是買不到快樂的！」

「你這麼認為嗎？」

「我就是最好的例子。我賺的錢不多，幾年前用存款買了一匹馬。我母親和每個人都說我瘋了，但那匹馬讓我快樂極了——即使我把手頭所有的錢都花在牠身上。」

「咦？」我困惑地說：「這麼說，你**的確**花錢買到快樂啊。錢讓你擁有一匹馬，所以你才會那麼快樂！」

「可是我就沒錢了，」她說。「我把錢花光了。」

「沒錯，因為你用來**買了一匹馬**啊。」

她搖搖頭，然後不想理我了。

不過在某些狀況下，「花錢」的確未必能買到快樂，我把這種狀況稱為「貴松松健身房會員症候群」，因為你花了大錢買健身課程，所以心裡老想著「天啊，花這麼多錢，不去健身房怎麼行！」結果，就不覺得快樂了。

喜歡嗎？奶奶買更多給你……

當然，「花錢買快樂」這種事也不能太頻繁，要避免「快樂水車效應」——這種效應很快就會把花錢的樂趣，轉變成乏味的必需品。小小的揮霍只能偶一為之，才能為我們帶來快樂的感覺。比方說，我這輩子是直到度蜜月時，才第一次嘗試飯店裡的客房服務——結果讓我興奮極了。但如果我出差時常常這樣做，那就不再是難得的享受了。

雖然金錢給了我們奢侈與放縱感，卻也可能帶走其中的樂趣；金錢帶來了立即的滿足感，卻也可能犧牲了過程中其他的快樂——節省、儲蓄、想像、計畫、希望……，這些階段假如能先經歷過，往往能放大我們所感覺到的快樂。

其實只要夠稀有，小小的享受也可以很珍貴——例如在餐廳點一杯咖啡喝、買一本書，或是看電視。這就是為什麼，「剝奪」（儘管會讓人不愉快）是治療快樂水車最有效的方法之一。一個朋友告訴我，她一九九〇年代住在俄羅斯時，熱水偶爾會停止供應，而且一停就是好幾個星期。當熱水恢復供應時的那種快樂，她一生中只有幾次經驗能夠比擬。但現在她回到美國，熱水供應無虞，她就再也沒有過這種快樂了。

對於改變，我們是很敏感的。我們會拿過去來衡量自己的現狀，如果變得更好，就會覺得快樂。

在一份研究中，有兩份工作提供受訪者選擇，一份是第一年領三萬元，第二年領四萬元，第三年領五萬元；另一份工作是第一年領六萬元，然後是五萬元、四萬元。結果出爐：一般都傾向選擇第一個組合，因為可以一路加薪——儘管事實上，到第三年的年底，他們三年的薪水總額只有十二萬元，而第二個選擇卻有十五萬元。多數人的決定看起來似乎很不理性，但選擇第一份工作的人其實明白**成長**對快樂的重要性。我們對本身狀況的改變都很敏感，不管是變好或變壞。

成長的感覺太重要了，這也就是為什麼逐步攀登到頂峰的過程，會比停留在頂峰來得感覺更好。這個快樂法則，說得最精采的人不是科學家或哲學家，而是小說家麗莎・葛倫瓦德（Lisa Grunwald）：「『最好』很好，但『更好』才是最好。」

身為父母，我在四月應該做而沒做的一項挑戰，就是幫小孩買東西要自制。比方說，為了給伊萊莎驚喜，我買了本錯視圖的大書給她。她愛死了那本書——不但一看再看、和朋友一起分享，還將書擺在床頭櫃上。我很高興自己買了這本書給她。不久後，有一天我去藥妝店，看見店裡的童書架上有本錯視圖的書，差點又想買。但我克制住了自己，她原先那本已經有三百幅圖了，再多一本大概也不會有太多新圖。此外，我也怕她擁有了兩本書之後，會減損第一本書所帶來的樂趣。

伊萊莎學校的校長跟我講過一個四歲男孩的故事：他有輛藍色的玩具車，愛死了，走到哪裡都要帶著，不時拿出來玩。後來他奶奶見他喜歡，一口氣買了十輛玩具車給他。沒想到，他卻再也不玩那些車子了。「你怎麼不玩了呢？」奶奶問：「你不是很喜歡你那輛藍色車子嗎？」

「我沒辦法喜歡這麼多車。」他回答。

我們往往誤以為，只要是自己喜歡或想要的東西，擁有更多，就會更快樂。

有需要，就要買！

我發現，人有兩種不同的購物傾向：買太少和買太多。我屬於買太少的那種。

通常，我不是拖拖拉拉不買，就是盡可能買少一點。我一天要用兩次生理食鹽水，卻一次只買一小瓶。像冬天的大衣或泳裝這類東西，我總是過了需要的時間才去買。至於那些有特定用途的東西——西裝套袋、護手霜、潤髮乳、雨鞋、面紙（擤鼻涕用衛生紙不就得了？），我老是猶豫著要不要買。我有時候會想買某樣東西，最後的決定往往是「下回再買」或「也許我其實不需要」。

身為一個買太少的人，我常覺得有壓力，因為我老是缺一些需要的東西。我經常三更半夜跑去藥妝店。家裡很多東西不是太破舊，就是壞掉或不合用了。

然後我觀察我那些「買太多」的朋友，驚訝地看著他們的種種古怪行徑。他們常常會買一堆用得很慢的東西，比方說洗髮精或咳嗽藥。他們會買一些工具或高科技的產品，心裡想著「哪天會派上用場」。他們出門旅行或慶祝某個節日之前，會去買一堆東西。他們老在丟東西——牛奶、藥品、罐頭，因為過期了。他們會想著「這個拿來送人一定很棒」，於是就買了，卻沒想到要送給誰。

跟我一樣的是，買太多東西的人，也會覺得有壓力。因為他們老覺得自己有好多該買的東西，外加買太多之後會製造家裡的凌亂與浪費。

我把這兩種購物態度貼在部落格上，有不少人回應。他們從我的描述中，清楚的知道自己是屬於哪一種人。

我想我是買太多的那種人，買太少會讓我緊張又混亂。我喜歡女兒們有足夠的褲襪穿，我喜歡家裡有兩個星期的衛生紙存量，我喜歡家裡有滿滿一整瓶的洗髮精補充包。如果家裡的衛生紙或牛奶或尿布沒了，會讓我覺得自己沒有盡到母親的責任。我喜歡從好市多賣場購物回家時，把每樣東西整理收納好的感覺，那會讓我覺得家裡用品很充足。

我是買太少的那種人，我有好幾件郵購的睡衣褲，從十五歲就開始穿，一直覺得很好，直到有一天所有的鬆緊帶都斷了，全部一起壞掉……。

我是買太少的超級一族，過去還以此自豪，後來才明白這根本就是一種偏執。我很少會囤積牙膏或肥皂這類生活必需品，常常拖到快用完時才去買。我有節儉的習慣，要改變好困難。總之，我很高興地說，我最近逼自己買了六捲衛生紙，而不是以前習慣的兩捲，同時還買了三條洗臉的毛巾。忽然之間，我覺得富有得不得了。我很驚訝這麼簡單的事情，居然能讓我這麼陶醉。

我知道，設法讓自己不要買太少，去買些需要的東西，我會更快樂。比方說，我不再忍到最後一刻才去買衛生紙。我這輩子學會的道理之一，就是「務必存著一捲備用衛生紙」，所以我們家裡的衛生紙從來不曾用光，但以前老是逼到很驚險的邊緣。

我跟詹米提起這個毛病。「我們家很像沃爾瑪，」他說。「我們懂得把錢拿去做別的事情，而不是留著一大堆庫存。」

還有一種我真正需要的東西，是白T恤，因為我幾乎天天都穿。

但我唯一會享受逛街樂趣的時刻，是有我媽在身邊。所以我通常會等到她從堪薩斯來訪時，才會去買T恤。我想要的是那種柔軟、有彈性、不太薄的V領長袖T恤，對我來說，要找到這種T恤並買下，似乎是種不容易克服的難關。我媽就很勇敢了，「走，我們去布魯明岱爾百貨（Bloomingdale's）。」她決定了。

走進百貨公司，我會暈頭轉向，但我媽卻可以很果斷的逛過一個個賣場，很有步驟地逐一檢閱，我則跟在後頭拿著她抽出來的上衣。她檢查過那層樓面的每一件白T恤，而我試穿了二十件（保守估計），然後買了八件。

我媽原本很熱心的幫我尋找完美的白T恤，但當她看到我拿著那疊清一色的白色棉衫到收銀台時，問我：「你確定你不想要其他顏色或款式的？這一大堆都是白色的喔。」

「這個嘛……」我猶豫了。我真想要這麼多白T恤嗎？然後我想起一份研究顯示，人們常常自以為喜歡多樣化，其實不見得。當受試者被要求從清單中挑選他們接下來幾個週末想吃的零食時，他們會挑很多種；但如果只挑一個週末的零食，那麼他們每次都會挑最喜歡的那種。

在那個百貨公司裡，我似乎應該買不同顏色的棉T。但我從經驗得知，當我站在衣櫃前，每回都只想拿同樣的衣服：白色V領T恤、黑色瑜珈褲或牛仔褲，配上慢跑鞋。

買需要的東西。「沒錯，我只想買白色的。」我堅定地說。

你是滿足者，還是遍尋者？

受到買白T恤的激勵，我換掉了家裡那個會漏的果汁機，又訂購了一個自家專用的回信地址印章。我明白了身為買太少一族會碰到的矛盾後果，就是我必須**更常**去買東西，而「多買」則表示你比較不用常跑去結帳。我買了很多電池、OK繃、燈泡、尿布——我知道家裡早晚都會需要的東西。最後我還印了被我拖了好幾年的名片。

我是個「滿足者」（satisficer）——一旦覺得夠了，就會做出決定或採取行動。這不表示這種人會屈就，他們的標準有可能非常高，但只要一發現符合自己標準的飯店、義大利麵醬，或是名片，他們就會買單。相反的那種人，稱為「遍尋者」——這種人總想做出最理想的決定，即使他們看到一輛腳踏車或一個背包符合自己的需求，也不會馬上做出決定，非得要檢驗過各種可挑選的物品後，才能做出最佳選擇。

研究顯示，「滿足者」往往比「遍尋者」快樂。「遍尋者」要花很多時間和精力才能做出決定，而且他們常常很擔心是不是真的達成了最佳選擇。就購物來說，我母親堪稱是「快樂的有限度遍尋者」的好例子。在某些特定的類別中，她喜歡去搜尋每個可能性。比方說，伊萊莎和艾麗諾要在我妹妹的婚禮上當花童，我知道我母親最愛的事情，莫過於去仔細挑選每件可能的服裝。但「遍尋者」常會發現，搜尋過程累死人，卻還是找不到最好的。

這兩種人方法上的差異，可能也是為什麼有些人覺得紐約這類大城市很讓人氣餒。一個「遍尋者」在紐約，可以得花上好幾個月去搜尋最佳臥室家具，或甚至只是一個木衣架。但換作是在小小的堪薩斯市，就算是最積極的「遍尋者」，一下子就能看完所有的選項。

大部分人都是這兩者之間的混合型。幾乎在每個類別，我都是「滿足者」，其實，我還常常因為做決定前沒有花更多時間搜尋，而有罪惡感。念法學院時，我有個朋友去面試了五十家律師事務所後，才決定她要去哪家當暑期實習法務人員；而我只面試了六家。最後，我們在同一家事務所實習。一旦我搞清了自己是個「滿足者」後，就對自己做決定的方式比較滿意了；我不再覺得自己懶惰或不夠認真，反而覺得自己這樣還滿不錯的。

買回家的東西，一定要「用掉」！

我很念舊。我的除毛刀片是鈍的，我的牙刷老是用到發黃磨損還不肯丟。柔軟褪色的舊卡其褲和棉衫，在我眼中有種貴族故作頹廢的美感。我常發現自己在囤積東西，即使一點道理都沒有。比方說那些白T恤，買了之後，我往往要面對**穿上**的挑戰。我會把T恤從購物袋裡拿出來，放在衣櫥的架上——店員摺得好完美，我永遠學不會——我可以感覺自己「存」著它們，保留著最初光鮮美好的狀態。但其實不穿這些衣服，就跟丟掉一樣浪費。

在我的快樂生活提案中，我想停止這種囤積的習慣，我想把東西**用掉**。

幾年前，我妹送了我一盒美麗的信紙當生日禮物。我愛死了，卻從沒用過。我寄照片給祖父母，也捨不得用這些信紙，因為我想「保存」它們。問題是，信紙留著又能幹嘛呢？我當然該用的，用掉就是了。

我環視家裡，尋找各種「用掉」的機會。

最困難的，是那些還勉強可用的東西：失去變焦功能的相機，印出來會歪掉的標籤機等。我討厭浪費，但要修好這些東西，大概會花掉我同樣多的錢（還有時間）——於是我乾脆換新的了。

我要「用掉」的，不限於所擁有的東西，也包括我的「點子」。比方說，如果我想到一個很棒的點子，可以寫在部落格上，就會不自覺地這麼想：「這個點子很好，可以留著下回用。」

為什麼？為什麼要留著不用？我得相信自己還會有更多點子，以後還會想出很棒的啊，所以，我**現在**就該把最好的點子用掉。丟出大量的點子，對創意很有幫助，勝過小心撙節著不肯用。

「用掉」，也意味著不要太計較效率。前幾天晚上，詹米和我租了電影《妙媳婦見公婆》（*Junebug*）——這部電影很棒，整個在談愛與快樂的本質。看過一次後，我就很想再看看我最喜歡的那幾幕，但又覺得這樣很「浪費」時間。但現在，我決定要「用掉」我的時間。畢竟，有時我做一些浪費時間的事情，到頭來卻發現滿值得的。

於是，我按下光碟機的遙控器，重新看一次。

「用掉」最重要的意義之一，就是不要老在計算得失，不要吝惜付出愛和慷慨。聖女小德蘭曾寫道：「心中有愛，就不會計較。」但我很愛計較，老是想要得到回報，尤其是來自詹米。

「我昨天晚上幫艾麗諾洗澡了，所以你得……」

「我讓你小睡一下了，所以你得……」

「我得訂機票，所以你得……」

不！別再算計了，不要想著回報。法國女星莎拉・伯恩哈特（Sarah Bernhardt）曾說：「讓一個人變富有的方法，就是消費自己。」一份有趣的研究也證明了伯恩哈特的看法千真萬確：捐錢做慈善的人，結果比那些不捐錢的人要富有。在用電腦進行過複雜的運算處理，以控制不同的變數之後，一名研究者的結論是，慈善捐獻不光是與高所得相關，其實也會導致高所得。有人試著解釋這個令人驚訝的結果，例如慈善行為會刺激大腦，同時行為慷慨的人比較能晉升到領導位置。

在我們家，這說法絕對成立——付出，能創造豐富的愛和柔情，而算計和計較，則會製造忿恨。

奶奶過世前，有回我去看她時，拿起一瓶浪凡的香水「我的罪」（My Sin）。從我有記憶以來，這瓶香水就一直放在她的五斗櫃上。香水還裝在原來的盒子裡，我打開時，看到裡面還是滿的。我沒問她，但我很確定，多年以前某個人送給她的，她就一直「存著」。但存著幹嘛呢？她過世後，我把那個盒子帶回家，放在我的工作室裡，隨時提醒自己「用掉」的道理。

我把這瓶香水的事，貼在部落格上，幾個讀者回覆了他們自己「用掉」的經驗。

你的故事讓我想起，家母過世後，我在她屋裡發現了幾塊很漂亮的亞麻餐巾。我曾在那房子裡住過非常久，卻從沒見過這些餐巾。她顯然是「存著」這些餐巾。做什麼呢？我不曉得。但她從來沒機會用上。現在這些餐巾是我的了，我很確定下回有客人來家裡吃晚餐時，我一定會用上，說到這裡我才想到，就是明天晚上呢！

生命太短，不能把好瓷器或好內衣或任何好東西留到以後，因為老實說，搞不好沒有以後了。

我不敢相信還有其他人也這樣！這一點我掙扎了好多年。我知道這害得我心情很鬱悶！以前我覺得應該留著某些新的、比較好的東西，只為了萬一「以後有苦日子」（看吧，真悲觀）。慘的是，我發現自己還把這個習慣加在我女兒身上（我會命令她：「不要把玩具裡的電池用光！」）。我想那時我才意識到這個問題。現在，我習慣今天就用掉……因為誰曉得明天會怎樣！

我付出慘痛的代價，才學到這一課。小時候，祖父母給了我一盒精緻的光明節藝術材料用品——很漂亮的顏料、筆刷、粉彩筆、紙等等。我一直保存著，想等到我更會畫畫再拿出來用，因為我不想浪費這些寶物。有一天，我剛好在找那個盒子，卻找不到。我媽說：「喔，你從來不碰它，我以為你沒興趣。」她拿去舊貨店賣掉了！我崩潰了。我從來沒忘記過這事。有時候「以後」會變成「再也沒有」。

有些事物，放棄吧

儘管我是買太少一族，但偶爾我也會出現「愛買」狀態——有個朋友曾形容這是我的「路過掃射型購物模式」。

我剛搬進現在住的房子時，就發生了一次。生平第一次，我有了小小的居家工作室，於是發神經似的要準備好各種辦公室設備。我買了一張複雜的辦公椅、一個木製的桌上整理架、幾個裝文具的特殊盒子、各式各樣的信封、精巧的筆記本和便利貼、印著花紋的花稍橡皮筋，還買了個搭配電話的頭戴式耳麥，又替我的筆記型電腦多買了一個電池，只要能想得到的都買了。

一直到我買了個磁鐵的迴紋針收集器（形狀像一隻啁啾的小鳥），我才開始對自己買了這麼多東西有罪惡感。我決定，要「放棄」一些東西了。我真正需要的東西都已經俱備，於是規定自己不准再為這個工作室買任何東西。我完全砍掉了這部分的開銷——跟自己說不、停止購物的感覺真好。夠了。

我在部落格貼了一篇「有些東西，放棄吧」的文章，有個人回應說：「專注於正面更好。與其告訴自己『不』或『絕不』或『不准』，倒不如專注在你想要的東西，而且要適可而止。」

這一點很棒，但我不同意所有狀況都適用。首先，當我試圖放棄某些事物時，我發現徹底放棄比較容易，反倒是要適度放縱比較困難。有時候，光是說出「我要停止了！」「再也不准了！」這類話，感覺就會**很好**。研究快樂的專家指出，光是下定決心並堅守到底，就已經會得到快樂了，因為這個行為讓你有種控制局面、有效率、負責任的感覺。尤其是在財務吃緊的時候，管控你的財務全局——即使只是象徵性的——都可以提振你的心情，因為你正在採取行動，試著控制並改善你的處境。正當我為新公寓的相關支出感到焦慮時，拒絕在某個特定區域再花錢，讓我感覺很安心（這在經濟上其實並不理性，因為買張廚房椅子對我的存款影響甚小，但在心理上卻很有用）。

我詢問部落格的讀者們，看是否有人曾因為完全放棄購買某樣東西而得到快樂。結果許多人貼出了他們「禁止自己買的東西」清單：「在機場買了個肉桂捲——好貴又好不健康」、「汽車」、「樂透彩券」、「紙本的報紙雜誌——現在我都只在網路上閱讀報紙和雜誌」，還有「折價換購最新款的手機」。

大約一年半前，我剛搬進這個住處，當時我沒訂有線電視。這表示我完全沒有電視可看。從此我所謂的「看電視」，就是只能看光碟。

這個節省的方法有種哲學的趣味。等到我財務狀況改善，不需要省到這種程度時，我會重新評估——不過只是多花個買甜甜圈的錢而已。就算我又訂了有線電視，我也不會像以前看那麼多電視了。

。

——瓶裝水。

——工作時不准吃甜點。

——外食，除了星期五和星期六晚上。

結果我太太和我都瘦了，也省了錢。

。

再也不准在 eBay 買東西。一開始很好玩，但接下來就失控了。就因為我喜歡到處看看找找，最後就買了一堆其實並不需要、也未必真想要的東西。總之讓我的荷包大為縮水。有一天我點進了 eBay 網站，然後告訴自己：「不准再買了！」那真是一大解脫。而且我這才發現，以前自己花了多少時間在上頭。

有些讀者也提到，他們很高興自己放棄了某些無關花錢的事物，比方「週末睡到中午」、「看 TMZ.com 影視新聞網站」、「吃穀物片」，還有「日光浴」。

關於放棄某些事物而因此覺得快樂，我有個故事可以講。

大約五年前，我在本地的動物收容所找到一份工作。剛開始工作時，我吃肉吃很兇。然而，在收容所工作愈久，我就愈來愈覺得不安，因為我吃「某些」動物的同時，卻也在拯救「其他的」動物。這樣很荒謬；更重要的是，這樣很殘忍。

我有幾個同事吃素，我很快也加入他們的行列。我不吃肉、乳製品、蛋。我不買毛皮、皮革、羊毛製作的衣服。我讀了科普作家陶比士（Gary Taubes）的書《好卡路里，壞卡路里》（*Good Calories, Bad Calories*），所以我不確定吃素是否對我的健康有益處。但我知道對我來說，吃素主要是關乎個人道德原則。我也知道無論自己這一天過得如何，至少我上床時知道自己不是殘害那些動物的幫凶。

。

我放棄吃糖。這很困難，但不完全是我當初以為的原因。我嗜甜食成癮。我以為我會發瘋似地想念我的 Skittles 彩虹果汁糖、Life Savers 水果硬糖、Twizzlers 橡皮糖和 Rainblo 泡泡糖！但因為我認真執行戒斷法——還告訴大家我的計畫——所以其實沒那麼辛苦。沒得商量、不能偶爾吃一點，就是完全不吃。但我還是很不習慣喝黑咖啡。以前我要加五到七包代糖的！三十四天後，這一切會值得嗎？值得！這是我唯一的人生啊。

很顯然的，每個人的選擇都不同。只因為我不買辦公設備而比較快樂，並不表示其他人不該再買螢光筆。但儘管我決心要「放棄某些事物」聽起來可能嚴厲又刻苦，但選擇棄絕某些事物，感覺可能會很好。

本月心得：快樂生活，不等於一帆風順

約翰生博士曾寫道：「在朝向更好或更壞的過程中，快樂與悲慘是並存的。過程中你爬得多高或落得多低都無所謂，那並不重要，真正的重點是你要走的方向。」

要了解金錢與快樂之間的關係，這番話，似乎是關鍵。

無論如何，人們對金錢和所能購買的東西反應各自不同，因此完全不可能一概而論。就拿我來說，在丟掉那個會滲漏的果汁機後，花錢買了一個很貴、功能強大的果汁機，每天用它打水果奶昔，所以它每天都讓我很開心。但假如你從來不做菜，一個花稍的果汁機就一無是處了，只是讓你多花錢而已；買來後束之高閣，不會增加你的快樂。要用錢增進你的快樂，就要花在能為你帶來快樂的事物上。

金錢是個好僕人，卻是個壞主人。這個月，我試圖理解金錢之謎，卻爆發了一陣對快樂生活提案的絕望感。

那是個可怕的星期六上午。全家人心情都很糟，詹米讓我睡晚一點，很貼心，但從我走出臥室的那一刻，整個早晨就急轉直下了。

我喝了杯咖啡，詹米問我，他可不可以去健身房，我說好，但滿肚子不高興。他一離開，伊萊莎和艾麗諾才乖乖玩了大約五分鐘，就開始互相推來推去，繼而大叫。

艾麗諾發脾氣——躺在地板上，雙腳亂踢，雙拳捶著地板，還不斷尖叫。發生了什麼事？「伊萊莎一直瞪我！」然後換伊萊莎也跟進，啜泣著「不是我的錯！我討厭她哭！」

我快樂生活提案中所訂出的決心，那一刻全閃過我的腦海，但我不是想「在早上唱歌」或「花時間耍笨」。我希望有人來關心**我**，讓我感覺好一些。我一直這麼努力，但真的有用嗎？不。我一點都沒變。

但如果我放棄這個生活提案，還能有什麼選擇？我可以坐在地板上開始大吼，可以丟下兩個女兒回床上看書去嗎？這麼一來，我會比較快樂嗎？不會。

幾分鐘後，我們母女三人都停留在原地。艾麗諾一直在哭，伊萊莎一直在哭，我則站在門口。

「太過分了！」我大吼：「你們兩個，不准哭了！沒事哭什麼哭！」艾麗諾哭得更兇了，伊萊莎也哭得更兇了。我硬是壓下想揍她們的衝動。

「別吼我！」伊萊莎哭號著。「又不是我的錯！」艾麗諾在地板上翻了個身，好繼續改踢牆壁。

我得想想辦法。我用盡了全身每一分的理智說：「哭了會口渴，我去幫你們兩個倒水。」（兩個女孩都很愛喝水。）

我走進廚房，先幫自己開了罐健怡可樂，然後倒了兩杯水。我深吸了口氣，設法裝出很開心的口氣。「誰口渴了？有人想吃點杏仁嗎？」希望這招能奏效。

伊萊莎和艾麗諾逛進廚房，還在傷心地吸鼻子，兩個人都喝了水、吃了杏仁。然後她們坐下來，又繼續喝了更多水，吃了更多杏仁。然後，氣氛果然輕鬆一點了。

「嘿，」我朝伊萊莎說：「你早餐有吃飽嗎？」

「沒有，」她說。「我們在玩小馬玩具。」

「我一定要記住，」我說：「不能讓你們兩個太餓才行。」我開始笑得歇斯底里，兩個女孩嚼著杏仁瞪著我。

糟糕的時刻過去了，但這一天接下來也沒好多少。伊萊莎和艾麗諾一直在吵架，詹米和我也一直在拌嘴。每個人都搞得我好煩。

那天下午，兩個女兒把幾十本漫畫丟得廚房滿地都是，我正在催她們去收好，卻發現詹米不見了。「詹米！」我叫了幾聲，然後去找他。進了臥室，發現他已經在床上睡著了，睡姿像個飛翔中的超人，把我氣得半死。我的腦袋裡不斷在計較：我晚點起床，他去上健身房，為什麼他還可以偷睡一下？那要怎麼補償我？「記住，」我的良心一直跟我說：「別計較。」但我根本聽不進去。

我的快樂生活提案沒讓我感覺更好，而是更糟。我知道自己犯了什麼錯誤，也知道自己可以採取什麼方法——但我就是辦不到。去他的決心！為什麼我要浪費時間？這一切都只是讓別人更快樂，卻沒人珍惜我的努力，甚至根本沒注意到。尤其是詹米，他問過我在做什麼研究嗎？他對整齊的衣櫥、甜蜜的電子郵件、愈來愈少的嘮叨講過半個字嗎？沒有。

隔壁兩個女兒的聲音傳來。「是我的！」「才不，是我的！」「反正現在是我在玩！」「不要推我！」「你弄痛我的手臂啦！」

我衝向詹米：「起來！你什麼都不管嗎？你喜歡聽她們尖叫、打來打去嗎？」

詹米翻身揉揉眼睛。望著我的眼神，似乎是在說：「我等你恢復冷靜再說。」

「別光躺著，這也是你的責任啊！」我兇他。

「什麼責任？」

「你聽聽伊萊莎和艾麗諾！她們吵一整天了，你去解決！」

「很抱歉我沒幫上忙，」他說。「我只是不曉得該怎麼辦。」

「所以你就等著**我**去解決？」

「當然啊。」他說，微笑著朝我伸出雙臂（我從二月的研究知道，這是「示好」的意圖）。

「你會讚美我嗎？」我在他身邊躺了下來。

「會。」兩個女兒叫得更大聲了，然後詭異的安靜了下來。「啊，這是家的歡樂聲音。」我們兩個都大笑了。

「沒事了吧？」他問。「就算我還是個偷懶跑去睡覺的老公？」

「應該吧。」我說，頭抵著他的胸膛。

「這樣吧，我們去公園，到戶外去。」他坐起來喊：「你們兩個，穿上鞋子。我們要去公園囉！」

兩個女兒抗議著大叫：「我不要穿鞋！」「我不想去公園！」

「嗯，你們非去不可。我會去幫你們兩個穿鞋。」

這是尋常的糟糕一天——以後還會有更多。快樂生活提案沒有魔力，但那天晚上我的確設法實現了一項決心：「早點去睡覺。」

隔天早上起來，每件事看起來都好了一點。儘管過了好幾天，我的壞心情才完全消除，但至少我已經又準備好，要繼續我的快樂生活提案了。

8月

讀一本別人的災禍回憶錄

閱讀不幸災禍的回憶錄
寫感恩筆記
追隨一位精神導師

我已經堅信，金錢對買到快樂有幫助。然而，想錢想太多，實在很沒意思，會讓我覺得自己貪婪又小心眼。

這個月，我打算從金錢的世界轉移到心靈層面。八月份，把重點放在永恆的事物上，我覺得時機特別好，因為這個月，我們全家要去度假。脫離平常的例行作息，可以讓我把支撐日常生活的種種超然價值看得更透徹。然而，首先我得搞清楚：我幹嘛要思索永恆的目的？

我從小的成長環境，對宗教並不特別虔誠。小時候我去內布拉斯加州拜訪爺爺奶奶時，會去上主日學，我們也會為聖誕節和復活節做布置，但頂多也就是這樣了。

後來我嫁給詹米，他是猶太人，他們家的宗教氣氛也跟我家差不多，而既然我們結了婚，成了宗教「混合」的家庭，我們就更不虔誠了。我們會跟我爸媽一起過聖誕節，跟他的爸媽一起過猶太節日，兩邊的父母都很快樂。

不過，我向來對研究宗教有興趣。我稱自己是個「虔誠的不可知論者」，透過閱讀，我會進入信仰的心靈世界。儘管我從不覺得自己特別有靈性，但我逐漸明白，靈性狀態——崇高、敬畏、感激、正念以及思索死亡——對快樂來說，是至關緊要的。

我跟詹米提到我八月的重點是「永恆」，他狐疑地問：「你該不會去參加什麼變態的活動吧？」

「我想不會吧，」我回答。「比方什麼？」

「不曉得，」他說。「但思索永恆，感覺上就怪怪的。」

「放心啦，」我跟他說。「我不會在茶几上放骷髏頭的，我保證。」

我想培養出一種滿足而感恩的精神，我想感謝眼前這一刻和我日常生活的福分。我想把他人的快樂，放在我自己的快樂前面。那麼，專注在心靈成長，會讓你更快樂嗎？

根據研究結果，會的。研究顯示，追求心靈成長的人會比較快樂；他們的身心更健康，更善於處理壓力，婚姻更美好，而且更長壽。

冥想死亡，讀一本災禍回憶錄吧

西元五二四年，哲人波伊提烏（Boethius）在監獄裡等待處決時寫道：「思索天國的極限和恆定，至少這樣不會再去欣賞沒有價值的事物。」

當然，比起被處決，干擾我平靜心靈的事情都太微不足道了。但我還是想培養同樣的洞察力，才不會被瑣碎的煩惱和挫折所干擾。我想讓自己夠堅強，萬一必要的時候，足以面對最糟糕的處境。要達到這個目標，先賢聖哲都建議我們要思考死亡。如同佛陀的忠告：「在所有冥想中，冥想死亡是最重要的。」

但我不確定該如何冥想死亡。

中世紀隱修士的個人小房間裡，總會有骷髏的圖像，以提醒自己人生終將一死。十六世紀歐洲「虛空畫」（*vanitas*）藝術家的靜物畫中，都會有代表生命短促、必死命運的象徵，例如搖曳的蠟燭、沙漏、腐爛的水果、泡沫等。那，我要怎樣才能達到死亡和災禍帶來的高度覺悟——同時又不必在茶几上放骷髏頭呢？

我想到一個方法：閱讀別人面對死亡的回憶錄。

我去圖書館借了一大疊書。一開始，我看的是面對重症和死亡的回憶錄，接著範圍擴大，延伸到離婚、癱瘓、成癮等主題。我希望自己不必親身經歷同樣的苦難，就能受惠於這些人受苦所獲得的知識。

陽光普照的八月，是度假的時光，和這些書的晦暗世界恰成鮮明對比。跟家人在一起的安心，讓我更能體驗那些不快樂、失去某種事物的感受，也比較容易有共鳴。

我們收拾行李要去海灘度假時，我準備了幾本書要塞進舊行李袋，詹米朝那些書瞥了一眼。

「你確定要帶這種書？」他納悶地說，然後瀏覽著書的封面。「梅克（Stan Mack）談癌症，歐凱利（Gene O'Kelly）談腦瘤，還有瑪莎．貝克（Martha Back）談她的唐氏症小孩？」

「我知道啦，這些書看起來很沉重，但其實不會。書很哀傷，但也很……嗯，我不想說『鼓舞人心』，但的確鼓舞了我。」

「好吧，」他聳聳肩，「隨你。我要帶《衝出越戰》（*A Bright Shining Lie*）和《米德鎮的春天》（*Middlemarch*）。」

旅程快結束時，我看完了帶去的每一本書。我不同意托爾斯泰所說的「每個幸福的家庭都很相似」，不過他說「每個不幸的家庭都有各自的不幸」，這倒是事實。雖然這些回憶錄大半都是在描述類似的境遇——與某種威脅生命的狀況奮戰——但每一個獨特的痛苦故事，都很令人難忘。

你的昨天，快樂嗎？如何寫「一句話日記」……

讀了這些回憶錄，我發現自己更加珍惜眼前的日常生活。每一天，似乎都好永恆、好穩定。但這些作者們提醒我：只要一通電話，就有可能毀掉這一切。

一部接一部回憶錄的開頭，都是在敘述一個人熟悉的生活，突然宣告永久終止的那一刻。喜劇女星瑞德娜（Gilda Radner）寫道：「一九八六年十月二十一日，我被診斷出有卵巢癌。」「晚上七點，電話打來，我的腫瘤是惡性的，而且無法開刀。」軍事作家考李留斯．雷恩（Cornelius Ryan）回憶一九七〇年七月二十三日：「在這個溫和的早晨，我想我必須開始承認這個清晰無誤的可能性，那就是我快死了……那個診斷結果改變了一切。」

閱讀這些書，也讓我對自己的身體，有一股強烈的感激。度假期間，我放縱地亂吃洋芋片、奶昔、烤乳酪三明治，還有其他我平常不吃的食物。有天早上，我發現體重增加了，換作是以前，我會好沮喪，但才看過一本攝護腺癌倖存者寫的書，讓我對自己身體的感覺好太多了。我不該老是對體重不滿意，而是應該很慶幸自己有活力、健康、無痛無懼。

在宗教、哲學，以及災禍回憶錄中的一個共同主題，就是勸戒世人要**活在當下**。往往只有在某些災禍降臨後，我們才珍惜以往自己擁有的一切。「我們大部分人一生中，都有過這樣的情況，」愛爾蘭歷史學家勒基（William Edward Hartpole Lecky）曾說：「我們願意付出一切，只為換取昨天的生活，然而我們的昨天，卻過得不知感激也不快樂。」

我變得更能體會日常生活的珍貴，也忍不住好想抓住溜走的每一刻。我向來不太去想過去的事情，但有了小孩之後，我就變得對流逝的時光非常眷戀。這一天，我推著嬰兒車裡的艾麗諾，心想著有一天會換成她推著輪椅上的我。到時候，我還會記得眼前這一刻嗎？古羅馬作家賀拉斯（Horace）的一句話，始終縈繞在我腦海：「時光一年年過去，把我們所擁有的一個接一個奪走。」

我決定要開始寫「一句話日記」。我知道我沒辦法每天早晨花四十五分鐘，在一本美麗的筆記本上寫那種抒情散文（而且我的字太潦草了，寫完我自己回頭看都看不懂），但我可以設法每天晚上在電腦上打一兩句話。

這份日記，成為一個留下片刻時光的地方，這些片刻讓人生好甜美，卻好容易在記憶中消失。即使這個夏日消逝了，我還是能回想起這些美好的時刻——詹米發明一種新派餅的那個晚上，或是伊萊莎首度單獨到雜貨店。我無法想像自己有一天會忘記艾麗諾指著她的義大利麵條，想要加 Parmesan（帕瑪森乳酪），卻禮貌地說「請多加一點 pajamas（睡衣）」。但如果不寫下來，我會忘的。

在沙灘度假的最後一天，我們整理好行李，全家一起等渡輪。詹米和我坐著看報紙，艾麗諾晃著去爬一段三級高的階梯，我過去幫她，原本拿張報紙站在一旁邊顧她邊讀——但我頓時明白了：**就是此刻**。

這一刻，就是我跟小艾麗諾所共度的珍貴片刻時光。她好可愛、好活潑、好堅持，在那段木頭階梯爬上爬下。陽光明亮，繁花盛開，她穿著粉紅色的夏裝好漂亮；這樣的時刻，我怎麼還會想分心去看報紙？她已經長大好多了；我們再也不會有這麼小的小孩了。

忽然間我領悟了，**這**就是我的「第三條快樂真理」：**一天天很長，但一年年卻很短**。聽起來好像幸運籤餅上的箴言，卻是千真萬確。每一天，生活的每個階段似乎都好長，但每一年卻飛逝而過；我想珍惜眼前的時光、珍惜每一個季節，珍惜生命中的這一刻。

拿伊萊莎來說，已經有好多時光溜走了——幼童劇團、童書繪本、我們常玩的家家酒。有一天——而且那一天不會太遠了——我將會渴望地回想艾麗諾的嬰兒時期。這提早懷舊的一刻，好強烈又苦樂參半；從恍然大悟的那一刻起，我就更意識到自己永遠無法擺脫的命運：我一定會面對失去與死亡。

我在「一句話日記」裡，寫下了這個時刻，現在，就再也不怕忘記了。「全都打包好要回家——正在等渡輪——艾麗諾懷著那個夏天一貫的興奮，爬著沙灘上的階梯，爬上爬下，爬上爬下。頭上戴著詹米買的白帽子，可愛得令人難忘。手上當然還抓著她最喜歡的牙刷。但一切都會改變，一切都會過去。」（有時候我會犯規，寫了不止一句。）

在結婚週年紀念日，更新遺囑

我把「一句話日記」的想法，貼在部落格上，結果被大家熱情的回應嚇了一跳。顯然有很多人都跟我一樣有寫日記的衝動，卻失敗收場；他們也跟我一樣，想到「寫日記」就覺得嚮往又害怕。但寫個短短的日記，可以享受記下經驗或思緒的滿足感，又不會有必須寫很長的罪惡感或負擔，大家都很有共鳴。

有幾個人分享了他們的「一句話日記」。一個讀者寫的日記，是打算以後傳給三個小孩的；他因為工作常常到外地出差，所以公事包裡就放著一本小筆記本，每回一上飛機——趁其他乘客還在登機的時候——他就記個幾頁，寫下家人最近所發生的事情。我想這是個非常好的點子，因為這麼一來，就把虛耗的時間（例如等待登機的時間）轉換成一個愉快的、有創意的，而且有實質成效的時刻。

另一個讀者說，有回他看歐普拉的脫口秀節目，裡頭訪問了《享受吧！一個人的旅行》的作者伊莉莎白．吉兒伯特，因而受到啟發，開始學吉兒伯特寫快樂日記，在裡頭寫下每天最快樂的時刻。另外還有一個讀者是創業家，他寫工作日記，裡頭記下所有與工作相關的重要事件、問題與發現，他說這是個無價之寶，他的日記讓他回憶起自己如何處理工作上的事情，以及學到的教訓：「我是單打獨鬥工作的，如果我不寫工作日記，我大概就會一再重複犯同樣愚蠢的錯誤。同時寫這本日記，也給我一種進步的感覺，提醒自己我開公司到現在走得有多遠。」

除了寫一句話日記之外，讀這些災禍回憶錄，也刺激我去做另一件比較不愉快的事情：詹米和我，得把自己的後事交代清楚。所有的回憶錄都在強調，在震驚而悲傷的時刻，去處理那些冷冰冰的事有多麼可怕。

「我覺得啊，」我對詹米說：「我們該去更新一下遺囑了。」

「好啊。」他回答。

「我們講了好幾年，真的該去做了。」

「好嘛。」

「我們一定會不想做，所以一定要下定決心，非做不可。」

「好，你說得沒錯！」他說。「我同意，我們在行事曆上寫下來吧。」

結果我們真的去做了。真可怕，再沒有比看著充滿律師風格的老式 Courier 字體印著「最後遺囑」的字樣，更能讓人感覺凡人終將一死了。儘管聽起來很不浪漫，但在那家律師事務所裡，我覺得好愛詹米，那種感覺是很少有的。我好感激他活得健康強壯，感覺上那兩份遺囑似乎永遠不重要。

我們的結婚週年紀念日，即將在九月四日來臨，我忽然想到一個有意義的方式（有點可怕就是了），就是利用我們每年的週年紀念日，溫習我們的狀況。我們的遺囑都更新了嗎？詹米和我都知道對方的財務資料放在哪裡嗎？不必想我也知道，詹米根本不曉得我把稅務資料、保險資料、兩個女兒的出生證明放在哪。或許我該跟他提一下。

有天晚上詹米睡著後，我躺在床上看瓊·蒂蒂安（Joan Didion）的《奇想之年》（*The Year of Magical Thinking*），寫她丈夫死後的第一年。我闔上書，心中滿懷感恩，很感激躺在我身邊睡著的詹米眼前很平安。他平常不肯幫艾麗諾換尿布，我為什麼要那麼不高興？為什麼我老在抱怨他不回我的電子郵件？算了吧！

看著自己對這些災禍回憶錄的反應，讓我有點罪惡感。閱讀這些憂傷事件，反而讓我很安心，這樣不對嗎？換一個方式看，看了這些書之後，讓我們明白自己有多麼幸運（至少暫時是如此），於是有了快樂又放心的感覺，這不正是大多數這類作者所想要傳達的嗎？他們一遍又一遍地告訴我們，珍惜健康和對日常生活感恩有多麼重要。

寫感恩筆記，睡不著就乾脆起床

研究顯示，人都習慣跟人比較，所以我們比別人更好或更壞，會影響我們的快樂程度。二〇〇一年發生九一一事件之後那段日子，人們最常感覺到的情緒，除了同情之外，就是感激。感激，會大大影響一個人快樂與否。研究顯示，始終心懷感激的人會比較快樂，也對自己的生活比較滿足；他們甚至覺得身體比較健康，也會花比較多時間運動。

感激會讓人免於嫉妒，因為當你感激自己所擁有的，心思就不會集中在想要其他東西或更多東西；你更容易接受自己的現狀，同時也對他人更慷慨。感激能滋生出寬容——當你感激某個人，就比較不會對他失望。感激也讓你對大自然更有感覺，因為大自然之美最容易引發感激之情。

但我發現，要一直保持感激的心情很難。我向來把一切視為理所當然，輕易地忘記別人為我做的事。為了糾正這個毛病，我遵照很多快樂專家的建議，開始寫感恩筆記。每一天，我都寫下三則感恩的事情。通常我會在每天寫一句話日記時，也寫下感恩的事項——這麼做，讓我更快樂，也讓我更忙碌。

寫了一星期的筆記之後，我發現了一件事：讓我快樂的一些最基本條件，我從沒去重視過。這些基本條件，都被原先的我視為理所當然——我住在一個穩定、民主的社會，卻視為理所當然；我擁有父母的愛與支持，我熱愛自己的工作；我的兩個女兒很健康，我很高興公婆就住在附近（這一點很多人可能不喜歡）。我住在很理想的公寓裡，不必打掃庭院、不必鏟雪，早上不必出門拿報紙，不必把垃圾拿出去。還有，我很慶幸自己再也不必用功準備考試或資格考了。我全心提醒自己，更感激這些生活中的基本條件，也感激那些沒有發生在我身上的問題。

比方說，有天早上詹米例行要去看他的肝臟醫師，但到中午他都沒打電話給我。最後我打給他。「結果醫生怎麼說？」

「沒有改變。」他心不在焉地說。

「沒有改變？什麼意思？」

「嗯，就是一切都沒改變啊。」

通常我不會想太多，但這陣子思索感恩，加上讀了許多災禍回憶錄，讓我理解到——多麼快樂的一天啊！沒有消息就是**超讚的**好消息——我在感恩筆記本上記下了這一筆。

部落格讀者們也談到他們自己的筆記內容：

幾個月前，我開始寫日記，是在我自己電腦裡面的一個私人部落格。我花很多時間寫下讓我心煩的事情，或者覺得自己一直在彌補的事情，卻很少寫下我該感激的事物。

以我的經驗，感恩筆記很棒——而且其實不必真的寫日記。我試著手寫了兩星期，但一直覺得好刻意。現在，每天晚間冥想的時候，我就會花些時間思考我感恩的事物——而且強化那種情感。從寫下我感激的事物轉變成用心去體會感恩，是一件很棒的事情。我在泰國學到好多，那裡有很多人習慣會去廟裡拜拜、做功德。前兩次我跟當地人去，老是問他們要做什麼、該怎麼做，他們回答說你就誠心祈禱，衷心感激自己經歷的一切。這對我真的造成了很大的差別，從「假扮出來的感恩」到真正的、豐富的體驗。

我曾歷經一段可怕的時期，當時人生的每件事都出了錯。我失去了所有的自尊和自信。所以我開始寫感恩日記，記下我對「自己」的感激事項。我很感激自己能夠規律運動，就算有時候我並不想。我很感激我兩年前戒了菸。我很感激自己設法替我父親辦了個生日宴會。

寫了兩星期的感恩筆記後，我發現儘管感激可以增加快樂，但我的感恩筆記卻沒效了。我開始覺得寫這些東西很勉強，而且不再能保持感激的心態，反倒覺得很煩。後來，我讀到一份研究，裡頭說如果將「每天寫」，改成一星期寫兩次，或許會比較好；不那麼頻繁表達感激，似乎能讓你的感激更有意義。但這時的我已經厭煩這事，我放棄了。

感恩筆記行不通，我得找出別的方法培養我的感激才行。於是我把在電腦上輸入密碼的動作，跟感恩時刻連結起來；當我等著電腦從休眠中甦醒過來時，就想一些感恩的事情。這種感恩冥想的方式跟感恩筆記有同樣的效果，卻不會困擾我。

談到「感恩冥想」，我發現，如果把「冥想」這個字眼放在任何行動後面，這些行動就會變得比較高超而充滿靈性起來——等公車的時候，我告訴自己是在做「等車冥想」；在藥妝店裡排隊時，就做起「排隊冥想」。

當我覺得自己有點缺乏感恩之心時，就設法引用我的第三條守則：「表現出自己想要的感覺」。我可以把抱怨轉為感謝嗎？當我帶艾麗諾去看醫生、覺得很煩時，我可以告訴自己「我很慶幸，要帶艾麗諾去看醫生了」嗎？

神奇的是——這招居然有用！想想看，要是換了別人帶她去，我會多麼失望啊。有一天，我到凌晨三點還睡不著，到了四點，我決定不再氣呼呼地翻來覆去，而是告訴自己：「我很慶幸四點醒著。」我起床，泡了茶，走進我黑暗、安靜的工作室。我點上我的橙花香蠟燭，坐了下來——知道接下來至少兩個小時，不會有人打擾。我沒讓自己覺得挫折或疲倦地起床，而是以平靜和成就感，展開新的一天。

如果要追隨一位精神導師，你會選誰？

最普遍的靈修方式，就是追隨一位精神導師。比方說，基督徒會研究肯培斯的多馬（Thomas à Kempis）在《遵主聖範》（*Imitation of Christ*）中問自己：「耶穌會怎麼做？」在世俗世界中，我相信，人們常常為了靈性的原因而閱讀傳記：他們想研習偉人的典範，無論是邱吉爾、林肯、歐普拉，或是股神巴菲特（Warren Buffett）。這種渴望，當然也是我以前會寫傳記的理由之一，現在我決定研究並追隨一位新的精神導師。

然而，要追隨誰呢？我在部落格上問讀者們追隨哪些精神導師。

> 我非常欣賞也學到很多的，是兩位禪學老師（不過我不是禪宗弟子）。一位是費雪（Norman Fischer），他是個充滿智慧、耐心，又常識豐富的人。我最喜歡的另一位禪學老師，是猶太裔祖母（不是我親生的）布爾斯坦（Sylvia Boorstein），她極具智慧，口才好又坦率。最後，在我的猶太教傳統中，我欣賞科若洛夫拉比（Rabbi Charles Kroloff）。
>
> 。
>
> 梵谷。我知道，我知道，一個曾割掉自己耳朵的人，怎麼能成為精神良師呢？（嗯，首先，他其實沒把自己的耳朵割掉……）你只要讀他寫給弟弟的書信選《親愛的西奧》（*Dear Theo*），

就會明白梵谷是多麼有靈性的人，同時，還能從這位絕世天才的人生、思索、想法、哲學、堅定中得到啟發。

達爾文。精采地找出自然世界形貌的緣由；他不教誨人，而是展示給你看。他的洞察力源自於長時間深刻的思索，以及大量的苦功。有幾本很好的傳記敘述他尋常無奇的童年、他的小獵犬號之旅，以及他如何刻意選擇先贏得科學的名望後，再發表他舉世震撼的想法，同時以大量例證做後盾。而且他其實也是個相當友善的紳士。任何能把世界看得這麼透徹的人，都應該受到深深的尊敬。

作家安．拉莫特（Anne Lamott），因為她好誠實；還有多錫克拉比（Rabbi Wayne Dosick），雖然我不是猶太人。

想到兩個：威爾醫生（Dr. Andrew Weil），他是一位整合療法醫師，也寫了很多本書。他討論人要如何在心理上、身體上、心靈上感覺更好，他的建議總是激起我的共鳴。另一位是很受歡迎的寫作教學書《心靈寫作》（*Writing Down the Bones*）的作者娜妲莉．高柏（Natalie Goldberg）。這本書教人以禪的方式寫作，但如同她所指出的，她的建議其實可以運用在很多事情上頭。對我而言，她各種想法的中心就是原諒自己。

其實呢，我覺得大自然是我的心靈老師（我不喜歡「導師」〔master〕這個字眼）。西方文化假設只有人類才能教導靈性，但在原住民的世界觀裡，任何生靈、任何自然元素都可以是老師。只要我們學會傾聽並觀察自然世界，就可以學到很多。

精神病學家、心理學家、二次大戰集中營倖存者維克多．弗蘭克（Viktor Frankl）。

我不確定找到了自己的心靈導師，不過聖保羅（Saint Paul）的詩歌和熱情深深吸引我。我先生則從喬治．歐威爾（George Orwell）的一生中得到啟發。

達賴喇嘛。光是看他的照片就能讓我快樂。不過我從沒想過要效法他。值得深思。

我已經挑了一個心靈導師，打算要學習更多有關他精采的一生。他不是別人，就是我們的開國元勳富蘭克林（Ben Franklin）。我才剛查過維基百科，上頭說他是：「富蘭克林是出了名的博學，他是個重要作家和印刷商、諷刺作家、政治學家、政治家、科學家、發明家、民權運動人士，以及外交家。」我記得曾讀到他做過這些事情，但直到今天我還不知道詳情。我得多做點研究才行。

喇嘛諾那仁波切（Lama Norlha Rinpoche，好奇想知道他的人可以查 www.kagyu.com。他跟達賴喇嘛一樣，是藏傳佛教徒）。他是我的冥想老師，至今已經超過二十五年了。他本人非常有啟發性（好笑，這是我第一次形容他「有啟發性」）。他更像是用一種深入的正面方法，讓我脫離自己的束縛。

我知道很怪，但我挑的是性學專欄作家薩維吉（Dan Savage）。他不太像是那種合乎道德的心靈導師。而且，沒錯，他也承認自己滿嘴髒話，但他也同時提倡誠實、愛，與尊重。而且他的話實在太值得引用了，例如：「這是交往，又不是宣誓作證。」就像你老在說的，我們不會去選擇自己喜歡做什麼，而是直接就去做了……要我選的話，我不會把薩維吉抬得這麼高，但我對他真實的感覺就是如此。

我第一個想到的就是作家梭羅（Henry David Thoreau），同時還有大自然。聖伯納德（St. Bernard）說得很好：「你在樹林中發現的比在書中更多。樹和石頭會教你的事，是你從導師身上學不到的。」或許我該去研究一下聖伯納德……

作家赫曼．赫塞（Hermann Hsse）。儘管我從沒把他想成是靈魂引導者，但我想他是，我有他的作品全集、回憶錄、詩集。有句他講的話，我想你會覺得很有趣：「我們要思考如何快樂，而不是何謂快樂。快樂是一種才能，而不是目標。」

德蕾莎修女（Mother Teresa）和女權運動先鋒葛羅莉亞．史坦能（Gloria Steinem）！

阿西西的聖方濟（St. Francis of Assisi）教了我好多，讓我去接受那些看似仇敵的事物。我不再懷恨，而是重新建構一種情境。比方說，我不要去恨蚊子，而是提醒自己蚊子也有用處，可以是鳥的食物。我還是不喜歡蚊子，但不像以前那麼討厭了。我喜歡聖方濟的許多事蹟，也試著去效法他。

我的工作夥伴都在尋求快樂（同時也尋求別的）。總之，我沒鼓勵他們模仿某個性靈的人，而是要他們去找幾個自己欣賞的同性。對象可以是歷史、文學、電影中的人物，或他們認得的人，或許是政治人物、或是良師，或是親人，或是名人。挑誰其實不重要，只要這兩三個人是

> 他們欣賞的就好。
>
> 一旦他們講出這些人的名字，我就會要他們明確說出他們之所以欣賞的特色（拜託不要講外貌！）。
>
> 然後我告訴他們（很榮格式，但很有用）：無論他們欣賞這些人的哪一點（通常他們選的人都有一致的特色），都正是他們自己剛要萌發的特性，只是還沒出現而已。
>
> 這個事實——剛要萌發某種特性，但自己卻還不曉得——就是他們為何欣賞某些人的真正原因。一旦他們開始發展自己的這些特性，就會開始欣賞其他種特質了，好繼續進行這個成長的循環，達到內心的自由和快樂。
>
> 知道你欣賞別人的哪些特點，是一面很棒的鏡子，可以照見內心最深處尚未出現的自我。

網友們這些提議都好有趣，我正在閱讀一堆堆各種人物的書，卻沒感覺哪個人特別有吸引力，直到遇上了聖女小德蘭。

我是在閱讀多瑪斯・牟敦（Thomas Merton）的回憶錄《七重山》（*The Seven Storey Mountain*）時，看到聖女小德蘭讚美天主的話。看到這個性情古怪、修士作風的牟敦，崇敬地提到這位綽號「小花」（Little Flower）的多愁善感女子，好奇之下，就去讀了她的靈修回憶錄《靈心小史》（*Story of a Soul*）。那本書，讓我大為傾倒，不知不覺間對聖女小德蘭著迷起來。我買了一本關於她的書，然後又一本，再一本，而且重讀了《靈心小史》好幾遍。

有一天，我正想把剛買的那本聖女小德蘭傳記塞進書架裡（夾在《聖女小德蘭隱藏的臉》和《聖女小德蘭的兩幅畫像》之間），詹米看到了，就用一種不敢置信的語氣問我：「你打算買多少本聖女小德蘭的書啊？」他對天主教聖人的生平超無感的。

我這才驚訝地看著自己的書架，數著那些聖女小德蘭的傳記、歷史、分析。我總共買了……**十七**本，而且每本都看完了。我還買了一捲錄影帶，以及一本聖女小德蘭的圖片集二手書——花了七十五美元（算是我「偶爾揮霍一下」的成果）。我開始恍然大悟——原來我已經有一個心靈導師了。**聖女小德蘭**就是我的心靈導師。這位天主教聖女，一個法國女孩，死於二十四歲，之前九年都跟二十來個修女待在修女院裡——聖女小德蘭，綽號「小花」，以她的「小道」（Little Way）而聞名，為什麼我會被她吸引呢？

我想了五秒鐘，答案再清楚不過了。

我展開快樂生活提案，是為了測試我的假設：藉著在日常生活做出一些小改變，我可以變得更快樂。我不想拋棄自己人生的正常活動（例如搬到華爾騰湖或南極去住），不打算放棄購物，或去嘗試迷幻藥。我期望改變自己的生活，但必須在不改變原來生活的前提下——我希望能在自家廚房裡找到更多快樂。

一朵小白花的春日故事

聖女小德蘭的精神，正是如此。

聖女小德蘭本名 Thérèse Martin，一八七三年生於法國阿朗松（Alençon）。父親婚前曾想成為隱修士，而母親想成為修女，但兩個人都被修會拒絕了；小德蘭五個沒夭折的姊妹都成為修女，而小德蘭則封聖。她十五歲時，想進入家鄉里修（Lisieux）的聖衣會（Carmelite）修道院（她的兩個姊姊已經進去了），但主教不肯答應，因為她年紀太小了。她遠赴羅馬去請求教宗良十三世（Pope Leo XIII）親自允許，但教宗支持主教的決定。然後那位主教改變心意。當小德蘭進入修女院時，院長是她的姊姊寶琳（Pauline），她指示小德蘭寫下她童年的故事，後來成為《靈心小史》的基礎。一八九七年，年方二十四之際，小德蘭在肺結核的痛苦折磨中病逝。

她在世時，除了家庭與修院，沒有人聽說過小德蘭。但她死後，為了發布訃聞，這部經過編輯的回憶錄便被呈送到聖衣會和教廷。一開始只印了兩千本，但她所取名的「一朵小白花的春日故事」太受歡迎了，結果迅速流傳；她死後才兩年，墳墓就得派警衛看守，免得朝聖客來尋找遺骨。很難想像，這麼一本僅僅記錄童年和年輕時代、短而謙卑的回憶錄，居然有這麼大的精神力量。

於是，小德蘭打破了一般封聖必須等待漫長時間的慣例，在一九二五年被迅速封聖，成為「聖女小德蘭」，離她死去只有二十八年。一九九七年，為了紀念她過世一百年，教宗若望保祿二世追贈她為教會聖師，這是三十三位超級聖人才能得享的菁英榮耀，其中包括聖思定（Saint Augustine）和聖道茂（St. Thomas Aquinas）。

對我而言，小德蘭故事最迷人的面向，在於她是以完美的日常小行動，達到聖人地位。這就是她的「小道」——小小靈魂以小小方式達到神聖，而非偉大靈魂以豐功偉業達成。「行動自然能證明愛，所以我如何表達我的愛？偉大功績與我絕緣。我要證明自己的愛，唯一的方式就是藉著……每個小小的犧牲、每個眼神和話語，還有實踐各種微不足道的愛之行動。」

小德蘭活著和死時，都沒有驚動他人。她過著卑微的生活，很少踏出修女院，儘管只比邱吉爾早生一年（她死於修女院的醫務室之時，邱吉爾正在從軍作戰，派駐在英屬印度馬拉坎〔Mal-akand〕），她卻似乎像個遙遠而模糊的往昔人物。小德蘭未曾經歷不正常的家庭背景或巨大的困難；她的家境寬裕，有愛她的父母和一個溫柔、寬容的成長環境。儘管小德蘭在《靈心小史》中透露：「我想當戰士、神父、門徒、聖師、殉道者……我應該會願意死在捍衛教會的戰場上。」但她沒有什麼了不起的功績，也沒經歷過什麼勇敢的冒險；的確，除了那回長途跋涉去向教宗請願，她一輩子都待在自己住所的附近，跟家人在一起。她想受苦，想為耶穌流血而死，她也的確做到了，但卻是以**小小**的方式——不是光榮地參與戰爭或燒死在火刑柱上，而是以可憐的肺結核病患身分，死在痛苦、吐血中。

如同教宗碧岳十一世（Pope Pius XI）在封聖詔書中所強調的，小德蘭所達到的超群德行「並未逾越事物的通用法則」（閱讀與小德蘭有關的書，讓我學到一堆有關封聖詔書和封聖的所有規定）。我追求不了小德蘭的聖潔，但我可以追隨她的方式，也就是：立志在日常的生活秩序中達到完美。我們總以為，英雄事蹟非得誇張醒目——比如像是搬到烏干達為愛滋病患工作，或是記錄底特律遊民的困境。但小德蘭的例子證明，日常生活中也充滿值得欽佩的美德，即使這些美德並不起眼。

我最喜歡的例子之一，就是小德蘭很不喜歡修院裡的另一位修女特瑞莎（Teresa of Saint Augustine），小德蘭曾經未指名的描述她是「一位修女，樣樣都讓我不喜歡，不論是她的作風，她講的話，她的個性」。但小德蘭沒躲著她，反倒一有機會就找這位修女，對待她「彷彿我最愛她」——成功得讓特瑞莎一度問小德蘭：「你能不能告訴我……我哪點這麼吸引你，讓你每回看到我，總是露出微笑？」

小德蘭死後，在她的列福式過程中*，這個難以相處的修女特瑞莎也得意地作證說：「至少我可以憑良心說：她活著的時候，我都讓她真的很快樂。」特瑞莎從不知道自己就是《靈心小史》裡提到的那位討人厭的修女，直到三十年後，修女院教堂的司鐸在一時盛怒中告訴她真相。當然，這只是小事，但任何人若曾受苦於愛抱怨的同事、自戀的室友、愛管閒事的姻親，就能領會要跟這樣

*編按，列福式（beatification），天主教會追封已過世者的一種儀式，以便尊崇其德行、信仰足以升上天堂。

的人當朋友，需要何等神聖的美德。

因為我的快樂研究，《靈心小史》最令我感動的片段之一，就是小德蘭觀察到「為了上帝的愛和我的教會姊妹們（對我如此寬容），我刻意要表現得快樂，尤其要**真正快樂**」。小德蘭做得太成功了，她的快樂看似毫不費力，而且她好容易笑，以致很多同院的修女們都看不出她的美德。小德蘭臨終期間，另一個修女看到小德蘭讓探病的人大笑頻頻，因而說出「我相信她會笑死，她太快樂了」——但其實當時小德蘭正暗自承受精神上的折磨，以及肉體上的極度痛苦。

表現出快樂，就是在告訴對方：你愛他

佛教徒談到「善巧」（skillful）與「不善巧」（unskillful）的情緒，其中有努力與能力的正確內涵。大家都以為，一個人**表現得**快樂，就一定是**感覺到**快樂，但其實快樂的本質看似不費力地自然發生，卻往往要費上很大的技巧。

我開始效法小德蘭，當我知道自己快樂也會讓別人快樂，就得更努力表現得快樂。我不想假裝，但我可以努力不再批評別人。我該去找方法，讓自己的熱誠發自真心——看到我不見得喜歡吃的食物，或者一些我不見得很愛的活動，或是我可以挑出毛病的電影、書籍、表演，總要找出一些可以讚美的地方。

同時，我明白應該更常「表現」自己的快樂。比方說，我那本甘迺迪總統的傳記出版時，每個親人都跑來問我問題，如今回想起來，他們原是希望引出如下的回答：「我好高興！看到那些書出現在書店裡真是太興奮了！一切都好棒！我好快樂！」但我是個完美主義者，帶有不滿、焦躁、愛煩惱的天性，不太容易興奮。現在回想，我才明白，表示自己愛意的方式，就是表現出自己很快樂，不光是為自己，也是**為他們**。我其實也清楚當親人很快樂時，我自己會有多麼快樂。有回伊萊莎和我母親準備了一個精緻的茶會，伊萊莎很興奮地跟我母親說：「小兔兔，這樣**真好玩！**」我母親說：「是啊，一點也沒錯！」我在旁邊聽到也好樂。

就像快樂生活提案進行期間經常出現的狀況，直到我發誓停止批評和挑剔，才明白自己有多精於此道。但為了我對家人和朋友的愛，為了他們對我這麼好，我要設法表現得快樂，尤其是要**真正快樂**。

比起小德蘭，更讓我熟悉的榜樣就是我父親。我妹的朋友都喊他「微笑傑克」，他最可愛的特質之一，就是永無休止的開朗和熱誠。這對其他人的快樂，造成了重大的影響。就在不久前，我們一家人到堪薩斯城的娘家作客，我父親下班回家，我媽告訴他：「我們晚餐吃披薩。」我父親回答：「太棒了！太棒了！你要我去拔薩店拿嗎？」我很了解我父親，知道他晚餐其實不想吃披薩，而且他實在很不想馬上又出門。這種堅定不移的熱誠看似容易，但等到我自己想採取這種態度，才明白有多困難。**要沉重很容易，要輕鬆才困難**。

要表現得快樂，甚至真正快樂，是一大挑戰。此外——我花了很長的時間，才接受這個違背一般人常識的事實——很多人不想快樂，或不想看起來快樂。為什麼？原因很多。

有些人認為，快樂不是一個值得追求的目標；而是一種可笑的、美國人的執著，是錢太多又看太多電視的人會有的無聊想法。他們認為，快樂意味著缺乏主見，而不快樂則是有深度的象徵。

有次在宴會上，一名男子跟我說：「每個人都太在乎自我實現，太自我耽溺。快樂這個詞出現在『獨立宣言』上，於是大家都認為自己應該**快樂**。但，快樂根本就不是重點。」

「嗯，」我說：「現在我們的國家已經達到某種程度的富足，大家會把目標設定得更高。人們想快樂不可取嗎？如果快樂不是重點，那什麼才是？」

「為社會正義、和平，或是環境這類目標而努力，就比快樂更重要。」

「可是，」我大著膽子說：「你認為幫助他人、為他人福祉而努力很重要，這當然很好，但為什麼？為什麼你要擔心貧困的兒童或非洲的瘧疾？不就是因為你希望人們健康、安全、富足——你也會因此而快樂嗎？如果他們的快樂很重要，那你的快樂不重要嗎？」然後我補充：「研究顯示，愈快樂的人就愈可能去幫助他人。他們對社會問題會比較感興趣，比較會去當義工，也會捐比較多錢做慈善。此外，就像你剛剛說的，他們比較不會關注個人問題。所以一個快樂的人，其實更可能去為環境之類的目標而努力。」

當然，只因為別人不快樂，你就不肯快樂，這有點像是因為印度有挨餓的嬰兒，所以你就把食物倒掉一樣。你的不快樂，並不會讓其他人更快樂——事實上，恰恰相反，愈快樂的人就愈可能有利他行為。這是「第二條快樂真理」的良性循環：

讓**你自己**快樂的最佳方式之一，就是讓**其他人**快樂。
讓**其他人**快樂的最佳方式之一，就是**你自己**要快樂。

不認為自己快樂的人，就不會快樂

有人說，快樂是因為智力欠佳。有個人就曾對約翰生博士說：「博士，你是哲學家。我也一直想成為哲學家；可是卻不知道該怎麼做，歡樂老是從中作梗。」也有人認為，快樂的小資產階級處於自滿狀態中，不可能產生創造力、真誠與洞察力。然而，儘管陰沉、悲觀的人看起來**或許**比較聰明，但研究顯示，快樂基本上是跟智力無關的。

當然，不太快樂的樣子，看起來會比較酷。當個快樂、純真、容易開心的人，感覺上有點蠢。熱心的人不但得花力氣，還需要保持謙卑及努力付出；世故一點，講些沒有建設性的批評，或者裝出一副哲學家的淡定模樣，會比較省力。

我以前認識一個人，她老是批評那些閱讀名人八卦的人有多蠢，但她的輕蔑正顯示她自己也密切關心這些名人八卦。我必須忍著不引用約翰生博士對詩人波普（Alexander Pope）的評論：「波普太頻繁地對偉人表示輕蔑了，因此一定不可能是真的；沒有人會老記掛著自己瞧不起的事物。」批評是她的策略，既可以擁抱名人八卦，又可以讓自己顯得清高。

還有一類人，他們的不快樂，是一種用來控制他人的手段。他們堅守不快樂的狀態，是因為怕失去了不快樂所帶來的特殊待遇：同情和關注。

我自己，就曾經如此。比方說，當詹米要我陪他去參加同事聚會，而我告訴他「我不想去，我真的不想去，但如果你要我去，我就去。」我覺得，這樣一來就會從他那裡要到更多憐愛，而如果我說：「好極了，我好期待。」他就不會這樣對我了。彷彿我不抱怨，不表現出自己的不快樂，詹米就不會珍惜我似的。

有些人會長達數十年，都如此「利用」不快樂。「我媽老是愛說，她為了留在家裡照顧我和我弟，犧牲自己的博士學位，」一個朋友告訴我。「她挫折又憤怒，而且一天到晚在提，她利用她的不快樂，來控制我們和我爸，讓我們全都覺得對不起她。」

還有人認為，不快樂是無私的，而快樂是自私的。這也是誤導——表現得快樂，其實才更無私。你得要有精力、能寬容，加上自制力，才能一直保持輕鬆愉快。但通常大家都把快樂的人視為理所當然，不太會關心這種人的感覺，也不必討他開心，他似乎自己就很滿足了。而因為這種人的快樂似乎一點也不勉強，通常大家也不認可他的功勞。小德蘭就是個例子，連修女院裡的其他修女，都無視於她巨大的努力。因為她似乎很快樂，大家就以為她的一切順理成章。我知道有少數幸運的人——比方我父親——似乎天生就個性開朗。但現在我好奇的是，這背後究竟付出了多少努力。

還有一種人，他們是因為迷信，擔心承認快樂會招來厄運。這顯然是所有人類的本能，在各種文化裡都見得到——害怕自己的幸運被發現了，會觸怒天神。在我開始這項快樂生活提案時，就有這種感覺：我這麼在乎自己的快樂，會因此被雷劈嗎？

還有一種相關的迷信，是如果你預期到會有麻煩和悲劇，就可以預先阻止。恐懼和憂慮，有很實際的功能：因為當你思索不愉快的情況，就可以提醒自己要謹慎，例如想到車禍，會讓你繫上安全帶，想到發胖，會讓你想運動。

但對很多人來說，恐懼自己**可能**發生什麼事，正是不快樂的一大來源，卻以為將自己置於苦惱中，能帶來一種化解的作用。比方說，在某種程度上，我很內疚自己沒更擔心詹米的C型肝炎。我隨時留意我們得到的每份資訊，我多次陪詹米去看診，我學了好多C型肝炎的相關知識。但當這個病不再是我們眼前的問題時，我就不太會去想，有時候我的冷漠態度似乎……不負責任。我不是應該更關心的嗎？但實際上，我的憂慮其實改變不了詹米肝臟的狀況，讓自己恐懼到抓狂，反而會讓詹米和我都不快樂。

最後一個原因，有些人不快樂，是因為他們不想費心思讓自己快樂。快樂要花精力，也需要紀律。要沉重很容易，要輕鬆才困難。這種人並不知道，自己的不快樂對周遭的人是個負擔——負面情緒會比正面情緒容易傳染，讓周遭的人也同樣跟著受苦。

無論是哲學家、科學家、聖人或江湖郎中，全都會告訴你如何快樂，但對於**不想**快樂的人來說，這些全起不了作用。如果你不相信你是快樂的，你就不會快樂。如同古羅馬作家敘利亞的普布里烏斯（Publilius Syrus）所說的：「不認為自己快樂的人，就不會快樂。」如果你認為自己快樂，那你就快樂。所以聖女小德蘭才會說：「我刻意要表現得快樂，尤其要**真正快樂**。」

本月心得：當電話另一頭傳來壞消息，你會怎麼想？

我這個月的決心，就是要讓自己當電話響起、帶來壞消息時——這種事是無可避免的——我能夠勇敢地撐下去。

果然，就在月底，壞消息傳來了。是我媽打電話來。「你跟伊麗莎白談了嗎？」她問。

「沒有，我們有一星期沒聯絡了，」我回答。「怎麼了？」

「嗯，她有糖尿病。」

「糖尿病？」

「對。醫生他們認為是第二型，但還不確定。幸好及時發現——她的血糖高得危險。」

「她是怎麼發現的？現在怎麼辦？她怎麼會得糖尿病？」我對糖尿病的基本常識開始掠過腦海：飲食和行為如何影響第二型糖尿病；第一型和第二型糖尿病因爭搶研究經費分配而關係緊繃；六年級時，我看到一個朋友把胰島素注射針插進肚子裡……。

接著我打電話給妹妹，問她相關細節。接下來幾週，情況一直有變化。一開始，醫生認為伊麗莎白罹患的是第二型，儘管她不符合典型病患的條件——她年輕、瘦、結實。這個壞消息中有兩件事倒是讓我們稍微放心：第一，原先一直不舒服的她，血糖下降後就好多了。其次，我們知道她得的不是第一型，都鬆了口氣，第一型靠節食和運動無法緩和，必須每天注射胰島素。

沒想到，結果發現，她得的真是第一型。

人類面對挫折時，就會產生一種心理機制，幫助自己往好的方向看，於是我也感覺到自己開始尋找「創傷後成長」的機會。各式各樣的想法在我耳際縈繞，我設法保持理智，並心存感激。「幸好及時檢查出來，」我告訴伊麗莎白。「以後你要吃得好一點，定期運動。你會控制住病情，你會習慣的，而且你一定會做得很好。」

伊麗莎白則是採取「向下比較」的策略。

「是啊，」她說。「想一想，情況有可能更糟呢。要是診斷出來是更嚴重的病，那才慘呢。糖尿病其實還算可以控制的。」她沒說、我也沒說的是：沒錯，診斷結果有可能更糟——但也可能**什麼病都沒有**。

大學畢業後，我的室友出了嚴重車禍，我飛到夏威夷去看她。她戴著一個環狀撐架，上頭的螺絲鑽進她的腦殼裡。

「大難不死，你覺得很幸運吧？」我問。

「嗯，其實呢，」她說：「我真希望自己沒出這個該死的車禍。」

要專注於樂觀態度並不容易。但我想，之前的種種努力的確幫助我面對這個消息。如果得了糖尿病的人是我呢？有個十八世紀很流行的墓誌銘這麼說的：

路過的朋友啊，別忘了。
現在的你，我也曾經歷過。
未來的你，必如同現在的我。
準備好自己，跟隨我的腳步。

這是快樂生活提案的旨趣。我不斷提醒自己，**現在**就是堅守快樂決心的時候。因為，電話隨時會再度響起。

| 9月 |

別勉強你的靈魂

寫一部長篇小說
撥出時間，做自己喜歡的事
寫筆記，有一天你會用得著
學一種新技能

度假歸來，我再一次感謝圖書館的存在。

我家附近的這所圖書館很完美：漂亮的建築、開放式書庫、可以上網，還有一個很棒的兒童區，以及一個安靜的閱覽室可供我寫作——真的，這閱覽室真的很安靜。我還記得有天上午，沒把筆記型電腦的開機聲關掉，惹得好幾個人抬頭瞪我。過去七年，我每星期都會來這個圖書館好幾次，因此早就覺得家裡附近有圖書館沒什麼大不了。但是，這回短暫離開後，讓我想起自己有多麼愛它——這證明了快樂專家的建議：被剝奪一段時間，可以加強愉悅感。

重返這個圖書館，讓我很快樂，加上九月是一個學年的開始，因此這個月很適合以書為中心。我這個月的決心，是「追求一項熱愛的事物」。對我來說，就是一切跟書有關的事物。我喜歡閱讀和寫作，我的工作也是以閱讀與寫作為中心，但我還是常常忙得無法做這些活動。

很久以前，我讀到作家布蘭迪（Dorothea Brande）警告說，寫作的人太傾向於把時間花在文字活動上，比方閱讀、談話，或者看電視、看電影、看戲。她建議，應該多從事「非語言」的活動，以重新獲得能量——聽音樂、逛博物館、獨處、獨自散步。我明白她的用意，偶爾也會試著採行這些建議。但在準備快樂生活提案期間，我去逛書店時，忽然覺悟到一件極其明顯的事：我最喜歡做的，仍是閱讀、寫作、製作書。真的，要我坦白說的話，我就只想做這三件事而已。

前陣子，一位有三個孩子的朋友告訴我：「週末時，我最喜歡全家在早上和下午都在戶外玩上兩個小時。」

「週末，」我說：「我最喜歡全家穿著睡衣躺著看書，直到吃午飯。」這是真的，但我以前老覺得不太好。為什麼？為什麼我會覺得她去戶外玩比較高尚？為什麼我對自己只是躺著「看書而已」有罪惡感？也許正是因為這件事對我來說太過自然了，我**希望**自己不一樣，希望自己的興趣更廣。

我決定，要認真去追求我對閱讀和寫作的熱愛了。對我來說，這感覺上比去戶外要好玩得多。當然，艾麗諾年紀還小的這幾年，全家躺著看書純粹只是個美夢，但以前我有過這樣的日子，以後也會重拾的。

當然，不是每個人都跟我有同樣的興趣；他們可能不愛看書，而是喜歡美式足球，或是小劇場、政治、舊貨拍賣。但不論你熱愛的是什麼，許多快樂研究都預測，花時間在這類事情上，而不是等到「有空才做」（其實很多人從來沒有空），會讓你的快樂程度大增。

然而我發現，很多人對於自己到底「熱愛什麼」，壓根兒是回答不出來的。如果你是這樣，倒是有個很有用的線索，可以幫助你找出自己到底最想做什麼，這線索就是：「做你一向在做的事情」。你十歲時喜歡做什麼？星期六的空閒下午，你通常在做什麼？這，就是個強有力的指標。我有一位部落格讀者甚至舉了一個更有意思的指標：你坐在馬桶上時會想什麼，那可能就是你**願意**做的事。

動手寫小說，能讓你用新的眼睛看世界

我這個月，想寫一部長篇小說。

前一陣子，我在街上碰到一個朋友，她提到正在寫一部長篇小說，而且說要在一個月內完成。

「真的假的？」我問，好奇心被勾起。「怎麼做到的？」

「我看《沒情節?沒問題!》（*No Plot? No Problem!*）這本書上寫的，作者是貝提（Chris Baty）。你不用準備什麼，就是開始寫，不要回頭校訂，每天寫一六六七字，三十天就能寫好一部五萬字的小說。」

「五萬字？」我問。「這能算是長篇小說嗎？」

「《麥田捕手》和《大亨小傳》就是啊。」

「是喔，」我慢吞吞地說：「我搞不好也來試試看。」

「貝提同時也發起了全國小說寫作月，就訂在十一月，很多人都要參加。」

我們站著講話的街區附近，就有一家邦諾書店（Barnes & Noble）的聯合廣場（Union Square）分店。「我馬上就去買那本書，」我下定了決心。「我在認真考慮了。」

買了書之後，我忽然有個寫作的點子：兩個人在曼哈頓的一段外遇。我一直在閱讀蘿莉・柯文（Laurie Colwin）、蘿珊娜・魯賓遜（Roxana Robinson）和其他作家談中年婚姻問題的作品，我也想好好思考像外遇這種事，對中年婚姻危機所帶來種種快樂與不快樂的後果。此外，我覺得仔細構思如何讓同一個社交圈的兩個人發展祕密外遇、同時書寫紐約市，應該會滿好玩的。

九月一日，我在標題頁打下「快樂」，然後寫下我的第一句：「事後回想起來，愛蜜莉明白，她從一開始就知道會跟麥可・哈蒙發生外遇：那是九月十八日晚上八點左右，在麗莎與安竹・凱索夫婦公寓內的雞尾酒會上。」如是這般，我寫了一六六七字。

寫這部長篇小說很費工，但沒有我想像中那麼麻煩。當然，我寫得比大部分人輕鬆，因為我本來就是全職作家。但即使如此，我還是得擠出讀報紙雜誌、跟其他人碰面喝咖啡、讀閒書或閒晃的時間。我的部落格貼文，也變得簡短許多。

到了第十一天，問題來了：我沒梗可用了。我想不出太多劇情——愛蜜莉和麥可共進午餐，展開戀情，然後終止這段外遇——結果寫到末尾了，還不到兩萬五千字。貝提在書裡保證說，我一定可以輕鬆地想出更多故事的，而我無論如何都要繼續寫下去。每一天，我都設法擠出最低的字數，直到九月三十日，我打下這個句子：「現在她換了一家藥妝店買東西。劇終。」我算了一下字數：五〇一六三字。我完成了一本長度足以出版的小說——就跟我最喜歡的幾本小說長度一樣，比方芙蘭納瑞・歐康諾的《智血》（*Wise Blood*）和恰克・帕拉尼克（Chuck Palahniuk）的《鬥陣俱樂部》（*Fight Club*）。

寫這部小說的工作量非常重，我每天還得完成其他事情，這讓我快樂嗎？

當然。進行這麼一個大計畫，而且在一個月之內完成，為我的人生帶來很大的成長感覺。看到自己如果用心，就能在短期內達成這樣的成果，讓我興奮極了。尋找素材以充實小說，也讓我能以全新的眼光看世界。有一天下午，從圖書館回家的路上，我看到著名的康貝爾殯儀館（Frank E. Campbell Funeral Chapel）前面有一大群人。「這可以成為我小說裡很棒的一個場景。」我心想。

寫作所帶來的最深刻的快樂，或許是源自於表達一個非常複雜的意念——這類意念，可能要用好幾百頁去捕捉。我還清楚記得，這個意念湧上心頭的那一刻。我和幾對住在附近的夫婦共進晚餐，席間兩個朋友正聊得起勁，當時我心想：「如果他們發生外遇會怎樣？他們會如何開始？會發生什麼事？」以前我老是要花好幾年，才能寫出我計畫中想寫的書。這部小說可能不是很好，但我卻用一個月完成了。

聰明的漫畫家麥克勞德（Scott McCloud）在他的著作《教你學漫畫》（*Making Comics*）裡，建議了一個類似的練習，稱為「二十四小時漫畫」——在二十四小時之內，畫出一整本二十四頁的漫畫書。沒有腳本，無須準備……對於想像力滯礙是一個很棒的震撼治療。這新兵訓練營的方法，給了我一種創作自由的啟發，因為我明白，當我有無法抑遏的衝動想寫一部長篇小說時——這是很多作家都會碰到的情況，只是很少人討論——我只需要坐下來寫就是了。

而且，令我驚訝的是，寫這部叫做《快樂》的小說很好玩。通常我寫作時，會不斷質疑自己的作品。但在寫小說的這個月，我就沒那個時間去質疑自己了，能夠擺脫自己內心的批評，真是一大解脫。就像一個朋友說的：「你的小說可能很爛——但，管他的！」寫了五〇一六三個字後，我好想立刻回頭修改——可是我忍住了。我甚至沒有重讀一遍。等過些時日，我會的。

寫一部長篇小說，為我帶來了「成長的氣氛」，我愈來愈相信，這點是快樂的基本要素；我把這個要素列入我的「第一條快樂真理」，但我現在發現它的重要性，甚至勝過我原先的理解。

完成一件大工程所得到的滿足感，是人生最重要的事情之一。我問了部落格讀者，設法達成一個大目標是否曾為他們帶來快樂，很多人都分享了自己的經驗。

先前我承諾要做一件大事，完成時連自己都很驚訝。我加入了一個叫做「一百天現實挑戰」的Youtube社群，開了一個視訊部落格，每天上載影片，持續一百天。之前我從沒把影片放到Youtube上，但我有個可以拍電影的攝影機。我做出這個承諾，讓我把注意力放在一些正面的事物上，而且每天跟人分享。每天拍一段影片大概比每星期一次要容易一點，因為那成了一種每天的習慣。儘管真正的挑戰是所謂的「吸引力法則」（這點我自己做不到），但我發現自己從製作影片到透過各種評論結交新朋友，的確變得更快樂了。

。

我決定這一年要鍛鍊自己去參加半程鐵人三項（sprint triathlon）比賽。我加入一個隊伍，幾乎每天都去練習，長達八週，完成一次比賽後，我又報名參加第二次。我是典型躺在床上看書的那種人，但我老在想，四十歲以前（我現在還差兩年）去參加一次鐵人三項比賽會很不錯。這訓練很棒，如果有人考慮的話，我非常推薦。

。

我學義大利文還不到七個月。剛好有這個機會，我就接受了。課程剛開始時，我半句義大利語都不懂，但學了不到七個月，我就講得很流利。現在課程才進行到一半，我已經可以跟義大利人交談了。這是個沉重的計畫，好多次我都差點放棄了，但同時這個計畫也很棒，樂趣無窮。

。

擺脫憂鬱症之後，我花了大約六星期打造一艘小木船。這既是勝利的象徵，也為了體會那種過程。完成時讓我非常快樂，下水航行的幾次，都是值得回憶的經驗。除此之外，擁有這艘小木船讓我加入了一個帆船俱樂部，有機會進入一個美麗而寧靜的會所，也得以認識一些有趣的人。這一切都增加了我的快樂。

我正在寫自傳。我是個兼職護士，所以可以更專注在寫作上，我寫得很快樂。現在應該已經進行到一半了。我寫作的動機，是因為一場改變人生的大病。有好幾個月我都得撐著枴杖，不曉得自己還能不能走路；很可能會永久殘障。經歷過這樣的事情，走出了絕望的困境，你就會看開很多事。從經驗中你會明白，人生太短，不能不去追求自己的熱愛。這就是我這陣子正在做的事。

隨著年紀漸長，我才逐漸學習到：做自己所愛的事情，對快樂有多麼重要。我的大目標就是設法賺錢去做自己所愛的。我現在二十二歲，已經在企業服務兩年，但我熱愛的事就是自己設計並製作珠寶。我剛開始幫朋友和家人做訂製珠寶，也才在 etsy.com 開了一個網路商店。我喜歡設計珠寶已經有好一陣子了，但一直到最近才鼓起勇氣，真正去追求我的熱愛。儘管要談什麼都還嫌太早，但我期望最終能經營起來！有時候看到自己的目標現在還只是顆小種子，會覺得很挫折；但懷著對未來的願景，激勵我持續往前，不要放棄！為自己熱愛的事情努力奮鬥，真是太有成就感了，也為人生增添了好多真正的快樂。

你管別人讀什麼，選你自己喜歡的書吧

儘管閱讀是我最愛的活動之一，但我卻很少去思考閱讀這件事。我想花更多時間閱讀——讀更多書，享受更多快樂。因此，我讓自己隨心所欲地閱讀。約翰生博士曾觀察到：「當你閱讀的是自己沒興趣的東西，你會有一半的心思用來讓自己專心，所以只剩一半的心思會放在內容上。」

科學研究的結果也支持這個說法。研究者曾針對小學三、四年級的學生，想找出是什麼幫助他們記住所讀的東西，結果發現，學生對內容的興趣，遠比一篇文章是否有「可讀性」重要得多——高達**三十倍**。

在我閱讀快樂研究的相關書籍時，例如海德特（Jonathan Haidt）的《象與騎象人》（*The Happiness Hypothesis*）、安·拉莫特的《B計畫》，以及托爾斯泰的一些傳記時，我也插進了一本露易絲（Lesley Lewis）的《鄉間小屋的私人生活》（*The Private Lif of a Country House*）。同樣的道理，我隨時想讀時，就去重讀薩克雷（William Makepeace Thackeray）的《浮華世界》（*Vanity Fair*）、夏洛特·楊（Charlotte Yonge）的《瑞克里夫的繼承人》（*The Heir of Redclyffe*），以及蘿拉·懷德（Laura Ingalls Wilder）的作品，而非逼著自己去讀一些沒看過的書。

我一直認為，最棒的閱讀就是重讀。我會不斷開書單，請別人推薦一些書（附加利益就是讓友誼更緊密；一看到我寫下他們的建議時，大夥都會熱切回應）。在一個兒童文學讀書會的會員朋友

建議之下，我訂閱了 *Slightly Foxed* 這本迷人的英國季刊，裡面會刊登一些愛書人的文章，同時我也會留意《週刊》（*The Week*）上面的新書介紹單元。

讓我無法更大量閱讀的主要障礙，來自沒有足夠的時間。不論我花了多少時間看書，總還是想要更多。當然了，任何人只要抱怨時間不夠，得到的第一個建議總會是「少看點電視」。這也很合理——一般美國人每天看電視的時間是四到五小時。

「你覺得我們電視看太多嗎？」我問詹米。

「我們根本很少看電視。」他說。

「但我們的確有看啊。你覺得多少，一星期五、六個小時？可是我們只看 TiVo 上預錄的和 DVD。」

「我不認為我們應該完全不看電視，」他說。「電視很棒——只要你別用愚蠢的方式去看。」

他說得沒錯。兩個女兒睡了之後，一起看電視的確很開心。兩個人同處一室看電視，似乎比各看各的書要更棒；我想兩人分享同樣的經驗，感覺上會更舒適。

不過，我倒是發誓不再看無法讓我樂在其中的書了。以前我總是很自豪，只要一開始讀，我就會把每本書都看完，以後，再也不會這樣了。

還有，我以前會把買的每本書都留著，家裡到處都堆滿了書。現在，我會冷酷地過濾，然後把好幾袋的書送到二手書店去。

寫筆記，有一天你會用得著

閱讀時，我喜歡做筆記——通常沒有明確的理由。我老愛在書上畫線、列出奇怪的清單、用奇怪的分類收集例證、抄錄段落。不知怎的，我就是喜歡持續做一些無法明確定義的研究。我忍不住會記錄下一堆英文無法傳達的外國字詞，或是某些我覺得古怪而意味深長的概念性解釋，還有幾百種其他的主題。

做筆記，其實很耗時費力的，我總是勸阻自己內心的這股衝動，因為似乎毫無意義又太縱容自己了。可是既然要遵守這個月的決心以及我的第一守則「做自己」，我就得提醒自己「忘掉結果」，去做筆記吧，不必有任何罪惡感。

有趣的是，一旦我要自己忘掉結果，反倒讓我想起這些筆記過去多麼好用。我的第一本書《權力、金錢、名聲、性愛》用上了大量的筆記；後來我有機會寫一本《世俗的浪費》（*Profane Waste*），談為什麼有些人會選擇毀掉自己所擁有的，也大量引用驚人的、貼切的例子（之前很多年，我一直勤做筆記，當時沒有清楚的原因）。我老是認為，做筆記並不算是「真正的工作」，因此才會覺得它沒價值——其實是有的。

現在就動手製作一本書，如何？

對我來說，「做書」是一件有趣的事。小時候，我就花過無數時光製作我的空白書。在成為專職作家之前，我寫過兩部很糟的長篇小說。活到現在，我做過很多小書當成禮物送給親友。當我想要跟伊萊莎一起進行什麼事，想出來的全都是跟製作書籍有關。

比方說，我們曾經用她所畫的圖，製作了一本書。她口述每一幅畫的標題，由我打字；然後我們剪下標題，貼在圖畫上，拿去彩色影印，接著送去裝訂成為一本書。

這做起來很有趣，又能製作一份很棒的紀念品，可以當成聖誕節或光明節送給爺爺奶奶，也留下了伊萊莎成長過程中的點滴，同時還讓我可以理直氣壯地丟掉一大堆圖畫。

最近我在好奇之下，去看了一個自費出版的網站 Lulu.com。根據這個網站上的說法，只要花不到三十美元，就可以印出一本真正的精裝書，外頭還包著書衣。我跟詹米提起，他嗤之以鼻：「誰要那樣的書啊，用來幹嘛？」

「你是說，誰會有篇幅長達一本書的文件，想要印成書嗎？」我問他。

「對啊。」

「開什麼玩笑？就我啊！」我說。「我搞不好會印一打！」終於，我所記下的那些筆記，可以派上用場了。第一次試印時，我做了一本書，取自伊萊莎出生後十八個月我所寫的日記（沒想到當初無意之間，竟然就這樣寫成一本書）。而且出乎意料的，整個過程只花了大約二十分鐘。

幾個星期後，我自費出版的書寄來了，成品遠比我原先的想像棒。這是我的寶寶日記！就像一本**真正的書！**

接下來呢？我又做了一本有關自傳性質的佳句集，還做了一本未歸類的佳句集，然後又幻想著未來要出什麼書。等我完成我的快樂研究，我還會印一本有關快樂的佳句集；說不定還可以放些照片。我要印一本部落格貼文的書；要把我的小說《快樂》付印。我會印出我的一句話日記——甚至可以多印兩本給兩個女兒！另外關於要印出與快樂有關的書，我還有好多很棒的點子。如果我不能找個真正的出版商幫我印，那我就自己來。

我也學會了透過網路照片服務公司 Shutterfly，印出精裝相簿。要搞懂整個流程得花點力氣，但最後我還是學會了，於是我就為自己和兩對祖父母各訂購一本，每個人都收到了一本精緻、整理得宜的相簿。而且當我跨越了痛苦的學習曲線，整件事就變得好玩起來。熟悉這項技術的新奇感和挑戰——雖然我不時因為挫折而抓狂——的確給我帶來很大的滿足感，也給我一個新方法，去追求我對書的熱愛。

本月心得：不勉強的靈魂，是最美的

到目前為止，這一個月是最愉快也最容易維持的。這再度向我證明：當我接受自己真正喜歡和不喜歡的事情，而非試著硬逼自己**應該**喜歡什麼，我就會比較快樂；當我不再壓抑自己從小以來做筆記和製作書籍的喜好、而是擁抱它們時，我就會比較快樂。如同蒙田（Michel de Montaigne）的觀察：「讓靈魂最不勉強也最自然的方式，就是最美的；最好的職業，就是最不費力的。」

這個月的最後一天，我有了個重要領悟。有一天，詹米和我跟一位不太熟的老兄吃飯，他問我最近在忙什麼，我說了一下我的快樂生活提案。聽完之後，他很禮貌地表示不同看法，說他贊同約翰．彌爾（John Stuart Mill）的觀點——也精確引用了彌爾的話，這點倒是令我印象深刻——「問自己是否快樂，然後你就不再快樂了。」

無時無刻思索快樂，所帶來的後遺症之一，就是讓我培養出一些相當堅定的觀點。我當時真想拍桌子大喊：「你，錯，了！」但我沒有，我只是點點頭，溫和地說：「對啊，很多人都這樣想，但恕我不能同意。」

從那位老兄臉上的表情，我知道他在想什麼——一個是約翰．彌爾，一個是葛瑞琴．魯賓……到底誰比較權威啊？

但是，至少以我的經驗，現在常在思考快樂，要比我過去很少去想，要快樂得多了。彌爾可能提到過研究者契克森米哈賴（Michaly Csikszentmihalyi）所發現的「心流」（flow）狀態。沒錯，在心流的狀態中，人們會全神貫注於自己的任務，以至於會忘記自己處於挑戰和技巧的完美平衡。但我想彌爾的意思，或者一般人認為的意思，是指：思索你的快樂，會讓你只顧自己；你不會想到別人、工作，或任何其他事情，只想到自己的滿足感。也或許彌爾的意思是，快樂應該是我們追逐其他目標（例如愛與工作）所帶來的結果，快樂本身不該是目標。

坐等快樂上門，當然是不夠的；你一定要努力採取步驟，藉由表現出更多愛、找出你喜歡的工作，才能接近快樂。但對我來說，問自己是否快樂，是很關鍵的一步，經由這一步，我才能透過行動而更明智地培養快樂。同時，只有透過**認知**自己的快樂，我才能真正**感激**它。快樂一部分要靠外在環境，但同時也要看你如何看待這些環境。

這一年來，我想過這個問題無數次了，最後我得出了「第四條快樂真理」：**除非你自認為快樂，否則你不會快樂**。然後我又想到了它的延伸版：**如果你自認為快樂，那麼你就會快樂**。

這表示：要思索快樂。別管約翰．彌爾怎麼說。

| 10 月 |

離開之前，先走進去

學習專注
有瑕疵，才算完美
用幽默與溫柔表達意見
寫飲食日記
不要當快樂惡霸

每回我告訴人家，我在進行一本有關快樂的書，最常見的反應就是：「你該花點時間研究佛教。」（很接近的第二名則是：「所以你每天晚上都喝一瓶葡萄酒囉？」）朋友最常跟我推薦的一本書，就是《快樂：達賴喇嘛的人生智慧》。

我一直對佛教很好奇，所以也很熱切要學習更多有關佛陀的宗教和人生。但儘管我欣賞許多佛教的教誨，卻還是無法跟佛教有太深共鳴。佛教的中心主旨是主張超脫，以減輕痛苦。儘管也有談到愛與承諾，但通常被視為一種束縛，讓我們被綁在悲傷的人生中——當然也沒錯。但我不想超脫，我想擁抱；我不想放鬆，我想加強。

但話說回來，研究佛教讓我明白了自己過去忽略了一些博大精深的觀念，例如其中最重要的就是：專注——培養知覺、不帶判斷的體悟。

我個性中有幾種傾向是背離專注的。我老是同時進行好幾個工作，不斷把自己從眼前的經驗中拉走。我常常進入某種「自動導航模式」——回到家後，完全不記得自己怎樣從A點走到B點（開車時，這一點有時會把我嚇壞；我老忘了要看路）。我老是陷入焦慮或期望著未來，而非完全感受到眼前的這一刻。我常常因為恍神而打破東西、灑翻水。在社交場合有人幫我介紹陌生人時，我常常聽了名字就忘記。我老是沒嘗食物的滋味，就已經把東西吞下肚。

學會專注，可以幫助你減少壓力，減輕慢性疼痛

專注，可以帶來很多好處：科學家指出，專注可以讓人心思冷靜，提升腦部功能，讓當下的體驗清晰而鮮活，專注可以幫助人打破不健康的習慣，也可以撫慰混亂的心靈，並提振心情。專注可以減少壓力和慢性疼痛，可以讓人更快樂、降低防禦心，也更關心他人。

一個練習專注很有效的方式，就是透過冥想，不但佛教徒建議以冥想做為靈修的方式，很多快樂專家也推薦。然而，我就是沒辦法逼自己去嘗試冥想（我一星期會上兩次瑜珈課，但並不強調瑜珈的心靈面）。

「我真不敢相信你沒在做冥想，」一個朋友說：「如果你在研究快樂，真的得去試試。」她自己常會進行十日靜修閉關。「你不想嘗試冥想，意味著你迫切需要冥想。」

「也許你是對的，」我嘆了口氣。「但我真的沒興趣。」

每個人的快樂計畫都是獨一無二的。我很享受每星期六天在部落格上貼文——這種事有些人可能覺得蠢極了——但要我每天安靜地坐在那邊十五分鐘？我就是沒法逼自己這麼做。

總之，我覺得除了冥想之外，應該還有其他駕馭專注力的方法。這個月，我要找出一種策略，來幫助我專心、活在當下。我也期望刺激自己的大腦用新方式思考——逼自己跳脫平常習慣的行為，喚醒我心中沉睡的部分。

儘管我以前不冥想，但我的確發現佛教的某些面向很迷人。佛陀有時會被描繪成一個空的座位、一對腳印、一棵樹，或者一道火柱，意味著他來去無蹤。我喜歡佛教中處處可見的數字——三皈依、八正道、四聖諦，還有八吉祥（寶傘、金魚、寶瓶、蓮花、法螺、吉祥結、勝利幢，以及法輪）。

然而，最勾起我好奇心的，是禪宗公案。公案是一個問題或一段敘述，無法以邏輯的方式理解。禪僧冥想公案，是為了追求啟發，棄絕倚賴理性。比方說，一個很有名的公案是這樣的：「兩手拍掌會發出聲音，那麼一隻手的聲音是什麼？」還有像「逢佛殺佛」，或是「你父母出生前，你的臉是什麼樣子？」等等。

公案無法以理智去體會，也無法以言語解釋；冥想公案能促進心靈的思考，因為我們不可能用熟悉的、習慣性的邏輯去理解它們的意義。

讀了這些公案，我想到，搞不好也能列出一些「我的公案」——只是以前我沒用這個角度去想。多年來，我會在筆記本裡記下有意思的語錄，而我很驚訝地發現竟然累積了這麼多。其中我最喜歡的包括：

離開的最佳方式，就是從中穿越而過。——佛洛斯特（Robert Frost）

我們出發迎接毀滅。——貝瑞（J. M. Barrie）

我選擇一切。——聖女小德蘭

清澈的光永遠是最好的。——法蘭西斯・培根／赫拉克利特（Francis Bacon/Heraclitus）

因為他有的，還要給他；沒有的，連他所有的也要奪去。——馬克福音第四章第二十五節

我喜歡有視野的房間，但我喜歡背對著這片視野而坐。——葛楚・史坦

康德著火。——卡內提（Elias Canetti）

啊，別問：「它是什麼？」／我們就去看看吧。——艾略特（T. S. Eliot）

她總有個感覺，即使只活一天都非常、非常危險。——維吉尼亞・吳爾芙（Virginia Woolf）

這些句子揮之不去，總在奇怪的時間浮現腦海——當我在地鐵月台等待時，或是瞪著我的電腦螢幕時——而在許多狀況下，這些句子似乎出奇地貼切。

能將遠方豐厚財富帶回家的人，必然身懷豐厚財富

我最常思索的「我的公案」，就是在包斯威爾（James Boswell）所著的《約翰生傳》中，約翰生博士所引用的一句西班牙諺語：「能夠將遠方豐厚財富帶回家的人，其人必然身懷豐厚財富。」多年前讀到這句話後，便常不自覺地在腦中反覆思索。後來，我發現梭羅的日記中有一句話呼應了約翰生博士：「夢想著遠方的荒野是徒勞的……我絕無可能發現拉布拉多的荒野比某些康科德（Concord）的幽靜處（也就是我所寓居之處）更加荒蕪。」

慢慢的，我想我開始理解這兩句話的意義了，其中就包含了快樂生活的深刻意涵。我邊走著圖書館的樓梯邊想：「能夠發現豐富快樂的人，必定身懷豐富的快樂。」快樂不假外求。快樂的祕密不在於遠方異國島嶼或拉布拉多，而是在我自己家裡；**如果我想找到快樂，我就得身懷快樂**。

反覆思索我的公案，並未能讓我更接近禪宗中渴望達到的「頓悟」境界（至少我看不出來），但這個過程的確激發了我的想像力。因為公案逼我去挑戰尋常的、明確的意義，也逼迫我去想有關「思考」這件事。而努力解決一個困難、代價昂貴的問題，也帶給了我那種甜美的知性快樂。

完美並不完美，有瑕疵才算完美

專注的難關之一，就是不讓自己落入慣性的想法或行動。

我研究認知科學時，得知了捷思法（heuristics）的概念。捷思法是經驗或實務的心理法則，就是你用來解決問題或做決定的某些快捷、常識性的原則。比方說，辨識捷思（recognition heuristic）主張，如果你面對兩種物品，只認得其中一個，你就會假設你認得的那個價值比較高。所以如果你聽過慕尼黑，但沒聽過明登（Minden），就會假設慕尼黑是德國較大的城市；如果你聽過米果牌（Rice Krispies）穀片，但沒聽過野燕麥牌（Wild Oats）穀片，你就會假設米果牌是比較暢銷的知名品牌。

通常捷思法很有幫助，但在某些狀況下，我們的認知直覺卻會造成誤導。就拿可得性捷思（availability heuristic）來說：人們預測一件事情的可能性，是基於他們有多容易想出例證。這個辦法通常很有用（例如，颶風有可能襲擊曼哈頓嗎？），但有時人的判斷會有偏差，因為例證的鮮明印象，會讓人覺得某個事件似乎比實際上更容易發生。比方說，我有個朋友對於任何含有生蛋的東西超級警覺，一律不碰。有回她發現婆婆讓小孩吃了生的餅乾麵糊，整個人陷入歇斯底里。為什麼？因為她阿姨二十五年前感染了沙門氏桿菌。對了，我這個朋友卻從來不扣安全帶。

我在做決定或設定優先順序時，也有一些自己特有的原則，我稱之為「真實法則」——儘管可能不完全符合「捷思法」的定義。

我爸常提到「真實法則」。比方說，我大學畢業後開始工作，他說：「記住這個『真實法則』——如果你願意接受指責，別人就會給你責任。」我常會用「真實法則」幫助自己做決定，但大部分時候自己都不太意識到。我腦中一瞬間的思緒太快了，如果沒注意根本不會察覺，但我常用的一些法則如下：

- 子女是我最重要的第一優先。
- 每天都要運動。
- 詹米是我的最優先，無論大事或小事。
- 「好」就馬上會回覆；一直沒回覆就表示「不」。
- **每天**都要完成一些事情。
- 只要可能，就選擇蔬菜。
- 我知道的跟大部分人一樣多。
- 我在趕時間。
- 任何派對或活動，只要受邀，就設法出席。
- 我的父母幾乎總是對的。

- 「平凡」是一種新的「獨特」。
- 如果我不確定是否使用某段文字，那就刪掉。
- 絕對不吃開胃小菜，也絕對不在小孩的派對上吃東西。
- 如果要決定該做什麼事，那就一定選擇工作。

仔細看了這些法則，讓我有所領悟。其中有些實在難以和諧並存——子女、詹米、工作，怎麼可能全都是我的第一優先？

某些「法則」很有幫助，比方我從母親那兒學來的一條：「出錯的事情，往往會成為最美好的回憶。」這話非常有道理。比方說，我媽花了很多心思計畫詹米和我的婚禮（我們的婚禮邀請函上還裝飾著象徵堪薩斯城的乳牛和紅寶石鞋），婚禮在各方面都盡善盡美，只除了一個小小的細節：在婚禮流程表上，把作曲家海頓（Haydn）的姓誤拼為Hayden。到現在，回憶起那個多出來的e，我總是很珍惜。不知怎地，它讓我想到母親和我一起計畫婚禮的時光（當然大部份都是她在忙）；也就是說，這小瑕疵讓我更懷念整個婚禮的美好。我還記得讀過震顫派教徒（Shakers），會故意介紹他們所製作物品上的錯誤，好顯示人類不該渴望上帝的完美。瑕疵，可能比完美更完美。

我是唯一這麼想的人嗎？我問起朋友是否有「真實法則」，他們立刻明白我的意思，也舉出他們各自的例子：

・見了人要打招呼。
・不要五點起床或八點去睡覺（無論早上或晚上）。
・無聊令人心情低落。
・改變是好事。
・重要的事先做（例如：工作面試前要先吃東西）。
・選擇更大的人生格局。
・要買任何東西就去雜貨店；自己做飯總是比外食便宜。
・事情總有辦法得到最好的結果。
・用掉；穿破；要做就做好，否則就別做。

我從我妹妹伊麗莎白那兒學到一個很有用的「法則」。她告訴我：「人因團隊而成功。」她在洛杉磯當編劇，那個行業是競爭激烈、愛嫉妒出了名的。往往，看到同儕大成功，有些人心裡會燃起一種「有為者亦若是」的豪氣，卻又同時擔心自己遜人一籌的複雜心情。詹米和我用「詭異的心情」，來描述這種狀態。

有一次，伊麗莎白有個朋友擔任共同編劇的電影賣座很好，我問她，你的好友這麼成功，會不會讓你有那種「詭異的心情」？她說：「嗯，或許有一點吧，但我會提醒自己『人因團隊而成功』。

他能成功很棒，因為他的成功也會幫助我成功。」

相反的，我有個朋友說他弟弟對於好運，抱著「零和」的態度：如果某件好事發生在別人身上，他自己碰上好運的機會就變少了。於是，他從來不曾為別人的成功高興過。

到底，「人因團隊而成功」是真的嗎？我自己倒是覺得這是真的——不論客觀上是否為真，至少這樣相信，能讓人快樂得多。

詹米自己有個非常管用的「法則」。他常說：「第一個出現的，通常不是我要的。」每當有朋友沒得到他想要的工作，或是沒買到她出價要買的那戶公寓，詹米就會說出這句話——再看看，到最後你會很慶幸這回沒成的。同樣的，重點不在於這個法則是否確實為真，但這樣的思考方式，可以增進你的快樂。

收集類似的「法則」，是一個好玩的練習，而且很有用，因為當我質疑自己的「法則」時，應用起來就會更加警覺。我會更小心判斷如何行動以符合自己的價值觀，而非不假思索地運用這些法則，因而更能做出讓我快樂的決定。

表達意見時，幽默和溫柔的態度會比憤怒更有用

我尋找讓自己更專注的方法時，發現了一件事：用不熟悉的方式運用腦部，可以增進我對當下

的體驗以及對自己的自覺。於是，我想出了幾個方法。

首先，我在家裡各處貼上小紙條，用我期望達到的心境來提醒自己。筆電上的紙條是：「專心並留意」，臥室的紙條是：「安靜的心靈」。我在大浴室貼的紙條是：「溫柔又輕鬆」，詹米看到後畫掉寫上：「輕巧又酥鬆」——我忍不住大笑。

另外，我工作室裡的紙條寫著：「熱切而有創意」。我同時也把五月買的青鳥感應裝置打開，於是那個可笑的鳥叫聲就會提醒我，要專注在感恩的思緒中。一位部落格讀者也採取同樣的手法來保持專注。

> 我每天都會在電腦和軟體程式中輸入無數次密碼。我沒設定讓電腦記住我的密碼，但又老是忍不住一直檢查電子郵件，於是我每天都要一再輸入同樣的字。
>
> 有一天，我明白自己因為一再重複輸入，所以會牢牢記住密碼。就像咒語一樣。比方我的密碼是tennis（網球，順便說一聲，我打網球），儘管我不會刻意老想著網球，但我後來終於明白，網球是我最喜歡的活動，我花了很多時間和心力在上頭，那是我除了工作之外最常從事的活動。後來我就把密碼改成我要努力的目標，或是我想達到的成就。密碼成為一個持續的提醒紙條，讓我別忘記我的目標、我的夢想，以及我想達到的成就。基本上，這就像你周圍環繞著種種提醒紙條一樣，讓你記得自己的目標和夢想。或者在心中重複著正面的思緒。

為了要採取不同的方式培養心境，接下來我決定試試催眠。一個說自己「耳根子超級軟」的朋友講起她被催眠的瘋狂故事，勾起了我的興趣。我搭火車到康乃迪克州的老格林威治區（Old Greenwich）去找彼得，他是我瑜珈老師的表弟，也是個催眠師。

我不確定自己對催眠術有什麼想法。擁護者會說被催眠的狀態專心、放鬆、容易受暗示，能夠增強專注力和對指示的反應，因此催眠有助於戒除壞習慣，並牢記自己的新模式。但我推測，催眠後的改變，也可能是因為「霍桑效應」（Hawthorne effect，意思是指去研究一種行為，可以導致自身行為的改變），或是「安慰劑效應」（病人的預期心理，致使治療有效）。然而，不論催眠的運作原因是什麼，總之似乎值得一試。

我到了老格林威治區，上了彼得的車，這才想到我對他的認識其實很少。感覺有點奇怪，我大老遠跑來康乃迪克州的某個小城，上了一個陌生人的車，讓他載我到一棟公寓大樓裡的一個小工作室。幸好，彼得是個貨真價實的催眠師。

首先，他帶著我進行一連串的放鬆練習；然後他要我拿出帶來的目標清單。我的目標有大有小——從戒除晚上吃點心到每天表達感激，無所不包。然後就是真正的「催眠」了。彼得要我想像自己變得愈來愈重，眼睛看著數字，閉上眼睛想像自己的左手舉在空中（其實我的手根本沒有動）。然後他慢慢地指示我去做我想改變的行為。

當我覺得暴躁時，會提醒自己開朗一點。表達意見時，幽默和溫柔的態度會比憤怒更有用。當我碰到惡劣的服務態度——藥劑師、護士、店員等等——而感覺心煩時，我會設法不要兇，拿出一種友善的口氣。我會記得要放別人一馬。

面對電腦或坐下來吃東西或走在街上時，我會覺得快樂並感激，因為我很健康，因為我好愛我的工作，因為我有這麼棒的家庭，因為我有這麼舒適的生活——並由此衍生出輕鬆愉快、熱忱，和溫柔。

當我聽別人講話時，我會專心**聆聽**，因而會應和他們的評論，隨他們的笑話而笑，深深投入其中。再也不會插嘴或不耐地等著要開口。

我將不再亂用「你懂我意思嗎」和「就像是……」這類口頭禪。當我聽到自己講話夾著這些字詞時，我會深吸一口氣，放慢講話的速度，更謹慎選擇自己的措辭。

晚餐後，我會關掉廚房的燈，再也不進去。不吃零食，不會偷吃這個那個。要是我餓了，就去吃新鮮水果或蔬菜。

他倒數數字，然後說我醒來時會覺得「煥然一新」。整個催眠過程花了大約二十分鐘，彼得把它錄在一捲舊式錄音帶上。「每天聽一次這個卡帶，」他吩咐我。「聽的時候要放鬆、專心，不要發睏——千萬別在睡前聽。」

「真的有用嗎？」我忍不住問。

「我看過很多令人驚奇的結果。」他向我保證。

我回家找出我的舊式隨身聽，又買了兩顆電池。我每天聽那捲錄音帶，而且按照彼得的交代，每回聽的時候，我就想像自己照著我設定的目標行動。

詹米嘲笑我，覺得我這麼做很可笑。我不是在意他的調侃，而是我自己都有點氣餒了。我本來期望催眠能成為一種自我改善的簡單、正面的捷徑，但要專心在那捲錄音帶上，實在很費勁。

不過我還是盡力了，也覺得的確有點幫助。比方說，有天我覺得很生氣，因為我在Shutterfly上花了五小時收集照片，編出了一本網路相簿，但當我登入帳戶要完成最後一道手續時，那些照片卻不見了。照片夾裡顯示是空的！我本來想打電話去罵人，但腦海中有股溫柔的聲音說「不要兇，對人要客氣」，然後，我居然真的做到了（當然，後來照片夾裡又出現了照片，也的確幫了忙）。

假笑練習久了，就會變真笑

我的下一個實驗，就是去試試「愛笑瑜珈」。這是一位印度導師所創立的，融合了瑜珈和笑聲，很快就風行全世界，我不斷碰到有人提起這是一種促進快樂的活動。愛笑瑜珈綜合了拍手、吟誦、呼吸，以及源自瑜珈的伸展練習，可以鎮靜心靈和身體，而經由練習所引起的假笑，常常會變成真笑。

住在紐約市的好處之一，就是想要什麼都有。我輕易就在我們家附近找到一個愛笑瑜珈班，然後在一個星期二晚上來到一個物理治療師中心的會議室。全班十二個人跟著老師做瑜珈的呼吸練習和假笑。我們做了獅子式、呵呵和哈哈練習、哭笑練習，還有其他幾種，我看得出，很多學員真的心情大好。尤其有兩個人笑得好厲害，都垮在地上了。但我還好，老師和善又博學，其他人也很親切，整個練習似乎很有意義，我卻只覺得不好意思極了。

我走進教室時，曾發誓要至少試三次，但等到下課後，我決定：儘管有那麼多人讚美愛笑瑜珈，儘管新奇又有挑戰性的活動對增進快樂很有價值，儘管練習刻意大笑看來是個很棒的主意，但是，愛笑瑜珈，就是不適合我。

於是我轉而學素描。高中畢業後，我就再也沒有畫過素描或畫畫了。如果培養專注力意味著要竭力去發展出不帶批判意味的意識，我想素描會是個很好的挑戰——想要不批判我的繪畫技巧（應該說，沒有半點技巧），將會非常困難。

我讀過一則有關「用右腦繪畫」課程的介紹，宣稱可以改變人們右腦處理圖像資訊的過程，所以任何人都可以學會畫畫。好極了，我心想。就像愛笑瑜珈一樣，我很快就在曼哈頓找到相關的課程，結果我找到的，就是由這個課程的紐約首席講師在他位於蘇活區的公寓裡開的課。我「偶爾揮霍一下」，報了名，然後有五天都搭地鐵到下城去上一整天課，從上午九點半到下午五點半。

新奇和挑戰性，可以讓我快樂程度大增。但不幸的是，新奇和挑戰性也會帶來筋疲力竭和挫折感。上課時，我覺得畏怯、防衛心很重，又充滿敵意——有時簡直焦慮得像得恐慌症。我每天晚上都覺得氣力耗盡，而且背很痛。我不確定為什麼壓力會這麼大，但試著遵從老師的指導、瞇起眼睛、用舉起的拇指衡量，然後畫出一條斜線，在體力上、甚至感情上都是沉重的負擔。我們班有個人上了三天後，就好像崩潰而放棄了。但學習新的事物也同時帶來很大的滿足——因為其中有成長的氣氛。

素描可以鍛鍊我腦中不太熟悉的那部分，但除此之外，光是去上課這件事，就能提高我的專注力。在一個難得的時段來到另一個街區，提高了我對周遭環境的敏銳度；紐約市好美，令人讚嘆不已。上課日的節奏跟我平常的作息非常不同。我享受認識新的人。而且——這個課很有用！我畫了自己的手，我畫了一張椅子，我畫了一張自畫像，雖然看起來不太像我，但看起來的確像個真人。

這個素描課實際證明了我這輩子學會的道理之一：「快樂本身不見得會讓你**感到**快樂。」能增進長期快樂的活動，在短期內不見得能讓我感覺良好；事實上，有時還根本就很不愉快。

接著我從素描又轉向音樂——我腦中另一個沉睡的區域。根據研究，要提振心情與活力，聽音樂是最快、最簡單的方式之一，同時還能激起某種特定的情緒。音樂可以刺激腦中引發快樂的部分，也可以讓身體放鬆——事實上，研究顯示，在治療過程中讓患者聽他們選擇的音樂，可以降低他們的心律、血壓，以及焦慮程度。

上素描課的第一天，我畫了這幅自畫像。後來我拿給一個朋友看，她說：「拜託，你該不會是故意畫很爛，好讓後來顯得進步很多吧？」事實上，並沒有。這幅畫是我用心畫出來的。

上素描課的最後一天，我畫了這幅自畫像。所有困難的部分都有老師幫忙，而且其實畫得不太像我，但看起來的確像一幅肖像畫了。

然而，我已經接受了自己的本性，知道自己不太懂得欣賞音樂。真希望我能更享受音樂，但我就是沒辦法。只不過，每隔一陣子，我就會固定只聽我很愛的某一首歌——最近我才迷過嗆辣紅椒合唱團（Red Hot Chili Peppers）的〈在大橋下〉（Under the Bridge）。

前幾天，我在一家咖啡店寫作時，聽到了一首我很喜歡卻早已遺忘的歌：流線胖小子（Fatboy Slim）的〈讚美你〉（Praise You）。我回到家，把這首歌下載到我的 iPod 裡，當天晚上邊聽邊打掃工作室。這首歌激起我對詹米的滿懷柔情。沒錯，我們經歷了艱難和美好的時光！沒錯，我要照我該做的讚美他！這要是放在二月的婚姻之月時，會是個很好的活動。

我又想到，榮格玩積木來重拾他童年時期的熱愛。小時候我常隨著我最喜歡的音樂，在房間裡跳舞。當時我年紀太小不識字，所以我要求母親把《胡桃鉗組曲》（*The Nutcracker Suite*）的唱片做標記，好讓我自己能找出來。不過等我年紀大些就不再跳舞了。我應該再試試在房間裡跳舞的。

我可不希望跳到一半有人闖進來看到，結果花了好久才等到機會。在這之前，我根本沒意識到單獨在家的時間有多難得。最後，有個星期天下午，詹米帶著兩個女兒去拜訪他父母，我說我要留在家裡。等家裡沒其他人之後，我進了臥室，關掉燈，拉下遮光簾，把 iPod 接上專屬喇叭座。我還得說服自己不要批評自己——我舞跳得很爛，看起來很可笑。

真好玩。我的確覺得自己很可笑，但也覺得活力十足又興奮極了。

我開始思考更多有關音樂的事。之前我以為，我已經接受了自己並不真的喜歡音樂的事實，但其實真相有點不同：我以為我不喜歡音樂，但事實上，我只是不認可自己的品味——我希望自己喜歡精緻的音樂，比方爵士樂或古典音樂或神祕派搖滾。但結果，我喜歡的大概都是一些流行的軟調搖滾。啊，好吧。做自己就是了。

聽著音樂並隨之起舞，絕對提高了我的專注感。我白天時對音樂敏銳多了；在小餐館寫作，我真的就聽到了喇叭傳來阿巴合唱團（ABBA）在唱〈給我個機會〉（Take a Chance on Me）。對周圍環境有更多的回應，讓我對當下更有感覺。我不再對音樂聽而不聞，而是讓它成為體驗的更大一部分。

寫飲食日記的節食者減掉的體重，是沒寫的人的兩倍

接下來，我想「專注」在一件很不崇高的事情上：我的飲食習慣。

研究顯示，光是意識到飲食，就能讓人吃得更健康，而專家建議，鼓勵自己吃得更用心的方式之一，就是寫飲食日記。不記錄的話，就很容易忽略自己無意間吃了些什麼——每回經過同事辦公桌隨手抓三個賀喜巧克力果，或是清理餐桌時吃掉其他人盤裡的剩菜。在一份研究中，寫飲食日記的節食者減掉的體重，是沒寫的人的兩倍。

長期以來，我都對自己低劣的飲食習慣覺得罪惡，我想吃得更健康，而且我希望不節食就能減

掉幾磅體重（這個目標不算稀奇——大約有七成的美國人都說他們想吃得更健康來減重）。記錄下我所吃的東西，聽起來夠簡單了，而且在我各式各樣的決心項目中，這個應該是比較容易維持的。我買了一本小筆記簿。

「我有寫飲食日記喔。」不久後我跟朋友共進午餐，當我提到我最新的決心時，她這樣跟我說。她把她的記事本給我看，裡面用小小的字跡詳盡寫下她每天吃的各種食物。「我每回吃東西就登記上去。」

「據說寫飲食日記能幫你吃得更好，而且能減肥，」我說：「所以我要試試看。」

「真是太棒了。我已經這樣記錄好幾年了。」

她的推薦讓我更相信飲食日記是個好主意。我這個朋友身材苗條而勻稱，而且她是我所認識的人之中吃得最健康的（不過可能也是吃得最古怪的）。我才剛聽過她點午餐。

「我要希臘沙拉，切碎，不要沙拉醬，不要橄欖或葡萄葉包飯，另外我要點一份燒烤雞肉配菜和一份蒸青花菜配菜。」上菜以後，她把雞肉和青花菜堆在沙拉上。這些食物分量真多，不過好吃又健康。我點了同樣的沙拉，不過沒加燒烤雞肉和青花菜。開始吃之前，我們把人工代糖撒在沙拉上（她教我這個祕訣。聽起來很可怕，但人工代糖是沙拉醬的絕佳替代品。就像加鹽一樣；你嘗不出來，卻會帶出食物的風味）。

「我拒絕節食。」我告訴她。

「啊，我也是！」她說。「不過試著寫下飲食日記。看你一星期吃了些什麼，真的很有趣。」

我試了。但我的問題是：我發現自己幾乎不可能記得去寫下來！我在書上讀過很多次，要養成一個習慣得花二十一天，但以我的經驗，根本就不是這麼回事。日復一日，我都試著想記錄，卻很少能記起當天所吃的每樣東西。看起來，我不太專注的問題之一，就是因為我很難記下我所關心的事項。不過，即使只是嘗試記錄，也是個很有用處的練習。這讓我更明白自己放進嘴裡的各種零碎食物：一片麵包，艾麗諾吃剩的最後幾口千層麵。

最重要的是，這迫使我去面對自己「偽食物」的習慣有多嚴重。我常常自欺說我只是偶爾放縱，但事實上我吃了大量的偽食物——蝴蝶脆餅、低脂的餅乾或布朗尼蛋糕、一口分量的怪糖果，還有其他不太健康的零食。一個朋友描述我的弱點就是：「從街角熟食店買來裝在皺紙袋裡的食物。」我喜歡吃偽食物，因為白天我肚子餓的時候，比起坐下來好好吃一盤沙拉或喝碗湯，隨便抓些偽食物要方便得多。此外，吃偽食物是一大享受。我從沒買過真正的巧克力碎片餅乾或巧克力棒，但我抗拒不了低卡洛里的版本。

即使我知道這類食物營養低、熱量高，但我還是持續在吃，這種習慣是每日罪惡感和自責的來源。每回我想到要買些偽食物，就告訴自己不應該——但結果我還是買了。以前我試過要戒掉偽食物而失敗，但寫了飲食日記之後，儘管寫得殘缺不全，卻讓我警覺到自己吃了多少偽食物。

我用完全戒斷法放棄偽食物——感覺真好。我原先以為這些零食是一大享受，卻不明白它們製造了多少「壞感覺」——讓我覺得罪惡、自暴自棄，甚至是難堪。現在這些感覺全都沒了。就像我在七月明白的，當我想到錢，堅守「放棄一些事物」可能會讓自己出奇地滿足。誰能想到，克制自己竟會如此令人愉快呢？

我把這件事告訴我妹，她很明智地回答：「基本上你吃得很健康，所以幹嘛完全戒掉偽食物呢？規定自己每星期只能享受幾次就好了。」

「不行，辦不到！」我告訴她。「我太了解自己了，根本不必試。」講到偽食物，我就像約翰生博士，他曾評道：「完全戒絕對我很容易，但適度節制卻很困難。」換句話說，我可以完全放棄，卻不能偶爾放縱一下。

真的，我對「偽食物」有個非常特別的定義。我還是喝很多健怡可樂和低熱量汽水；我還是用很多代糖。另外我也吃很多糖果，我覺得糖果是真食物，不是偽食物。但我再也不吃街角雜貨店買來裝在皺紙袋裡的食物了，那是往前邁出了真正的一步。填補空缺的，就是香蕉、杏仁、燕麥、鮪魚三明治，還有披塔口袋麵包沾莎莎醬。

我的偽食物經驗證明，為何專注可以幫你打破壞習慣。當我真正警覺到我吃了些什麼後，就比較容易改掉原來不假思索的選擇。一天有兩三次，我會漫不經心地在街角熟食店買些零食——但當我事後面對飲食紀錄，我就想停止這麼做。一直到後來我戒掉了吃偽食物的習慣，才明白以前這個習慣吸走我多少快樂。每一天我都感覺到自責的不安刺痛，因為我知道那類食物不健康。一旦戒除那個習慣，那種不間斷的壞感覺就消失了。

本月心得：不要當快樂惡霸

這個月有關專注的嘗試很有趣，也頗有成果，同時大幅提升了我的快樂。但更重要的是，我的警覺性增加，讓我得到一個不相干但重大的領悟：我有變成快樂惡霸的危險——我有一種強烈的衝動想訓人，而且不見得都能忍得住。我沒遵守六月「放別人一馬」的決心，而是變得更愛批判別人。

我彷彿想成為「快樂福音傳教士」似的，變得愛管閒事。有回一位男士告訴我，因為他很討厭不著邊際的閒聊，於是在一次晚宴前的無聊時間，他乾脆在腦子裡解複雜的數學問題；還有次一位年輕小姐告訴我，她正在牙醫學院就讀，因為她喜歡牙醫的上班時間，但她的夢想是有朝一日要從事跟花卉有關的事，因為花才是她真正的熱愛。這兩個人，我都差點忍不住朝他們吼：「不可以！」我想告訴他們：「這樣不對，我來告訴你為什麼！」

我變成一個快樂惡棍。在一個有如伍迪．艾倫電影的場景中，我跟一個人談論禪學的本質，談到差點打起來。「對於『不執著』的理論，你好像很**執著**嘛！」我惡毒地說。我不斷插話，不肯閉嘴，我積極捍衛快樂生活提案的姿態，有如在進行一場聖戰，因而我發現，自己老在高聲喝止別人。

尤其是，我不斷試著逼我的朋友清除凌亂。我自己的凌亂大部分都消失了，我也很渴望幫別人清除凌亂衣櫃後，所得到的那種感同身受的快感。有天晚上詹米警告我：「你的用意很好，但如果你老是這麼強迫別人清除凌亂，早晚會得罪人。」

「可是我每回幫別人清除凌亂，他們都很高興啊。」我說。

「可以提議沒關係，但不要硬逼。你本來是好意，但可能到頭來會不小心激怒人家的。」

我想起最近有回踏入一個朋友的公寓，立刻提出願幫她清除凌亂的建議，時間由她挑，我完全配合。即使在當時，我都感覺到她可能會覺得我一進門的反應很沒禮貌。

「好吧，你說得沒錯。」我承認。「我會不要那麼緊迫盯人的。」

我打電話給我妹。「我老在談快樂，會讓你覺得很煩嗎？」

「當然不會。」伊麗莎白說。

「你覺得我有比較快樂嗎？」

「當然！」

「你怎麼感覺得出來？」

「這個嘛……你似乎開朗很多，也比較放鬆，而且你也不像以前那麼兇巴巴的。」她很快補充，「倒不是說你常兇人，不過你知道的。」

「我一直努力想控制自己的脾氣。或許你注意到的這個事實，表示我以前兇人的次數比我自認為的要多。」

「你也好像比較善於找出事物的樂趣。」

「比方什麼？」

「比方我們有陣子在討論，要幫伊萊莎弄什麼樣的髮型參加我的婚禮。這種事以前可能會搞得你很緊張，但現在你會放手讓她開心玩，不會擔心太多。總之，你也啟發我去試一些你的決心事項，我告訴過你嗎？」

「真的？太棒了！你在試什麼？」想到我的快樂生活提案對別人有所影響，我真是樂壞了。

「比方說，我正打算要做更多健身運動——皮拉提斯、健行、瘦身健美操之類的。我沒有任何嗜好，所以我就試著把運動當成我的嗜好，你知道的，就是重新建構自己的生活。這麼一來，我既能健身，又能得到成長的氣氛。另外，我的牙醫念了我好幾年了，要幫我矯正牙齒，所以我終於『解決一件麻煩工作』，裝了隱形的矯正牙套。我現在更常在家裡自己做菜，這樣比較健康，也比較省錢。另外我更常出門度週末——把錢花在讓我快樂的事情上頭。」

「那這些事情讓你更快樂了嗎？」

「沒錯！你是對的，真的有用。我自己都有點驚訝呢。」

| 11 月 |

降低自己的笑點

笑出來
有禮貌
玩一下「開心遊戲」
找個庇護區

我的快樂生活提案即將接近尾聲，而我十一月的決心是，一定要把到目前為止沒處理到的事，全都塞進來。幸運的是，我沒處理到的一切，剛好可以列入同一類。

我不再把焦點放在我的**行動**上，而是放在我的**態度**。我想培養一種輕鬆愉快、討人喜愛、和善的精神。如果我能讓自己擁有這樣的心境，那麼要保持其他的一切決心事項，就會輕鬆得多。

英國日記作家丕普斯（Samuel Pepys）曾反省快樂的本質。在他一六六二年二月二十三日的日記中寫道：「上帝垂憐，今天我二十九歲了，非常健康，生活如意，擁有地產，如果我有一顆知足的心，我想我就可以自認和世上任何人一樣快樂，讚美上帝。」

讓我印象深刻的是，丕普斯列出的快樂條件中，包含了這句話：「如果我有一顆知足的心。」

我們很容易忽略這句話，更不明白它有多麼重要。不認為自己快樂的人就絕對不會快樂，所以如果沒有「一顆知足的心」，也就不可能快樂。這正是我的「第四條快樂真理」。

孩子一天笑四百次，你呢？

我有一顆知足的心嗎？

這個嘛，不，其實沒有。我有一種不知足的傾向：有野心、不滿、易怒、難以取悅。在某些狀況下，這對我也有好處，因為這種個性讓我不斷努力，改進我的工作，達成我的目標。但在我生活的大部分領域中，這種吹毛求疵的個性卻沒有幫助。有回詹米為了要給我驚喜，送了我一盆我最喜歡的梔子花，我卻嫌那盆花太大了。有回他去五金店買回來大小不符的電燈泡，我很氣——我就是沒法善了。

抱怨，比笑一笑容易；大吼，比開玩笑容易；苛求，比滿足容易。我期望「一顆知足的心」能有助於改變我的行動。我想出了幾種態度，是我希望能改變的。

首先，我希望能更常笑。多笑可以讓我更快樂，也會讓我周遭的人更快樂。過去幾年來，我愈來愈悶悶不樂。我猜想我應該不太笑，甚至連微笑都少見。通常，兒童每天會笑至少四百次，而成人則只有十七次。但大部分的時候，我說不定連十七次都達不到。

除了希望自己的態度更幽默之外，我也希望自己更和善。我以前覺得和善是個值得尊敬但頗為乏味的美德（就跟可靠、有責任感同樣乏味），但研究過強調慈悲的佛教之後，我相信，自己確實忽略了某些重要的事。我想實踐慈悲精神，但這個目標好模糊——要稱讚很容易，但要應用很困難。什麼辦法可以提醒我，讓我在日常生活中表現出慈悲呢？

我決定從更有禮貌開始，來改善我的行為。僅僅是有禮貌，或許還不足以讓我達到慈悲；但表現得有禮貌，至少會讓我看起來有慈悲心——或許有一天，表面會變成實質的。我想去除身為紐約人的尖銳稜角，每次回娘家時，我發現中西部人真的比較友善。在堪薩斯，大家似乎都比較不匆忙（也的確如此——有一份研究顯示，紐約人的走路速度是全國最快的），店員也比較肯幫忙、愛聊天，街上的駕駛人會給行人很多空間（在紐約，他們會用保險桿把你擠走）。我要改掉以前行動快速、講話直率的習慣；我想慢慢來，當個親切愉快的人。

同時，我也希望自己不要那麼刻薄，那麼愛批判、愛挑剔。從小我父母親就很強調要保持樂觀和熱誠——搞得我妹和我有時還會抱怨他們希望我們「作假」。但現在對於父母堅持禁絕挖苦和無病呻吟，我卻逐漸懂得欣賞了；這樣能讓家庭氣氛更和善許多。

最後，為了要幫助自己保持平靜與歡樂，我決心要訓練自己，不去想那些會惹我生氣或煩躁的事情。

我不知道是否應該用掉一整個月的心力，去改善自己的態度，但閱讀過叔本華（說來也夠奇怪，他向來是出了名的悲觀）之後，我相信快樂性情的重要性：「不管是誰，歡樂快活總有個好理由，那就是他們本性就是如此。再沒有其他事物能像歡樂這樣，可以完全取代其他恩賜，而歡樂本身卻是無可取代的。一個人可能年輕、英俊、富有，同時受人尊敬；如果我們想要批判他的幸福，就問他是否歡樂。」這個月的決心，就是歡樂。

逗別人笑，是人生最美好的愉悅之一

現在，我已經毫不懷疑第三條守則的威力：「表現出自己想要的感覺」。如果我想覺得快樂又輕鬆，就得表現出那個樣子——比方說，笑出來。

笑不光是一個愉快的動作，也能提升免疫力、降低血壓和腎上腺皮質醇的濃度，還能增進疼痛的耐受度。笑能讓人與人之間產生連結感，有助於減少衝突，緩和各種人際關係中的社會壓力——無論是工作上、婚姻中，或是陌生人之間。當人們同聲大笑，他們就比較會交談與碰觸，同時眼神的接觸也更頻繁。

我發誓一定要設法找理由，去看出事情的好笑之處，笑出來，並欣賞他人的幽默感。再也不要光是禮貌性的微笑；再也不要在朋友講出好笑故事所引起的笑聲未歇之前，就搶著講**我的**故事；再也不要排斥被揶揄或取笑。人生最美好的愉悅之一，就是逗別人笑——就連詹米也一樣，當我聽了他的笑話笑出聲來，他似乎也更開心；而看到伊萊莎和艾麗諾凝視著我大笑的臉，簡直是令人心疼。

前幾天早上，艾麗諾跟我講了第十次她改編過的敲敲門笑話，然後我看到她的下唇開始顫抖。

「怎麼了，小可愛？」

「你沒笑！」她哀號道。

「那你再說一次。」我說。她又說了一次，講完以後，我笑了。

但最重要的是，我想嘲笑自己。我把自己看得太重了，當我真的做到嘲笑自己時，結果我都很開心。

有一回我卡在一個買湯的隊伍裡（再也不吃偽食物了）。當時排在隊伍最前面的，是兩位年紀較大的女人，她們花了好多時間挑選自己要的湯。

「我能不能試試辣扁豆湯？」一個女人說。她手裡拿著迷你湯杯，嘗了嘗，然後說：「太辣了！我能再試試辣香腸湯嗎？」

櫃檯後面的店員用勺子慢吞吞舀出另一小杯湯，遞到櫃檯另一頭。

「這個也太辣了！」那個試喝的女人喊道。

店員聳聳肩，什麼話都沒說，但我看得出她心裡怎麼想：「女士，所以這兩種湯名才會有『辣』字啊。」

我很得意自己沒有不耐煩，但我後頭傳來的咕噥聲顯示，其他人可不那麼有涵養了。

就在此時，那個試喝的女人轉向她的朋友說：「啊，你看看我，簡直就像《歡樂一家親》裡頭的那些白癡*。你也阻止我一下嘛！」她爆笑起來，她的朋友也笑了。我忍不住笑了，排在我後頭的人也開始笑。目睹這個女人以自嘲的能力，把氣人的一刻，變成陌生人共享的友善時光，真是了不起。

然而，要想出辦法讓我自己更常笑，還是很困難——不管是笑自己或笑其他事情。我就是想不出一個聰明的辦法或手段，好讓自己大笑。我想過每天晚上看一齣好笑的電視影集，或是去租一系列喜劇DVD來看，但這樣似乎很勉強，又很花時間。我不想硬逼自己要多笑，但我真的這麼沒有幽默感，還得藉助這些極端、刻意的手段嗎？到最後，我只是提醒自己：「傾聽，大笑。」我慢下腳步，做出別人所渴望的大反應。

英國作家切斯特頓說得沒錯，輕鬆，的確是很困難的一件事。開玩笑也需要訓練，我得動用意志力，才能聽伊萊莎講那些又臭又長、兜來轉去的謎語，最後在笑點出現時大笑。我得花很大的耐心，才有辦法在艾麗諾第一百萬次從枕頭後面冒出頭來，如她所期盼地笑出聲來。但她們這麼高興看到我大笑，因而她們的開心就是個很棒的獎賞。一開始是硬逼出來的笑，往往結果成為真笑。

放棄自尊、放棄防衛、放棄自我中心，笑出來吧

我也努力多注意我覺得好笑的事物。比方說，我覺得「X是最新的Y」很有趣**。所以，我就純粹為了好玩，開始列出一個清單（同時也能持續我「忘掉結果」的決心事項）：

睡覺是新的性愛。
早餐是新的午餐。
萬聖節是新的聖誕節。
五月是新的九月。
脆弱是新的堅強。
星期一是新的星期四（可以計畫休閒活動）。

*編按：《歡樂一家親》（*Curb Your Enthusiasm*），美國HBO熱播的爆笑影集，四個主角都是憤世嫉俗、自以為是的那種人。

**譯按：此一句法意指：以前X最流行、最時髦，但現在Y取代了X，成為最新潮流。

三個是新的兩個（子女數目）。

四十幾是新的三十幾，而十一是新的十三（年齡）。

為什麼我會覺得這些話很好笑？不曉得。

有回一篇書評提到「創新非小說類」的「新大眾類型」，嗯，我有個嘲笑自己的機會了。

「你看這篇！」我對詹米說，在他眼前搖晃著報紙。「我屬於一種類型！而且是**創新的類型**。叫做『方法新聞學』（Method journalism）！」

「哪裡創新？」

「花一年做某件事情。」

「那有什麼了不起的？梭羅就搬到華爾騰湖旁住了一年——喔，是兩年，不過道理是一樣的。」

「被你一說，我的快樂生活提案聽起來好沒原創性，」我哀號。「而且我還不是唯一以『創新非小說』手法寫**快樂**的人！好沒原創性、好蠢喔。」

然後我想到——我應該很清楚，自我防衛和焦慮，是不能讓我得到快樂的。笑出來，開自己玩笑，重新再來過。「啊，好吧，」我忽然轉成輕鬆愉快的口吻，「我居然不小心變得很潮耶！人家在熱網路時，我連 iPod 都不會用，我不看《決戰時裝伸展台》（*Project Runway*），但這回，我居然跟上時代潮流了。」我硬逼自己笑了起來，立刻覺得好過多了。詹米也開始大笑，他看起來鬆了口氣，不必哄著我了。

「笑出來」，不光只是笑而已。報以笑聲，表示我得放棄我的自尊、我的防衛、我的自我中心。我想到聖女小德蘭人生中的一個高潮時刻，就是她決定要「笑出來」的那一刻。聖女小德蘭的神聖處，就是在平凡中所顯現的不平凡，那一刻也不例外，她將一個似乎平凡無奇的插曲，當成她靈性生活的轉捩點。每年聖誕節，她都會開心期盼著打開她鞋子裡那些禮物的儀式（這是法國人的習俗，就像美國人把聖誕禮物放在掛著的長襪裡），但她十四歲那年，卻不小心聽到她父親抱怨：「嗯，幸好，今年是最後一年了！」

慣常受到家人嬌寵的小德蘭，小時候碰到任何不高興或批評的話，都會當場掉淚，而父親這種不留情的話，通常就會惹哭她。但這回她沒哭，她站在樓梯上，體驗著她所描述的那種「徹底的改變」。她硬忍著眼淚，沒有因父親的批評而哭，也沒有因此拒絕父親給的禮物，或是生氣地轉身回自己房間，而是衝下樓梯，歡喜地打開禮物。她父親跟著她一起笑了。小德蘭明白，回應她父親惱怒的虔誠方式，就是「笑出聲來」。

好鬥？友善？愛潑冷水？……你留意過自己的談話風格嗎？

為了我的快樂研究，我去參加了心理學家內托（Daniel Nettle）在《個性》（*Personality*）一書中提到的「新堡人格評估」測試，得到的結果，也提醒我要更努力當個有禮貌的人。

這個測試很短，只有十二道問題，但據說可以利用「五大人格特質」模式，為一個人的個性做出精確評估，這個「五大」是近年來最廣泛、最可信、也最有用的科學架構。根據五項元素的模式，每個人的人格都可以用五個主要面向的得分來表示：

一、外向性：對獎賞的反應。
二、神經質：對威脅的反應。
三、嚴謹性：對抑制的反應（自我控制、計畫）。
四、親和性：考慮他人。
五、對經驗的開放性：心智聯想的廣闊度。

我原先一直以為，「外向性」基本上就是「親和性」，但根據這個架構，外向性得分高，就表示你很享受強烈的正面反應，所以會持續帶來更多歡樂、渴望、興奮及熱誠。而儘管我嘴裡老講著「神經質」這個詞，但其實我並沒有真正掌握其中意義。結果神經質得分高的人，有很強的負面反應——恐懼、焦慮、羞愧、內疚、厭惡、哀傷——而且常常是針對自己。

在回答完十二道題目後，我的得分總計如下：

外向性：**低—中**

神經質：**低—中**

嚴謹性：**高**

親和性：**低**（這是以女性來說；如果我是男性，分數就會是**低—中**）

對經驗的開放性：**高**

我覺得這個結果好準。我很開心看到自己「對經驗的開放性」得到高分，雖然不確定自己是怎麼得到的。最重要的是，對於我的親和性得到低分，我並不驚訝。這點我心裡有數。後來我跟一些朋友提到我在親和性得到低分，他們就像真正的朋友一樣，全都異口同聲喊道：「才不會呢！你很有親和性啊！」由這些朋友的反應看來，他們要比我有親和性多了。

托爾斯泰曾寫道：「能讓我們的人生，或他人的人生更美好的，莫過於永無休止的友善。」在日常生活中，友善的形式就是有禮貌，而我的低親和性所表現出來的，就是種種不體諒人的習性：我在人行道上會匆匆掠過別人身邊，我搭地鐵很少察看是否有人需要讓座，我不會說「你先請」或「需要我幫忙嗎？」。

要更親切、更友善，我交談時必須要有禮貌。以前我老擺出無所不知的姿態：「瑟寇（Angela Thirkell）的小說很有趣的一點，就是她把背景設在巴塞特郡（Barsetshire）。這個郡是小說家特羅洛普（Anthony Trollope）虛構的。」我什麼都想贏別人：「你以為你這個上午過得很瘋嗎，我來告訴你，我這一早上才瘋呢！」我還很愛給人潑冷水：「你喜歡那部電影？我覺得很無聊耶。」

所以，為了矯正這些傾向，我會尋找機會說些話，來表示我對別人的觀點感興趣：

「你說得沒錯。」

「你記性真好。」

「告訴大家那個故事，就是你如何……」

「以前我都沒想到過呢。」

「我明白你的觀點。」

「你認為呢？」

一旦我開始留意自己的談話風格，就明白自己有一個亟需控制的特性：我太好鬥了。只要一有人說什麼，我就想方設法要反駁。要是有人剛好跟我說：「接下來五十年，美國最重要的外交關係就是對中國。」我就會開始搜索枯腸去想出相反的例子。為什麼？為什麼只是為了不同意而爭論？我對這個話題根本了解不多。法學院的訓練，也讓我這種傾向更嚴重。法學院就是要訓練你辯論，我也向來自豪在這方面很擅長——但大部分人不像法學院學生那麼樂於辯論。

在日常生活中，我的好辯不太算是大問題，但我發現喝了酒之後，會讓我比平常更好鬥；而且酒精還會彰顯我原本就不是很禮貌周到的本性。一次又一次，我回家躺在床上想著：「我真像自己認為的那麼討人厭嗎？」「我為什麼要用那麼負面的方法去強調我的觀點？」而對於我的表現，詹米通常也不會給我安慰。

這個月，我決定要控制自己的好鬥性格。原本我沒想到要用戒酒來達到目的，但詹米已經因為C型肝炎而戒酒，所以我乾脆就陪著他，也不喝了。

我發現，少喝酒帶給我很大的解脫，因而決定完全戒酒。這個決定其實多少預料得到，因為我從二月的研究便得知，當詹米放棄喝酒，就表示我戒酒的機率增加為五倍。

不喝酒，讓我快樂多了。我從來不特別喜歡啤酒或葡萄酒的滋味——我受不了蒸餾的烈酒——我也從來無法享受酒精帶來的醺醺然，何況我還寧可把卡路里的分量留給食物，而不是酒。我的確懷念喝酒的**念頭**。這是我很喜歡邱吉爾的一點，我喜歡他對香檳和雪茄的熱愛，但在成長過程中我想通了這個道理：「別人覺得好玩的事情，你未必覺得好玩。」我必須接受這個事實：無論別人多麼享受喝酒，也無論我多麼希望自己能享受，我就是不覺得喝酒有樂趣。正好相反——喝酒是惡劣感覺的源頭。

最重要的是，在我戒酒後，我就發現喝酒害我沒禮貌還有另一個原因：我會很睏。在不必與睏倦拔河時，我還能保持禮貌和討人喜歡。就像我前幾個月發現的，當我努力維持身體的舒適，就比較容易感覺快樂，還能保持禮貌，因此我會穿得暖和些（即使別人拿我穿衛生衣褲、兩件毛衣，或喝熱水開玩笑），更常吃零食（我需要吃東西的頻率似乎遠比大部分成人高），一覺得睏就關燈，然後一頭痛就吃藥。威靈頓公爵（Duke of Wellington）曾提出忠告：「有機會就上廁所。」我也遵照這項訓誡。當我不會發抖、不會到處找廁所，也不會喝第二杯葡萄酒時，要表現得討人喜愛，就容易太多了。

要沉重很容易，要輕鬆很困難

我想要更常笑，想要表現得更慈悲，同時也想更有熱誠。我知道毒舌批評不好——但是很**好玩**。為什麼批評這麼美妙而令人滿足呢？愛批評讓我覺得自己更精明也更機智——事實上，研究顯示，愛批評的人往往被認為更有眼光。比方說，在一份研究中，受測者認為寫負面書評的作家，比寫正面書評的要有內涵，即使兩篇書評的內容都被認為水準很高。另一份研究則顯示，人們往往會認為批評自己的人比自己聰明。

此外，當有人破壞了一個團體的一致性時，他就減低了這個團體的社會力量。我就見過當一群人在某個主題上開心地達成共識——「這老師教得真好」或「這家餐廳太棒了」，這種破壞分子就會採取對立態度，壓低這個團體的氣氛。愛批評有其優點，更甚者，當個難以取悅的人要容易多了。儘管熱誠看似容易又沒眼光，但事實上，擁抱某些事物要比鄙視來得困難；而且風險也比較高。

檢討過自己後，我才明白自己確實常認為講出苛評的人比較有洞察力、比較有眼光。但同時，身邊有個人看什麼都不順眼，你實在也很難覺得愉快。我比較喜歡跟有熱誠的人相處，他們似乎比較不會批判、比較有活力，也比較有趣。

比方說，有天晚上，為了幫好友慶生，我陪她去了貝瑞・曼尼洛（Barry Manilow）的演唱會，因為她很愛貝瑞・曼尼洛。事後我省思，能這麼坦白承認自己是貝瑞・曼尼洛的粉絲，顯示了一個人的性格有多麼堅強。畢竟，貝瑞・曼尼洛是……呃，貝瑞・曼尼洛。嘲笑他的音樂，或者用一種冷眼旁觀的方式去欣賞，要比像她那樣全心讚佩要安全得多。熱誠，是社會勇氣的一種形式。我們的評判往往深受他人評判的影響，所以當我的朋友說，「今天的音樂太棒了，這場演唱會太了不起。」她的熱誠也會帶動我的情緒。

我想擁抱這種熱誠。我下決心，不再說不必要的負面評語：「我討厭那裡」、「這些菜太油膩了」、「今天的報紙沒什麼值得看的」。反之，我努力要找出方法，當個由衷熱誠的人。

比方說，有天下午，在詹米的建議下，我們把兩個女兒交給他父母，然後去看電影。看完電影去接小孩時，我婆婆問，「那部電影怎麼樣？」

換了以前我會依照本性說：「嗯，還不錯。」但這次我回答：「能在下午去看場電影，真是一大享受。」這樣的回答，比較能增進快樂——不光是她的快樂，也能增進我的快樂。

要給予正面評語，需要謙遜。我必須承認，我還滿懷念以前用刻薄的幽默、挖苦、諷刺的耳語、尖酸的評論及譏諷的批判，所帶來的那種高人一等的優越感。但有一篇據稱是聖奧思定（Saint Augustine of Hippo）所做的禱詞，裡頭有一句「庇護那歡喜的」：

> 啊主耶穌基督，照顧您生病的子民；
> 讓困乏的得以歇息；垂死的得到賜福；
> 撫慰那受痛苦的；憐恤那受折磨的；
> 庇護那歡喜的。
> 一切都因著您的大愛。

一開始，我覺得好奇怪，為「垂死」和「受痛苦」的人禱告之外，又還要為「歡喜的」人禱告。幹嘛要去擔心那些歡喜的人呢？

然而，一旦我試著說出正面評語，我就開始明白，這一生所遇到的歡喜之人曾給過我多少快樂——而且他們一定花了很大的努力，才能保持好脾氣又樂觀。**要沉重很容易，要輕鬆很困難**。我們這些不歡樂的人，吸走了歡樂者的精力和開心；我們仰仗他們的活力支撐，也仰仗他們減輕我們的煩躁和焦慮。同時，因為人性中的黑暗因子，我們有時還會忍不住想動搖這些人，讓他們走出迷霧——好讓他們看清這齣戲有多蠢、這些錢白花了、這場會議毫無意義。我們沒有庇護他們的歡喜，而是想摧毀它。為什麼要這麼做？我不知道。但人類的確會有那種衝動。

我在部落格寫下這段禱詞，然後幾個自認是「歡喜之人」的讀者回應了。

這篇讓我差點哭出來——身為歡喜之人，我完全同意這樣子可能會令人心力交瘁，而只要花一點力氣，就能表達你的感激。

我是那種每天快樂醒來的人——不是因為我一生順利，而是因為我選擇要快樂。名副其實。為了我自己也不完全明白的原因，很多人似乎認為我是心情好。但他們也想利用那種能量。有時候真是搞得我很累。

葛瑞琴，我也是歡喜之人。這是我選擇的。我每天都選擇這樣。我最近剛經歷一段很傷的分手，因為我男友就是無法停止毀掉我的歡喜。但同時他也不停地利用我的快樂，像個在大海溺水的人。我覺得沒法呼吸了，不得不跟他分手。以前我沒想到有人會懂得這種感覺。

這些回應提醒我，歡喜之人的歡樂並非取之不盡或無法擊垮的。我開始更認真利用我的樂觀態度，去支持我所認識的歡喜之人。

玩「開心遊戲」：為每件事找出一個開心的理由

為了持續我「說出正面評語」的決心，我決定要藉助我在「大好人週」和「寫小說月」所採取過的激烈手段。或許扮演一個星期的開心少女波莉安娜，可以幫我加快朝向正面的速度。在美國小說家波特（Eleanor Porter）一九一三年出版的知名小說《波莉安娜》（*Pollyanna*）中，波莉安娜老玩著「開心遊戲」：不論發生了什麼事，她總可以找到開心的理由。我自己的遊戲「波莉安娜週」，將是一整個星期**不講負面評語**。我知道我應該「表現出自己想要的感覺」，而如果我想變得熱誠、溫暖、寬容，就絕對不能老在講那些尖酸的評語。

第一天早上我醒來，還滿心想著「波莉安娜週」，但才早上七點，我就已經破功了。我跟詹米講的第一句話，就是責備他：「你幹嘛不回我 e-mail，昨天你也沒回，害我有一大堆事情沒辦法安排好時間。我們星期四晚上到底要不要找保母？」

次日，我又做了同樣的事情。早餐時我們全家坐在一起，艾麗諾忽然指著自己的嘴巴，我們還以為她在裝可愛，沒想到她開始發出要嘔吐的聲音。

「快，去拿毛巾，她要吐了！」我喊道。

伊萊莎衝進廚房，但她還沒回來，艾麗諾就開始吐出消化到一半的牛奶，吐得她自己和我全身都是，還沾到了家具。

「詹米，去拿毛巾！」他居然愣愣的坐在那邊看著眼前這一幕。等到他和伊萊莎兩人衝去廚房拿了毛巾回來，艾麗諾已經吐完了，我們兩個陷在一大攤噁心的嘔吐物裡。

「兩位，你們的動作可真夠慢的，」我罵道，「如果你們能快點把毛巾拿來，我們就可以省下一堆麻煩了。」我為什麼要衝口說出負面的評語？我只是讓全家人心情更壞，而且一點用處都沒有。

「波莉安娜週」幫我上了一課，那就是通常我要說的批判性觀點，其實都可以用正面方式來說。比方說，我在跟伊萊莎玩「先找到先贏」的遊戲時，我就打破了「波莉安娜週」的決心。這個遊戲是看誰能找到最多小瓷磚。

「我可以用棒球帽瓷磚跟你換蝴蝶瓷磚嗎？」玩了一輪後，伊萊莎問我。

「好。」

我們又玩了一輪。

「我可以用地球跟你換花嗎？」

「好。」

我們又玩了一輪。

「我可以用足球跟你換冰淇淋聖代嗎？」

我愈來愈不耐煩。「伊萊莎，你一直要換瓷磚，很煩耶。」我告訴她。「有什麼就先留著，到最後再一起換。『拿到什麼就認命，不要哭哭啼啼。』」

「好吧。」她開心地說。

後來我才想到，其實我可以不用那麼刻薄地講出我的要求。「我們這樣一直玩下去，會比較好玩喔。所以，能不能到最後再來換？」

那天晚上，我表現得好一點，當然主要還是因為我太累了，九點就跑去睡覺。讓自己很睏是一種避免說出刻薄話的好辦法。但當我跟詹米說：「我累死了，我要去睡覺了。」這是抱怨，還是陳述事實？應該算是抱怨吧。我應該找個正面的方式來說：「現在去睡覺一定很棒，我想我要提早關燈了。」

「波莉安娜週」的一大挑戰，就是要先在心裡記住自己的目標。繁忙的一天，我常會忘記自己的決心。所以，我藉助先前試過的專注方法，在第三天早晨，我戴上了一個寬寬的橘色手鐲，來提醒自己只講正面評語的目標。而我的確有成功的一刻——我沒抱怨家裡的網際網路斷訊；我沒抱怨詹米連續三天晚上都烤了熱量很高的甜點；當伊萊莎意外撞到艾麗諾的嬰兒推車，在廚房牆壁撞出一個黑色印子時，我也算了，沒有大驚小怪；當艾麗諾從梳妝台拿了我的口紅，又把口紅掉進馬桶時，我只是說：「算囉，這是個意外。」

「波莉安娜週」期間，雖然我始終沒法做到一整天都不講負面評語，但我還是可以宣稱這是個成功的行動。儘管百分之百持續是不可能了，但這番努力刺激我察覺自己平常的態度。「波莉安娜週」的效果，將在這一週結束後持續很久。

本月心得：尋找精神上的「庇護區」

人類本性中，就是會有某種「負面偏誤」：我們對**壞事**的反應，會比對**好事**的反應更強烈且更為持久。如同我在二月學到的，在婚姻中，至少要有五個好舉動，才能修復好一個挑剔舉動或破壞舉動所造成的損傷。若用金錢來說，損失某個數額金錢的痛苦，比得到同樣數額金錢的愉悅更為強烈。我的著作《從四十個角度看邱吉爾》上了暢銷排行榜所帶來的興奮，還不如一篇壞書評引發的煩心。

負面偏誤的後果之一，就是如果沒有別的事情占據心思，一般人就很容易去想焦慮或憤怒的事情。而反覆想著那些微不足道的、不愉快的衝突或哀傷事件，就會導致壞情緒。女人比男人容易得憂鬱症，可能就是因為她們想太多、放不下；而男人比較會用其他的活動來轉移注意力。研究顯示，轉移注意力的消遣活動對於改變心情很有用，而且也跟很多人以為的正好相反，一直專注在壞心情上，並不能使之緩和，只會加劇。

我以前也常注意到自己有這種鑽牛角尖的傾向，為了抵銷這種效應，我想到了一個「庇護區」

的主意。有次我回到母校的法學院拜訪，發現電梯旁有個「庇護區」的標示。我猜想，萬一發生火災時，坐輪椅或行動不便的人就可以來這裡。這個詞讓我印象深刻，我決定，如果我發現自己老停留在壞情緒上頭，就要尋找一個精神上的「庇護區」。

我精神上的「庇護區」，就是時常想想邱吉爾的演講——尤其是他給張伯倫（Neville Chamberlain）的悼詞。或者我會回想詹米做過的一些趣事。幾年前我們新婚時，詹米會穿著短內褲走進臥室宣布：「我是舞王！」然後雙臂伸直垂在身側，在房裡跳來跳去。到現在每回一想到，我還是會笑出來。一個朋友告訴我，她會想到自己的小孩。另一個朋友（不是作家）則會在腦子裡編故事。亞瑟．戴維斯（Arthur Llewelyn Davies，即啟發《彼得潘》問世的那些男孩的父親）有回開刀取出一塊顴骨和部分上顎，術後恢復期間，他寫了張字條給作家貝瑞：

我想到了一些事情
麥可去上學
瓜拉港和S的藍色洋裝
柏本村花園
科比望著谷地對面
傑克泡澡

彼得回應玩笑
尼可拉斯在花園
喬治老是那樣

這些字詞對外人毫無意義，但對他來說，那就是庇護區。

到了十一月底，我領悟到快樂生活提案讓我學到的最重要一課，就是如果我堅守決心，做那些讓我更快樂的事，最後我就會變得更快樂，而且行為也會更合乎道德。做好事，感覺好；感覺好，做好事。

在這個月，我注意到我那些負面評論有個很常出現的主題——伊萊莎的頭髮。詹米和我都覺得她頭髮及肩的長度最可愛，但她要求我們讓她留長。「你可以留長，可是你要保證梳好，不要披蓋到臉上。」我威脅她，重複著幾百萬父母講過的老話，但徒勞無益。她答應了，但當然，她的頭髮老是披到臉上。

「伊萊莎，你頭髮好亂，去梳一下。」

「伊萊莎，你頭髮中分好難看，快去梳成旁分。」

「伊萊莎，去綁個馬尾或者把頭髮夾起來，把頭髮往後撥。」

「伊萊莎，你頭髮怎麼還不去梳好呢？」

這類挑剔對她當然不好受，對我也不好受。我想改變這個模式。所以當下回我想抱怨她的頭髮時，我就說：「去拿梳子給我。」然後開始梳她的頭——有時我早上不耐煩時，會梳得又快又粗暴，但這回沒有，而是梳得很溫柔。「我喜歡看到你的頭髮又順又亮，」我說。「你的頭髮看起來好美。」

伊萊莎的表情有點驚訝。

下回我又做了同樣的嘗試。「我來幫你梳頭吧，」我告訴她。「我喜歡幫你梳頭。」

她整理頭髮還是沒有任何改善，但這件事不再像以前那麼令我心煩了。

| 12 月 |

一天很長，一年卻很短

「好」糟糕的一天
找到對的感覺
珍惜人生的每一刻
快樂要堅持

最後的這一個月，我想嘗試讓這份快樂生活提案完美收場。我要讓先前嘗試過的每一件事，都持續一整個月。

所以，這一整個月，我要打掃、清理、整理，還有關上燈。我要早晨唱歌、哈哈大笑、承認別人的感覺、有些話不要說出口。我要貼部落格、尋求幫助、催促自己、露面、脫離日常軌道。我要寫一句話日記。我要出席我的作家策略團和兒童文學讀書會。我要聽我的催眠錄音帶。我不能吃任何偽食物。我要買需要的東西。

當然，我也會做不到其中某些事，但我還是很驚訝地發現，任何時候只要我堅守決心，就能感到快樂。我常想到約翰生博士一七六四年的一則日記，他習慣下決心，也常是決心的破壞者——他真是我這個過程的守護聖人：

至今我已花了五十五年在下決心；
幾乎從我有記憶以來，就在為更美好的人生而擬定各種計畫。
我什麼都沒做。
而由於實踐的時間短暫，因而實踐的必要性就更迫切了。
上帝啊，讓我正確地立志，並且能堅守這些決心吧。

讓糟糕的一天，變成「好的」糟糕的一天

在這個月當中，我可曾有一天是完美的？沒有，但我繼續努力。我的快樂生活提案有個頗不錯的結果，就是即使我有糟糕的一天，那也是「好的」糟糕一天。如果我心情低落，我就會把各種提振心情的方法瀏覽過一遍，例如去健身房、完成一些工作、不要讓自己餓過頭、解決掉待辦事項中的一件煩人差事、和其他人聯絡、花點時間跟家人一起開心共度等等。有時候，沒一樣有效，但去嘗試改善壞心情的好處是，即使當我這一天過得很糟，也還是有些短暫快樂的時光，而我回顧這個「好的壞日子」時，仍會感到滿足。

有件事給了我很大的鼓勵。先前我在部落格上說，如果有人想參考我的評分表去規畫自己的決心時，我可以 e-mail 給他們；然後我開始接到來自各方的電子郵件，描述他們自己的快樂生活提

案。有幾個人甚至也開了自己的部落格來記錄這些計畫。想到自己說服了一些讀者，去嘗試這個適用於我的方法和種種決心事項，我就覺得很滿足。

> 非常感謝你分享你的評分表。我先生和我正打算列出一個月的決心項目。我想這個辦法將會很有趣，而且在歷經過去幾個月的情緒動盪之後，對我們兩個人也是個很好的親密經驗。我們還沒開始著手進行（這也顯示了我們忙於工作，而沒時間一起共度珍貴時光），只是談到要趕快開始，但我已經想到一些簡單的決心項目了——比方晚上約會、身體碰觸表達感情、一起做些新鮮事、傾聽對方、蹺班共度一下午、開車去兜風（我們老說最好一起待在車上）。我們才剛明白，在一起這麼久了，有太多事情我們都不知珍惜；而且我們逐漸領悟到，這些年來我們忽略了好多小事，如果現在能開始留心，應該可以讓我們更快樂。

。

> 〔部落格介紹〕最近我受到葛瑞琴・魯賓的「快樂生活提案」所啟發。她研究是什麼讓我們快樂，然後設法應用到生活裡，我很喜歡這個想法。每個人的快樂生活提案都是獨一無二的，但我很確定其中也有許多共同處。她邀請其他人展開自己的「快樂生活提案」，而我也接受這個邀請！
>
> 我已經找到一個朋友珍，跟我一起進行這個計畫。另外我也正在試著說服我先生加入。我們會

一起記錄這段旅程。

我對「快樂生活提案」的部分興趣，是想研究某些快樂的原則是否適用於兒童身上。我也會針對這部分深入探索。

最重要的，我知道讓我最快樂的事情之一，就是把我所學到的跟他人分享。所以，我會把一切貼在這裡。應該會很好玩！

。

我想更關懷他人，一方面也想對那些感激之事表達謝意，抱着這種心情的我想告訴你的是，你的部落格這段日子以來對我人生的正面效果。你發表的有關評分表的幾個事項，啟發我想出自己的決心事項。現在我知道自己必須更專注於能完成的事物，也知道態度更友善可以增加自己的快樂，我寫出以下三個籠統的目標，我可以藉以判斷自己最後是否做到了：

1. 去上課
2. 當義工
3. 加入某個團體

我立刻報名去上兩個課程，繼續學習，充實自己。我也當了童子軍的義工，因為我十來歲參加過童子軍。這兩項決心占掉我前半年很多的餘暇時間。最近我又開始朝第三個目標努力，加入了一個划船俱樂部。

我可以告訴你，毫無疑問的，這三項決心讓我得到今年最棒的體驗。我在經濟學課程上碰到了一些重要的朋友，也學會如何以自己的經驗激發並領導童子軍，同時藉著加入划船俱樂部，我開始拓展自己的社交圈（同時也有更多運動的機會）。真的，每次碰到有人問我「在忙什麼」時，我就會說起我出於那些決心正在做的事情，聽起來真的很有趣。更重要的是，我過得很充實，也絕對更快樂了。

我現在又參加了第三門課程，還考慮要加入葡萄酒俱樂部。另外我每星期走路五天，同時利用你所分享的許多建議，以激勵自己保持下去（我最堅守的建議，就是令尊給你的啟示：穿上鞋子走出門就好）。

透過你的研究和經驗，我學到了好多，我只是想讓你知道，你的努力是值得的。這一切都立刻對我的生活產生影響，而且我很確定會持續很多年，甚至影響了我的一生。有時，我們會聽到有人說，只要他們的所作所為能影響一個人，那麼就值得了。唔，你的確做到了！

。

發現你的部落格，讓我眼睛一亮，我想我們社團的人會很喜歡這個提案，因為我們全都在尋找快樂。我想得沒錯！我一介紹這個想法，每個人都興奮地急著要開始。我們下個星期一會碰面，分享各自的守則，而我將會介紹你給的評分表。如同你在部落格上說過，根據自己狀況擬定的提案因人而異，看起來都會有所不同；但我持續閱讀你的部落格，卻愈來愈明白：到頭來，我們追求的，基本上都是同樣的東西……快樂！

為了要讓自己快樂，你寫下自己的守則，並用自己的評分表來檢討，這些方法實在太天才了！我們社團的人也一直在研究，但從來沒想到過快樂也可以主動追求，我們只是想設法過得更好，期待快樂會不請自來。

時間能證明一切，但肯定的是，我們全體團員都很興奮期待著這門「功課」——就從自己的守則開始。

。

上個週末，我女兒和一個朋友跟我在我母親家裡碰面。小女二十八歲，家母八十六歲——我的年齡則介於兩者之間。我女兒和她朋友開始談起快樂生活提案，以及他們從中得到的一些告誡。我女兒的朋友提到你樂在其中的那些主意——比方使用好盤子、不要把衣服留到可能永遠不會來的那天，等等。我媽（她超級節儉）於是開始談起她有些祖傳的小杯子，一直裝箱收在櫃子裡，因為她沒有展示櫥。我提議大家一起去家具店挑一個，令我驚訝的是，我媽同意了。我們逛了兩家店，覺得有個古董櫥很不錯。到第二家店的路上，我媽又注意到一張看起來很舒服的椅子，上頭有加熱和震動按摩裝置，觸感也很好。最後我出了一半的錢，當成她的聖誕節禮物，後來我們也訂購了那個古董櫥。

我們都知道，快樂並不存在於物品中，而是在你的心裡。然而，我好高興八十六歲的母親將擁有兩件她真正能享用的東西。她的椅子已經送來了，她說她可能再也不會坐在別處了。等到那個古董櫥送來，我們會一起把她的傳家寶整理好放進去，共度一段愉快時光。謝謝你給我們的啟發！

想到我的部落格有助於增進陌生人的快樂，讓我感到非常開心。當然，這也是我開部落格的目的——只不過發現真的奏效時，還是讓我興奮不已。

「這一年快過完了，」朋友們老是問我：「那麼，你更快樂嗎？」

「絕對是！」我回答。

「但是你怎麼知道呢？」一位科學家朋友問。「在這一年中，你做過任何有系統的評估嗎？」

「呃，沒有。」

「你沒找詹米每天幫你評分，或者自己弄個心情記錄表，或是諸如此類的？」

「沒有。」

「那麼或許你根本沒有更快樂，只是你**以為**更快樂罷了。」

「這個嘛，」我得承認，「或許吧……但不，我**知道**我更快樂了。」

「怎麼知道？」

「我**感覺**更快樂了！」

這是真的。

我的「第一條快樂真理」——如果我想更快樂，就得檢視自己的生活，思考在**成長的氣氛下**，什麼是**好感覺**、什麼是**壞感覺**，以及什麼事**感覺對了**，當我努力兼顧這三個原則，就產生了很大的不同。

對我而言，三者中表現最突出的，竟然是**壞感覺**。最能增進我快樂的，就是消除我厲聲叱責、嘮叨、說人閒話、環境凌亂、吃偽食物、喝酒，以及其他事情所帶來的壞心情。尤其，收斂自己的毒舌，更讓我快樂。現在我常想辦法暫停下來，把前一秒鐘正要開口大罵或罵到一半的語氣改變過來。甚至有回責備詹米到一半時（為了他沒有填好保險表格，或是沒去找他應該歸還給圖書館的書），我甚至笑了出來。

同時，我也有更多的**好感覺**——更常跟家人一起笑，跟我讀書會的同伴們討論兒童文學，聽我喜歡的音樂。我學到很多方法，可以讓自己付出同樣的代價，卻得到更多的快樂。

問問自己：感覺對了嗎？

感覺對了，我以前猶豫著是否該從法律轉為寫作，一度天人交戰的時期，這四個字給了我很重要的幫助。但這個月一開始，我突然覺得**感覺對了**會成為我明年要面對的重點——例如：我想要參與器官捐贈。當然，我們都期盼詹米永遠不需要肝臟移植，但他的C型肝炎一直讓我想到這件事。我能不能幫助全國器官捐贈的人數提高？能不能把自己的處境，轉變為更大格局的善舉？我開始收集資料，我並不特別樂在其中，但我感覺得出，這件事將會讓我**感覺對了**。

但「第一條快樂真理」最令我意外的一點，就是最後一項要素：**成長的氣氛**。先前我不太重視這點，即使我認為那是快樂的第四要素。然而，我的快樂生活提案卻證明，成長的氣氛對快樂助益良多。儘管我的本性對於新奇和挑戰一向是敬謝不敏的，但其實新奇是快樂的關鍵泉源，即使對我這樣沒有冒險精神的人來說也是如此。尤其，透過我自己的部落格，我確實見識到了成長的氣氛如何成為快樂的一大來源。我成功地摸熟了這項帶給我滿足和支配感的技巧，因而讓我更有活力，逼著自己更努力。

我老碰到有人問我這個問題：「那詹米呢？他改變了嗎，更快樂了嗎？」我可以確定的是：如果我老纏著他，要他分析自己的情緒狀態，他鐵定不快樂。即使如此，有天晚上我還是忍不住問他：「你覺得我的快樂生活提案，有讓你更快樂嗎？你覺得自己有什麼改變嗎？」

「沒有。」他回答。

但他的確有改變。

現在，不必我嘮叨，他就會主動去承擔一些工作了，例如假日採購，或是把我們的財務資料輸入個人財務管理軟體 Quicken 裡，以前他從來不會這樣的。比起一年前，現在他也更願意做些小雜務，還有回覆我的電子郵件，或是去清空尿布桶。他不但記得我這個月過生日——那天早上我一醒來，他就祝我「生日快樂」——還辦了個家庭生日趴，為我買了禮物，而且拍了照（他以前從不拍照的）。

我的快樂談話被他聽進去的，比我原先以為的要多。有一天，我聽到他出門前跟伊萊莎說：「等一下我們去容器小鋪時，你們就會看到一件很有趣的事情——媽咪會因為買了個五塊錢的東西，而快樂得不得了。很小的東西，就可以讓一個人快樂，貴不貴並不重要。」

結果我買了什麼？我買了一個用吸盤固定在水槽側邊的海綿架。自從我在小叔家看到這個東西後，就一直很想要一個這玩意兒。而且詹米說的沒錯，買到之後我開心極了——但去年的他，就絕對不會有這樣的觀察力。

不過，在他所有做過能增進快樂的事情中，我最喜歡的是下面這封電子郵件了，那是他有次答應我要打電話又忘了打，惹得我生氣後的賠罪信。

我得承認，當初展開快樂生活提案時，我還滿擔心萬一我停止嘮叨和抱怨，詹米就

寄件者：詹姆斯．魯賓

收件者：葛瑞琴．魯賓

主旨：別生氣—請看以下

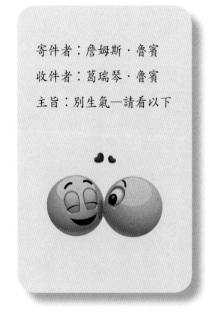

會把所有工作丟給我。但結果，這個情況沒有發生。或許，我的快樂生活提案跟他的種種改變無關，但不論什麼原因，我們家的氣氛的確比較快樂了。

當然，這不是多科學的衡量標準，或許我只是看到我想看到的。或許吧，但又怎樣呢？如果我覺得自己更快樂，那我就是更快樂了。

這是我的「第四條快樂真理」，或許是我發現的最後一則快樂真理了。事實上，打從我在公車上豁然領悟、想出快樂生活提案這個點子的那一刻，就多多少少明白這個道理了——除非我認為自己快樂，否則我不會快樂。藉著更注意自己的快樂，我才能真正體驗到快樂。

儘管「第一條快樂真理」非常寶貴，讓我懂得如何改變自己的生活過得更快樂；但在了解快樂的本質方面，「第二條快樂真理」卻更重要。

> 讓**你自己**快樂的最佳方式之一，就是讓**其他人**快樂。
> 讓**其他人**快樂的最佳方式之一，就是**你自己**要快樂。

有一天我們會說：「當時真是一段快樂時光。」

「第二條快樂真理」讓我透徹了解，為什麼致力於讓自己快樂並不自私，而且為什麼就如同史蒂文生（Robert Louis Stevenson）說的：「最被我們低估的責任，莫過於快樂。」當我覺得不快樂時，我就會覺得喪氣、懶洋洋、防衛心很重，而且對其他人沒興趣；更糟的是，當我覺得生氣或忿恨時，我就會找藉口讓自己覺得更憤怒更憎恨。相反的，當我覺得快樂時，我比較可能放輕鬆、更慷慨、更有創意、更和善，鼓舞他人也樂於助人。

十二月對我妹妹伊麗莎白來說，是瘋狂忙碌的一個月。她和編劇搭檔正在為一家電視台寫一齣新影集的第一集試播劇本（這是她碰過的最重要工作機會之一），又和未婚夫亞當剛買了一棟房子，同時在籌備兩人的婚禮，還要處理她最近剛診斷出來的糖尿病。我真希望，可以幫她做些什麼。

我想到了。

我打電話給她。「嘿，猜猜怎麼著？」

「幹嘛了？」她說，口氣有點煩。

「你現在壓力這麼大，所以我決定，」我為了製造效果而頓了一下，「幫你去採購聖誕節要用的東西！」

「真的嗎？」她說。「那太好了！」伊麗莎白的壓力一定跟我所想的一樣大；她連假裝客套一下都沒有。

「我很樂意！」我告訴她，這是真的。聽到她快樂的口氣，讓我非常開心。如果我覺得不快樂，會主動提議幫她採購嗎？不會。甚至我會不會想到要設法幫她呢？大概也不會。

「第三條快樂真理」則是另一種不同的真理。「**一天天很長，一年年卻很短。**」這句話，提醒我要活在當下，珍惜這個季節，沉醉在人生的這一刻——十二月的聖誕節氣氛、與兩個女兒相配的櫻桃小睡袍、精心安排的洗澡時光。

晚上睡覺前，我習慣忙東忙西，為明天早晨做準備，或是拿本書倒在床上。但詹米有個很可愛的習慣，我們稱之為「深情的凝視」。每隔幾個星期，他就會跟我說：「來嘛，我們來做深情的凝視。」然後我們就會跑去看睡著的伊萊莎或艾麗諾。

前幾天晚上，他想把我拖離電腦前面。「不要，我還有好多事情要做，」我告訴他。「我今天晚上一定要完成幾件事情。你去就好了。」

但他不肯，所以最後我就跟他一起來到艾麗諾的房門口。我們「深情凝視」她小小的身軀躺在嬰兒床裡，旁邊散落著一堆她堅持要放在裡面的書。

我對詹米說：「有一天我們回頭看，大概很難想像我們曾有過這麼小的小孩。我們會說：『還記得艾麗諾老在用她的鴨嘴杯，或是伊萊莎成天穿著她的紅寶石鞋的那個時候嗎？』」

他捏了捏我的手。「我們會說：『當時真是一段快樂時光。』」

一天天很長，一年年卻很短。

快樂，是必須堅持的

這一年來，每回有人問我：「快樂的祕訣是什麼？」有時我會回答是「運動」或「睡覺」或「做好事，感覺好」或「加強和他人的聯繫」。但到了十二月底，我明白我的快樂生活提案中，最有幫助的，並不是這些評分表上的事項，或是我寫下的這四個快樂真理，更不是我學會的科學知識、我讀過的那些古聖先賢的書。對我來說，最有效的一件事，就是「持續記錄」我的評分表。

一開始，我只把這個表當成另一個好玩的實驗，就像寫感恩筆記一樣。但結果，這個表出奇重要。快樂生活提案中最困難的部分，並不是擬出評分表上的決心（儘管在某些時候，要找出適當的決心，比我預期的要難）；**貫徹執行**才是最困難的。光是想改變是沒有意義的，除非我能找出方法，讓改變發生。

評分表給了我持續檢閱與審查的機會，也因而讓我努力不懈。「放輕鬆」、「拿出愛的證明」、「放別人一馬」這些辭彙不斷浮現腦海，也讓我隨之改變行為。有回在圖書館裡，坐我隔壁的女人一直發出嘆息聲，搞得我很煩，於是我試著「模仿我的心靈導師」——聖女小德蘭曾說過一個故事，修女院有一名修女在傍晚禱告時，老是會發出令人瘋狂的喀噠聲，她為了要壓制自己的不耐，曾努力得全身冒汗。即使我實踐決心事項有時做得並不完美，但的確是有改善；而且愈能堅守自己的決心事項，我就愈快樂。

我早就注意到，很多人喜歡使用「目標」這字眼，而不是「決心」，但一直沒有多想，直到十二月的某一天，我才想到兩者之間的差異其實很大。

目標是用來**達到**的，而決心是用來**堅守**的。「參加馬拉松」是個很好的目標，因為很明確，很容易衡量成功與否，一旦你跑完，就達到目標了；「在早晨唱歌」和「加強運動」則比較需要「決心」。因為，你不會哪天醒來後，發現自己完成了這些事情。這些事是你必須下決心每天都去做，永遠做下去。

朝一個目標努力，可以提供成長的氣氛，對快樂非常重要；但萬一目標比你預期的要更難達到，你也很容易氣餒。此外，一旦你達成目標了，那會怎樣呢？比方你跑完了馬拉松，那接下來怎麼辦——要停止鍛鍊嗎？還是找個新目標？然而，針對決心事項，你的預期心理就會不一樣。每天我都努力遵守這些決心事項，有時成功，有時失敗，但每天都是新的一頁和新的機會。我從來不曾期待要把這些決心事項做完後結束，所以如果這些決心事項難度很高，我也不會氣餒。

本月心得：紅寶石鞋，始終在我腳上……

說來好笑，一直到了十二月，「快樂生活提案」即將結束時，我才納悶起自己一開始**為什麼**會有這個動力。當然，我是在搭公車時頓悟到自己想要更快樂，但到底是什麼動機，讓我能堅持這一整年？

詹米把他的想法告訴我。「我想歸根究柢，就是你想要掌控自己的人生。」他說。

是這樣嗎？

或許吧。掌控的感覺是快樂的一個基本要素（這個指標要強過收入等其他因素）。感覺自己有自主權，可以選擇自己人生的際遇，或者選擇如何度過自己的人生，這是非常關鍵的。擬定出我的種種決心事項，並且遵循實踐，讓我覺得更能掌控我的時間、我的身體、我的行動、我的環境，甚至我的想法。掌控自己的人生，絕對是我快樂生活提案的面向之一；而更有掌控感，成了我增進快樂的一大來源。

但還有一些更深層的東西，也在持續進行中。我逐漸了解到（儘管我剛開始時還不太清楚），我是在為自己做準備，以便應付某些可怕、可懼的挑戰，或是準備哪天碰上某種美德的最後審判日。我的評分表其實就是我的良知。我很好奇，日後哪天回顧這一年的快樂生活提案，會不會很驚訝於自己的……無知。「**當時**要快樂真是太容易了。」我可能會在某個黑暗、遙遠的早晨這麼想著。到時候我一定很高興，自己曾用盡一切力量，珍惜眼前的生活。

這一年即將結束，我也真的快樂多了。做過這麼多研究之後，我發現自己一直都知道的：我可以在不改變生活的狀況下，改變自己的人生。當我努力去追逐，才發現紅寶石鞋一直穿在我腳上；而幸運的青鳥，正在我廚房的窗外鳴唱。

｜後記｜

過了還不錯的一年之後……

詹米加入C型肝炎新藥VX-950的臨床試驗。壞消息是：治療證明對他沒用；好消息是：他的肝臟狀況持續穩定。

我妹妹的糖尿病也獲得控制。

我部落格成立已屆一週年，我把這一年的部落格文章整理了出來，找Lulu.com印成一本書。

我的兒童文學讀書會已有二十名會員，因此不得不停止收新會員；此外，我又熱心的成立了第二個兒童文學讀書會。

我製作了兩部一分鐘網路電影：《一年年很短》（www.theyearsareshort. com）和《這輩子想通了的道理》（www.secretsofadulthood.com）。

除了詹米和我婆婆之外，我又說服了我公公和八個朋友加入我的健身房。

為了「常露面」、「交三個新朋友」，以及「成為歡樂回憶的寶庫」，我自願成為伊萊莎班上的兩個接待家長之一。

我接觸了幾個在器官捐贈領域的活躍人士，然後在經過很長一段時間的自我教育後，我加入了「紐約器官捐贈網路」委員會。要記得去登記加入器官捐贈喔：www.donatelife.net。

貝瑞那本傑出而奇異的作品《漂流到黑湖島上的男孩》（*The Boy Castaways of Black Lake Island*），是以戴維斯家男孩的照片來講述故事，讓我受到啟發：我跟一個朋友擬定了詳盡的計畫，要寫一個骷髏故事，我們收集戲服，幫兩人的小孩在中央公園拍照。現在我們正在籌備要以某種形式發表這個計畫。

成功戒掉偽食物後，最後我也放棄了 Tasti D.Lite，這家低卡冰品連鎖店在紐約無處不在，店裡的冰優格滋味美妙，卻非常虛假。

我的起床時間從六點半提早到六點十五分，好讓每天早晨進行得更順利。

我和漫畫家凱莉．裴瑞（Chari Pere）合作創作了一個短篇漫畫故事〈葛瑞琴．魯賓以及她的熱情追求〉，想要的話，請透過 www.happiness-project.com 與我聯絡。

為了幫助別人進行快樂生活提案，我創設了「快樂生活提案工具箱」，網址是 www.happiness-projecttoolbox.com，裡面收集了各種我覺得對我的快樂生活提案最有用的工具。

我同時也創設了一個「初學者工具箱」，供想組織團體進行快樂生活提案的人使用。如果你想收到這個工具箱，請到我的部落格登記。

我的部落格獲得網路雜誌 *Slate*（www.slate.com/blogs/blogs/happinessproject）推薦。
我在一個雞尾酒會上真的碰到了書評人大衛．葛林堡，兩人有一段非常美好的談話。
我六月安排兩個朋友相親，結果兩人成功步入禮堂。
我的快樂生活提案簽下新書版權。
現在我過著幸福快樂的生活。

謝辭

在進行快樂生活提案期間，儘管我所學到的最重要一個原則，就是致謝的重要性，但我無法一一感謝每個協助我進行這個計畫的人，因為我所認識的每個人都讓我更深刻理解到快樂。所以，我沒有辦法將他們的名字一一列出。

不過，某些人在這快樂生活提案的一年中，扮演了格外重要的角色。首先當然有 Freda Richardson 和 Ashley Wilson；還有 Inform Fitness 健身中心的 Lori Jackson 和所有員工。我第一個兒童文學讀書會的成員：Anamaria Allessi、Julia Bator、Ann Brashares、Sarah Burnes、Jonathan Burnham、Dan Ehrenhaft、Amanda Foreman、Bob Hughes、Susan Kamil、Pamela Paul、David Saylor、Elizabeth Schwarz、Jenny Smith、Rebecca Todd、Stephanie Wilchfort、Jessica Wollman、Amy Zilliax，尤其是 Jennifer Joel。另外，還有我第二個兒童文學讀書會：Chase Bodine、Betsy Bradley、Sophie

Gee、Betsy Gleick、Lev Grossman、Caitlin Macy、Suzanne Myers、Jesse Scheidlower，尤其要感謝 Amy Wilensky。我的作家策略團：Marci Alboher、Jonathan Fields、A. J. Jacobs、Michael Melcher，以及 Carrie Weber。我的成人文學讀書會在我正式開始快樂生活提案之前就已經成立，一直是我的靈感及快樂的一大來源：Anne Brashares、Betsy Cohen、Cheryl Effron、Patricia Farman-Farmaian、Sharon Greenberger、Samhita Jayanti、Alisa Kohn、Bethany Millard、Jennifer Newstead、Claudia Rader、Elizabeth Schwarz、Jennifer Scully、Paula Zakaria，還要特別感謝 Julia Bator。

感謝對我的草稿提出建議的讀者：Delia Boylan、Susan Devenyi、Elizabeth Craft Fierro、Reed Hundt、A.J. Jacobs、Michael Melcher、Kim Malone Scott、Kamy Wicoff，還有最感謝的 Melanie Rehak。

謝謝在快樂生活提案種種衍生活動中跟我共事的所有人：博學的 Jayme Stevens；圖像設計師 Charlotte Strick；漫畫家 Chari Pere；Chopping Block 網路設計公司的 Tom Romer、Lauren Ribando 等人；RealSimple.com 的 Melissa Parrish 和 Tanya Singer；《賀芬頓郵報》的 Verena Von Pfetten 與 Anya Strzemien；以及 *Slate* 網路雜誌的 Michael Newman。

還要感謝網路上的各方朋友，你們給了我好多建議、幫助及分享——在此只能提少數幾位，例如 Leo Babauta、Therese Borchard、Chris Brogan、Ben Casnocha、Tyler Cowen、Jackie Danicki、Dory Devlin、Erin Doland、Asha Dornfest、Kathy Hawkins、Tony Hsieh、Guy Kawasaki、Danielle LaPorte、Brett McKay、Daniel Pink、J. D. Roth、Glen Stansberry、Bob Sutton、Colleen Wainwright，還有 Life-

Remix網路的每個人……我可以繼續寫上很多頁，只希望有朝一日可以實際認識這些人。

對於我部落格的讀者，說再多也謝不完，尤其是那些讓我引用他們文字的好人。可以跟這麼多有想法的讀者交換有關快樂的各種意見，實在太有幫助了，而且樂趣無窮。

我要大大感謝我的經紀人Christy Fletcher，還有我的編輯Gail Winston——跟他們合作這本書，是個非常**快樂**的經驗。

最重要的，要感謝我的家人。你們造就了我的人生風景。

｜快樂生活提案｜

啟動你的 happiness project 吧！

每個人都有自己的「快樂生活提案」——happiness project，而且都是獨一無二的。我相信，大部分人都能從中獲益。

我自己的 happiness project 是從一月開始，持續了一年（我希望能持續一輩子），但你的 happiness project，可以從任何時候開始，也可以選擇要持續多久。你可以從小處開始（例如每天晚上把鑰匙放在同一個地方），也可以從大事起步（例如修補你和家人的關係）。一切都看你自己。

首先要注意的是，你要擬定哪些決心事項？請參考「第一條快樂真理」，並回答下列問題：

- 什麼事情，讓你**有好感覺**？什麼活動你覺得有趣、滿足，而且來勁？
- 什麼事情，讓你**有壞感覺**？生活中讓你生氣、心煩、無聊、困惑、焦慮的來源是什麼？

・在你的生活中，哪些事情讓你無法**感覺對了**？你希望換工作、換地方住，或改變家庭狀況，或改變其他環境嗎？你實現了對自己的種種期望嗎？你的生活反映出你的價值觀嗎？

・你有**成長的氣氛**的來源嗎？你生活中有什麼元素，能讓你覺得進步、學習、挑戰、改善，或是增加掌控程度的？

回答這些問題，可以指引你去思索自己可能該考慮的改變。一旦你決定哪些領域需要努力，就可以列出明確、可衡量的決心項目，讓你評估自己是否有進步。決心事項愈是具體，效果就會愈好，比如說，要遵守「當個更有愛心的父母」會比「早起十五分鐘，好在小孩醒來前換好衣服」更困難。

一旦你擬定決心，就要找出一個方法評估自己的進展，同時對自己負責。我模仿富蘭克林的美德表，設計了自己的決心評分表。還有其他可能的方法，比方創立一個目標團體、寫一句話日記來記錄自己的進展，或是開個部落格。

另一個有用的方法，就是找出自己的個人守則——這是你希望用來指引自己行為的原則。比方說，我最重要的個人守則就是「做自己」。

我成立的「快樂生活提案工具箱」網站，www.happinessprojecttoolbox.com，可以幫你進行自己的happiness project，上頭收集了很多對我進行計畫有用的工具。你可以記錄並評量自己的種種決心

（無論個人的或團體的）、針對你喜歡的主題寫下一句話日記、找出自己的個人守則、分享你的快樂訣竅、分享你這輩子想通了的道理、記錄各式各樣的清單，還可建立一個靈感札記，記下你最喜歡的書、摘句、電影、音樂或圖像。這些紀錄可以私密也可以公開，同時你也可以閱讀別人的公開紀錄（這部分好玩極了）。

如果你想創立一個團體，吆喝其他人一起參加 happiness project，可以透過我的部落格寫電子郵件給我，索取入門工具套件。如果你想加入現有的團體，可以上我的 Facebook，看看你所居住的城市是否有這樣的團體。

延伸閱讀

很多了不起的書都與快樂這個主題有關。這份建議書單未必涵蓋所有最重要的作品，但卻都是我最喜歡的書。

關於快樂的一些作品

Aristotle, *The Ethics of Aristotle: The Nicomachean Ethics*, ed. Hugh Tredennick, J.A.K. Thomsom, and Jonathan Barnes. New York: Penguin Books, 1976.

Bacon, Francis. *The Essays*. New York: Penguin, 1986.

Boethius, Anicius Manlius Severinus. *The Consolation of Philosophy*. Translated by Victor Watts. New York: Penguin Group, 2000.

Cicero, Marcus Tullius. *On the Good Life*. Translated by Michael Grant. New York: Penguin Books, 1971.

Dalai Lama and Howard C. Cutler. *The Art of Happiness: A Handbook for Living*. New York: Riverhead, 1998. 中譯本《快樂：達賴喇嘛的人生智慧》，時報，2003。

Delacroix, Eugène. *The Journal of Eugène Delacroix*, 3rd ed. Translated by Hubert Wellington. London: Phaidon Press, 1951.

Epicurus. *The Essential Epicurus*. Translated by Eugene Michael O'Connor. New York: Prometheus Books, 1993.

Hazlitt, William. *Essays*. London: Coward-McCann, 1950.

James, William. *The Varieties of Religious Experience: A Study in Human Nature.* New York: New American Library, 1958. 中譯本《宗教經驗之種種》，立緒，2001。

La Rochefoucauld, François de. *Maxims of La Rochefoucauld*. Translated by Stuart Warner. South Bend, Ind. : St. Augustine's Press, 2001.

Montaigne, Michel Eyquem de, *The Complete Essays of Montaigne*. Translated by Donald Frame. Palo Alto, Calif: Stanford University Press, 1958.

Plutarch, *Selected Lives and Essays.* Translated by Louise Ropes Loomis. New York: Walter J. Black, 1951.

Russell, Bertrand. *The Conquest of Happiness*. New York: Liveright, 1930. 中譯本《幸福之路》，水牛，1991。

Schopenhauer, Arthur. *Parerga and Paralipomena,* vols. 1 and 2. Translated by E. F. J. Payne. Oxford, England, Clarendon Press, 1974.

Seneca. *Letters from a Stoic*. Translated by Robin Campbell. New York: Penguin, 1969.

Smith, Adam. *The Theory of Moral Sentiments*. Washington, D.C.: Gateway Editions, 2000. 中譯本《道德情感論》，五南，2012。

有關快樂的科學與實證的有趣書籍

Argyle, Michael. *The Psychology of Happiness*, 2nd ed. New York: Taylor & Francis, 2001. 中譯本《幸福心理學》，巨流，1997。

Cowen, Tyler. *Discover Your Inner Economist: Use Incentives to Fall in Love, Survive Your Next Meeting, and Motivate Your Dentist*. New York: Dutton, 2007.

Diener, Ed., and Robert Biswas-Diener. *Happiness: Unlocking the Mysteries of Psychological Wealth*. Malden, Mass.: Blackwell, 2008.

Easterbrook, Gregg. *The Progress Paradox: How Life Gets Better While People Feel Worse*. New York: Random House, 2003.

Eid, Michael, and Randy J. Larsen, eds. *The Science of Subjective Well-Being*. New York: Guilford Press, 2008.

Frey, Bruno, and Alois Stutzer. *Happiness and Economics: How the Economy and Institutions Affect Human Well-Being*. Princeton, N.J.: Princeton University Press, 2002.

Gilbert, Daniel. *Stumbling on Happiness*. New York: Knopf, 2006. 中譯本《快樂為什麼不幸福?》，時報，2006。

Gladwell, Malcolm. *Blink: The Power of Thinking Without Thinking*. New York: Little, Brown, 2005. 中譯本《決斷2秒間》，時報，2005。

Haidt, Jonathan. *The Happiness Hypothesis: Finding Modern Truth in Ancient Wisdom*. New York: Basic Books, 2006. 中譯本《象與騎象人》，網路與書，2007。

Lyubomirsky, Sonja. *The How of Happiness*. New York: Penguin Press, 2008. 簡體中譯本《幸福多了40%》，華東

師範大學，2009

Nettle, Daniel. *Happiness: The Science Behind Your Smile*. New York: Oxford University Press, 2005.

———. *Personality: What Makes You the Way You Are*. New York: Oxford University Press, 2006.

Pink, Daniel. *A Whole New Mind: Why Right-Brainers Will Rule the Future*. New York: Riverhead, 2005. 中譯本《未來在等待的人才》，大塊，2006。

Schwartz, Barry. *The Paradox of Choice: Why More is Less*. New York: HarperPerennial, 2004. 中譯本《只想買條牛仔褲：選擇的弔詭》，天下雜誌，2004。

Seligman, Martin. *Authentic Happiness: Using the New Positive Psychology to Realize Your Potential for Lasting Fulfillment*. New York: Free Press, 2002. 中譯本《真實的快樂》，遠流，2009。

———. *Learned Optimism*. New York: Knopf, 1991. 中譯本《樂觀學習》，遠流，2009。

———. *The Optimistic Child: How Learned Optimism Protects Children from Depression*. New York: Houghton Mifflin, 1995.

———. *What You Can Change and What You Can't: The Complete Guide to Successful Self-Improvement*. New York: Knopf, 1993.

Thich Nhat Hanh. *The Miracle of Mindfulness*. Translated by Mobi Ho. Boston: Beacon Press, 1975. 中譯本《正念的奇蹟》，橡樹林，2012。

Wilson, Timothy. *Strangers to Ourselves: Discovering the Adaptive Unconscious*. Cambridge, Mass.: Harvard University

Press, 2002.

看看別人的快樂生活提案

De Botton, Alain. *How Proust Can Change Your Life*. New York: Vintage International, 1997. 中譯本《擁抱似水年華：普魯斯特如何改變你的人生》，先覺，2001。

Frankl, Victor E. *Man's Search for Meaning*. Boston: Beacon Press, 1992. 中譯本《活出意義來》，光啟，2008。

Gilbert, Elizabeth. *Eat, Pray, Love: One Woman's Search for Everything Across Italy, India and Indonesia*. New York: Penguin, 2007. 中譯本《享受吧！一個人的旅行》，馬可孛羅，2007。

Jacobs, A. J. *The Year of Living Biblically: One Man's Humble Quest to Follow the Bible as Literally as Possible*. New York: Simon & Schuster, 2007. 中譯本《我的聖經狂想曲》，遠流，2009。

Jung, C. G. *Memories, Dreams, Reflections*. New York, Vintage Books, 1963. 中譯本《榮格自傳：回憶．夢．省思》，張老師文化，1997。

Krakauer, Jon. *Into the Wild*. New York: Villard, 1996. 中譯本《阿拉斯加之死》，天下文化，2007。

Kreamer, Anne. *Going Gray: What I Learned About Sex, Work, Motherhood, Authenticity, and Everything Else That Really Matters*. New York: Little, Brown, 2007.

Lamott, Anne. *Operating Instructions*. New York: Random House, 1997.

———. *Traveling Mercies: Some Thoughts on Faith*. New York: Pantheon Books, 2005.

Maugham, W. Somerset. *The Summing Up*. New York: Doubleday, 1938.

O'Halloran, Maura. *Pure Heart, Enlightened Mind*. New York, Riverhead, 1994.

Shapiro, Susan. *Lighting Up: How I Stopped Smoking, Drinking, and Everything Else I Loved in Life Except Sex*. New York: Delacorte Press, 2004.

Thoreau, Henry David. *Walden: Or, Life in the Woods*. Boston: Shambhala Publications, 2004. 中譯本《湖濱散記》，台灣商務，2010。

有助於人際關係的書

Demaris, Ann, and Valerie White. *First Impressions: What You Don't Know About How Others See You*. New York: Bantam Book, 2005.

Faber, Adele and Elaine Mazlish, *How To Talk So Kids Will Listen and Listen So Kids Will Talk*. New York: Avon Books, 1980. 中譯本《你會聽，孩子就肯說：親子溝通六大妙方》，天下文化，2006。

Fisher, Helen. *Why We Love: the Nature and Chemistry of Romantic Love*. New York: Henry Holt, 2004.

Gottman, John. *The Seven Principles for Making Marriage Work*. London: Orion, 2004. 中譯本《恩愛過一生：幸福婚姻7守則》，天下文化，2000。

Sutton, Robert I. *The No Asshole Rule: Building a Civilized Workplace and Surviving One That Isn't*. New York: Warner Business, 2007. 中譯本《拒絕混蛋守則》，大塊，2009。

我最喜歡的幾本災禍回憶錄

Beck, Martha. *Expecting Adam*. New York: Penguin, 2000.

Broyard, Anatole. *Intoxicated by My Illness*. New York: Clarkson Potter, 1992. 中譯本《病人狂想曲》，天下文化，1999。

Didion, Joan. *The Year of Magical Thinking*. New York: Knopf, 2005. 中譯本《奇想之年》，遠流，2007。

Mack, Stan. *Janet and Me: An Illustrated Story of Love and Loss*. New York: Simon & Schuster, 2004.

O'Kelly, Gene. *Chasing Daylight: How My Forthcoming Death Transformed My Life*. New York: McGraw-Hill, 2005. 中譯本《追逐日光：一位跨國企業總裁的最後禮物》，商周，2009。

Shulman, Alix Kates. *To Love What Is*. New York: Farrar, Straus, 2008.

Weingarten, Violet. *Intimations of Mortality*. New York: Knopf, 1978.

我最喜歡的幾本有關快樂的小說

Colwin, Laurie. *Happy All the Time.* New York, HarperPerennial, 1978.

Frayn, Michael. *A Landing on the Sun.* New York: Viking, 1991.

Grunwald, Lisa. *Whatever Makes You Happy*. New York: Random House, 2005.

Hornby, Nick. *How to Be Good*. New York: Riverhead Trade, 2002. 中譯本《如何是好》，馥林文化，2008。

McEwan, Ian. *Saturday.* New York: Doubleday, 2005. 中譯本《星期六》，天培，2007。

Patchett, Ann. *Bel Canto.* New York: HarperCollins, 2001.

Robinson, Marilynne. *Gilead.* New York: Farrar, Straus, 2004.

Stegner, Wallace. *Crossing to Safety.* New York: Random House, 1987.

Tolstoy, Leo. *Anna Karenina.* Translated by A. Maude. Oxford, England: Oxford University Press, 1939. 中譯本《安娜．卡列尼娜》，木馬，2003。

———. "The Death of Ivan Ilyich," in *The Death of Ivan Ilyich and Other Stories.* Translated by T. C. B. Cook. London: Wordsworth Editions, 2004. 中譯本《伊凡．伊里奇之死》，志文，1997。

———. *Resurrection.* New York: Oxford World Classics, 1994. 中譯本《復活》，書華，1994。

———. *War and Peace.* Translated by Rosemary Edmonds. New York: Penguin Books, 1957. 中譯本《戰爭與和平》，木馬，2004。

Von Arnim, Elizabeth. *Elizabeth and Her German Garden.* Chicago: W. B. Conkey Co., 1901.

對我的快樂生活提案影響最大的書

Franklin, Benjamin. *The Autobiography of Benjamin Franklin.* New Haven, Conn.: Yale University Press, 1964. 中譯本《富蘭克林傳》，方向，2009。

Thérèse of Lisieux. *Story of a Soul.* 3rd ed. John Clarke, O.C.D. Washington, D.C.: ICS Publications, 1996.

Samuel Johnson 的所有著作

國家圖書館出版品預行編目（CIP）資料

過得還不錯的一年：我的快樂生活提案 / 葛瑞琴．魯賓 (Gretchen Rubin) 著；尤傅莉譯．-- 二版．-- [臺北市]：早安財經文化有限公司，2021.12
面； 公分．--（生涯新智慧；53）
譯自：The happiness project : or, why I spent a year trying to sing in the morning, clean my closets,fight right, read aristotle, and generally have more fun.
ISBN 978-986-99329-8-1（平裝）

1. 快樂 2. 自我實現

176.51 110019388

生涯新智慧 53

過得還不錯的一年 10週年紀念版

我的快樂生活提案

The Happiness Project

Or, Why I Spent a Year Trying to Sing in the Morning, Clean My Closets, Fight Right, Read Aristotle, and Generally Have More Fun

作　　者：葛瑞琴．魯賓 Gretchen Rubin
譯　　者：尤傅莉
特約編輯：莊雪珠
封面設計：Bert.design
責任編輯：沈博思、劉詢
行銷企畫：楊佩珍、游荏涵

發 行 人：沈雲驄
發行人特助：戴志靜、黃靜怡
出版發行：早安財經文化有限公司
電話：(02) 2368-6840 傳真：(02) 2368-7115
早安財經網站：www.goodmorningnet.com
早安財經粉絲專頁：www.facebook.com/gmpress

郵撥帳號：19708033 戶名：早安財經文化有限公司
讀者服務專線：(02)2368-6840 服務時間：週一至週五 10:00~18:00
24 小時傳真服務：(02)2368-7115
讀者服務信箱：service@morningnet.com.tw

總 經 銷：大和書報圖書股份有限公司
電話：(02)8990-2588
製版印刷：中原造像股份有限公司
二版 1 刷：2021 年 12 月
二版 4 刷：2023 年 5 月

定　　價：420 元
I S B N：978-986-99329-8-1（平裝）

快樂不是美德也不是歡愉，不是這樣那樣的事，而是成長。

當我們有所成長時，快樂就來了。